Misha Glenny
CYBERCRIME

Misha Glenny

CYBERCRIME

Kriminalität und Krieg
im digitalen Zeitalter

Aus dem Englischen von
Sebastian Vogel

Deutsche Verlags-Anstalt

Die Originalausgabe erschien 2011 unter dem Titel *DarkMarket.*
CyberThieves, CyberCops and You bei The Bodley Head, London.

Das für dieses Buch verwendete FSC®-zertifizierte Papier
Munken Premium Cream liefert Arctic Paper Munkedals AB, Schweden.

1. Auflage 2012
Copyright © 2011 Misha Glenny
Copyright © 2012 der deutschsprachigen Ausgabe
Deutsche Verlags-Anstalt, München,
in der Verlagsgruppe Random House GmbH
Alle Rechte vorbehalten
Lektorat: Sven Siedenberg
Typografie und Satz: Brigitte Müller/DVA
Gesetzt aus der Minion
Druck und Bindung: GGP Media GmbH, Pößneck
Printed in Germany
ISBN 978-3-421-04466-2

www.dva.de

Für Miljan, Alexandra und Callum

Inhalt

Inhalt

Zweites Buch

Inhalt

Prolog
verbrechen@21stcentury.com

Mit ihrem unermüdlichen Streben nach Bequemlichkeit und Wirtschaftswachstum ist die Menschheit in sehr kurzer Zeit in eine gefährliche Abhängigkeit von Netzwerksystemen geraten: Innerhalb von noch nicht einmal zwanzig Jahren wurden große Teile der sogenannten »kritischen nationalen Infrastruktur« – auf Fachchinesisch CNI (für *critical national infrastructure)* – unter die Kontrolle immer komplexerer Computersysteme gestellt.

Computer bestimmen über große Teile unseres Lebens: Sie steuern unsere Kommunikation, unsere Autos, unsere Beziehungen zu Firmen und Staat, unsere Arbeit, unsere Freizeit, eigentlich alles. In den letzten Jahren war ich bei mehreren Prozessen zugegen, in denen es um Cyberkriminalität ging. In einem davon verlangte die britische Staatsanwaltschaft, man solle einem Hacker Auflagen zur vorbeugenden Verbrechensbekämpfung machen, die nach seiner Haftentlassung in Kraft treten sollten. Die Auflage bestand darin, dass ihm der Zugang zum Internet verwehrt bleiben sollte, mit Ausnahme einer Stunde in der Woche unter der Aufsicht eines Polizisten. Während des Prozesses erklärte der Verteidiger: »Bis mein Mandant seine Strafe abgesessen hat, wird es kaum noch eine Tätigkeit der Menschen geben, die nicht in irgendeiner Form über das Internet vermittelt wird.« Dann fragte er rhetorisch: »Wie soll mein Mandant unter solchen Umständen ein normales Leben führen?«

Ja, wie eigentlich? Wer sein Handy auch nur für ein paar Stunden zu Hause gelassen hat, ist häufig äußerst irritiert und empfindet Verlustgefühle ähnlich den Entzugserscheinungen bei Drogenabhängigen. Etwas Interessantes geschieht aber, wenn man das Gerät für drei Tage entbehren muss: Dann weicht das quälende, unbehagliche Gefühl häufig einem Rausch der Befreiung, weil man wieder in eine noch gar nicht so weit entfernte Welt zurückkehrt, in der wir Handys weder hatten noch brauchten und unser Leben entsprechend einrichteten. Heute haben die meisten Menschen das Gefühl, sie könnten ohne diese winzigen, tragbaren Computer nicht mehr leben.

Am ehesten mit dem Computer vergleichbar ist vielleicht das Auto. Als Autos seit den 1940er Jahren allmählich zum üblichen Familieninventar gehörten, begriff nur eine Minderheit der Fahrer, was unter der Motorhaube im Einzelnen vorging. Immerhin gab es aber eine ganze Reihe von Autobesitzern, die ihr Fahrzeug bei jeder Panne selbst reparieren konnten; noch mehr konnten den Vergaser flicken und langsam nach Hause schleichen, und die meisten konnten zumindest einen Reifen wechseln.

Auch heute kommt man mit einem Platten in den meisten Fällen noch an den Bestimmungsort. Immer mehr Pannen werden aber durch Computerfehler in der Steuerungseinheit verursacht – jenem schwarzen Kunststoffgehäuse, das in der Regel hinter dem Motor angebracht ist. Wenn die Ursache wirklich in der Steuerungseinheit liegt, kann selbst ein erfahrener Mechaniker an der Tankstelle das Auto nicht mehr flottmachen. Wenn man Glück hat, gelingt einem Computeringenieur die Reparatur. In den meisten Fällen jedoch muss die Steuerungseinheit ausgetauscht werden.

Computersysteme sind so viel komplexer und empfindlicher als Verbrennungsmotoren, dass nur eine winzig kleine Gruppe von Menschen mit Problemen auf eine Weise umgehen kann, die über den Standardsatz »Haben Sie es schon einmal mit einem Neustart versucht?« hinausgeht.

Heute befinden wir uns in einer Situation, in der diese kleine Elite – egal, ob man sie nun Hacker, Technikfreaks, Codierer, Geeks, Securokraten oder sonst wie nennt – ein Herrschaftswissen über eine Technologie besitzt, die Tag für Tag unser Leben immer stärker und umfassender steuert, während die meisten anderen davon absolut nichts verstehen. Wie bedeutsam das ist, erfuhr ich zum ersten Mal, als ich mit den Recherchen für *McMafia* beschäftigt war, mein früheres Buch über das organisierte Verbrechen. Um die Cyberkriminalität zu untersuchen, reiste ich nach Brasilien, weil dieses faszinierende Land nicht nur viele positive Eigenschaften hat, sondern auch ein wichtiges Zentrum des Bösen im Web ist – was zu jener Zeit allerdings noch kaum jemand wusste.

Dort lernte ich Cyberdiebe kennen, die sich eine ungeheuer erfolgreiche Phishingmethode ausgedacht hatten. Phishing ist bis heute eine der zuverlässigsten Säulen der Internetkriminalität. Es gibt zwei einfache Varianten. Die erste: Das Opfer öffnet eine Spam-E-Mail. Der Anhang enthält ein Virus, mit dessen Hilfe ein Computer an irgendeinem anderen Ort der Welt alle Tätigkeiten auf dem infizierten Computer überwachen kann, darunter auch die Eingabe der Bank-Passwörter. Der andere Trick besteht in der Gestaltung einer E-Mail, die aussieht, als käme sie von einer Bank oder einer anderen Institution; darin wird der Nutzer aufgefordert, seine Login-Daten und Passwörter zu bestätigen. Fällt der Empfänger darauf herein, kann der Absender der Mail seine Daten nutzen, um sich Zugang zu einigen oder allen Internet-Konten des Opfers zu verschaffen. Die brasilianischen Hacker zeigten mir Schritt für Schritt, wie sie sich zigmillionen Dollar von Bankkonten in Brasilien, Spanien, Portugal, Großbritannien und den Vereinigten Staaten beschaffen konnten.

Anschließend besuchte ich in Brasilien die Cyberpolizisten, die viele andere Mitglieder der Verbrecherbande hatten auffliegen lassen (doppelt so viele wurden allerdings nie von der Polizei ausfindig gemacht); dann befragte ich den Leiter von X-Force, der Abteilung für verdeckte Operationen bei dem amerikanischen Computer-Sicherheitsunternehmen ISS. Im Lauf ungefähr einer Woche wurde mir klar, dass das konventionelle oder traditionelle organisierte Verbrechen, so farbig und vielgestaltig es auch sein mag, für die Täter mit deutlich größeren Risiken verbunden ist als die Cyberkriminalität.

Altmodische organisierte Verbrecherbanden, die an der Technologie und den Methoden des 20. Jahrhunderts festhalten, müssen zwei schwierige Hürden überwinden, wenn sie in dem von ihnen gewählten Beruf Erfolg haben wollen. Das größte Geschäftsrisiko stellt die Polizei dar. Deren Leistungsfähigkeit ist von Land zu Land sehr unterschiedlich. Die Gruppen des organisierten Verbrechens passen sich an diese wechselnden Bedingungen an und wählen eine Reihe von Methoden, um mit den Gesetzeshütern umzugehen. Sie können versuchen, einfach schlagfähiger zu sein; sie können die Ordnungskräfte korrumpieren; sie können Politiker korrumpieren, die Befehlsgewalt über die Polizei erobern; oder sie können sich geschickt tarnen, um nicht aufzufliegen.

Dann stehen sie vor einem zweiten Problem: der Bedrohung durch die Konkurrenz, andere Bösewichter, die in denselben Gewässern nach Beute fischen. Auch hier können sie versuchen, schlagfähiger zu sein, oder sie können sich zusammenschließen und gemeinsam agieren.

Beide Gefahren kann ein kriminelles Syndikat aber nicht einfach ignorieren – dieser Weg führt zum Scheitern und das manchmal mit tödlichen Folgen. Der Schlüssel zu Überleben und Erfolg ist die Fähigkeit, mit anderen Kriminellen und der Polizei zu kommunizieren – und vor allem beiden Gruppen die richtigen Nachrichten zukommen zu lassen.

In Brasilien lernte ich sehr schnell, dass das Verbrechen im 21. Jahrhundert etwas anderes ist.

Vor allem ist im Web viel schwieriger zu erkennen, ob jemand etwas Böses im Schild führt. Die Gesetze, die über die Machtverhältnisse im Internet bestimmen, sind von Staat zu Staat sehr unterschiedlich. Das ist von Bedeutung, weil eine kriminelle Tat im Web meist von einer IP-Adresse (IP = *Internet Protocol*) in einem Staat gegen eine Person oder ein Unternehmen in einem anderen begangen wird, bevor die Verbrecher den Gewinn in einem dritten einstreichen. Ein Polizist in Kolumbien merkt vielleicht, dass die IP-Adresse, von der aus ein Angriff auf eine kolumbianische Bank koordiniert wird, aus Kasachstan stammt. Dann aber stellt er fest, dass diese Tat in Kasachstan nicht als Verbrechen gilt, das heißt, sein Kollege in der kasachischen Hauptstadt hat keinen Anlass, den Vorgang zu untersuchen.

Viele Cyberkriminelle verfügen über die Intelligenz, um solche Diskrepanzen ausfindig zu machen und auszunutzen. »Ich benutze nie amerikanische Kredit- oder Scheckkarten«, erzählte mir einer der erfolgreichsten schwedischen »Carder«, »denn sonst wäre für mich die Justiz der Vereinigten Staaten zuständig, ganz gleich, wo ich mich auf der Welt aufhalte. Deshalb nehme ich nur europäische und kanadische Karten, dann bin ich sowohl glücklich als auch sicher – die kriegen mich nie.«

Die Trennung zwischen den Vereinigten Staaten auf der einen Seite und Europa und Kanada auf der anderen ist besonders wichtig, denn in diesen Regionen ist die Dichte der Opfer von Cyberkriminalität am größten. In Europa und Kanada gelten strengere Gesetze zum Schutz der individuellen Freiheiten und Rechte im Internet. Mehrere US-Regierungen haben nacheinander den Sicherheitsbehörden immer größere gesetzliche Befugnisse eingeräumt, die europäische Regierungen nicht einmal in Erwägung ziehen würden; sie gewähren Polizisten im Namen der Verbrechens- und Terroristenbekämpfung einfacheren Zugang zu Daten von Privatunternehmen.

Daraus ergeben sich weitreichende und vorerst undurchschaubare Folgen. Verbrechen, Überwachung, Privatsphäre, Datensammlung durch private und staatliche Institutionen, Meinungsfreiheit, ungehinderter Zugang zu Websites (»Netzneutralität«), soziale Netzwerke, nationale Sicherheitsinteressen – all das gerät im Cyberspace ständig miteinander in Konflikt.

Man könnte beispielsweise die Ansicht vertreten, dass Google mit seiner Allgegenwart auf vielen Plattformen und mit vielen Diensten gegen die Prinzipien der amerikanischen Antitrust-Gesetze verstößt und dass die Anhäufung so vieler persönlicher Daten sowohl eine gute Gelegenheit für Verbrecher als auch eine Bedrohung der bürgerlichen Freiheiten darstellt. Darauf könnte Google aber ohne Weiteres erwidern, dass gerade das Wesen seiner Genialität und seines Erfolgs in dieser Gegenwart auf vielen Plattformen und mit vielen Diensten beruht und dass dies als solches dem kommerziellen Wohlergehen und den Sicherheitsinteressen Amerikas dient. Wenn die US-Regierung es wünscht, kann sie sich innerhalb weniger Stunden auf juristischem Weg Zugang zu Googles Daten verschaffen, und da Google Daten aus der ganzen Welt sammelt, erhält Washington damit einen ungeheuren strategischen Vorteil. So viel Glück müssen andere Regierungen erst einmal haben. Im Gegensatz zu ihren Kollegen in China, Russland oder dem Nahen Osten muss die amerikanische Regierung nicht illegal bei Google eindringen, um die Geheimnisse des Unternehmens zu lüften. Sie braucht sich nur eine richterliche Anordnung verschaffen. Wollen wir all das wirklich im Namen der Antitrust-Gesetze aufgeben?

Das Internet ist ein Fass ohne Boden: Kaum hat man an einer Stelle ein Problem gelöst, taucht an einer anderen Stelle ein neues, scheinbar unlösbares auf.

Das größte Problem für die Sicherheitsbehörden ist die Anonymität. Derzeit ist es für jemanden, der über die notwendigen und jederzeit erlernbaren Kenntnisse verfügt, ohne Weiteres möglich, den physischen Standort eines Computers zu verschleiern.

Zu diesem Zweck gibt es zwei Hauptwege. Die erste Cybermauer ist das VPN oder Virtual Private Network, bei dem sich mehrere Computer eine einzige IP-Adresse teilen. In der Regel wird die IP-Adresse einem einzelnen Rechner zugeteilt, aber mithilfe eines VPN können mehrere Computer, die an völlig verschiedenen Orten auf der Welt stehen, den Anschein erwecken, als befänden sie sich beispielsweise in Botswana.

Wem das VPN als Schutz noch nicht ausreicht, der kann sich mithilfe sogenannter Proxyserver eine zweite Schutzwand errichten. Ein Computer, der auf den Seychellen steht, kann beispielsweise einen Proxy in China oder Guatemala nutzen. Der Proxy teilt nicht mit, dass die ursprüngliche IP von den Seychellen stammt, und ohnehin ist dieser Computer vielleicht Teil eines VPN, das in Grönland angesiedelt ist.

So etwas einzurichten, erfordert fortgeschrittene Computerkenntnisse, und deshalb werden solche Methoden in der Regel nur von zwei Gruppen verwendet, die an Cyberkriminalität beteiligt

sind: echten Hackern und echten Kriminellen. Aber solche hochkarätigen Operatoren, die eine neue Form des schweren organisierten Verbrechens repräsentieren, sind unter denen, die bei der
Computerkriminalität mitmachen, nur eine kleine Minderheit.

Damit bleiben sie Gelegenheitsmitspieler, die individuell
nur mit relativ geringen Geldsummen hantieren – kleine Diebe,
deren Verfolgung sich angesichts der knappen Ressourcen der
Ordnungsbehörden kaum lohnt. Auch wenn solche Gestalten
sich nicht die Mühe machen, VPNs, Proxyserver und eine Fülle
anderer Verschleierungsverfahren anzuwenden, können sie den
Polizeibeamten das Leben schwer machen, indem sie ihre Kommunikation verschlüsseln.

Software, die eine Verschlüsselung der schriftlichen, gesproche-
nen oder per Video übertragenen Kommunikation gewährleistet,
ist im Web kostenlos und sehr einfach erhältlich. Am bekann-
testen ist PGP – die Abkürzung steht für das fröhlich klingende
Pretty Good Privacy.

Die Verschlüsselung ist ein leistungsfähiges Hilfsmittel und
spielt deshalb für die Internetsicherheit eine wichtige Rolle. Sprache wird mit digital erzeugten Schlüsseln durcheinandergewürfelt,
deren Kombinationsmöglichkeiten eine mathematisch so astro-
nomisch hohe Zahl erreichen, dass man sie nur auflösen kann,
wenn man das Passwort kennt. Derzeit sind verschlüsselte Dokumente wirksam gesichert, die National Security Agency (NSA) in
Washington jedoch, die leistungsfähigste digitale Spionageagentur
der Welt, arbeitet bereits an Methoden, um sie zu knacken. Unter
Cyberkriminellen kursieren Gerüchte, wonach die NSA und ihre
Geheimdienstpartner in Kanada, Großbritannien, Australien
und Neuseeland über die Fähigkeit verfügen, solche öffentlichen
Verschlüsselungsverfahren mithilfe ihres Orwell'schen Echelon-
Systems zu knacken. Echelon hat Berichten zufolge Zugang zur
Telefon-, E-Mail- und Satellitenkommunikation auf der ganzen
Welt.

Aus der digitalen Verschlüsselung ergeben sich so ungeheure
politische Folgen, dass die Regierung der Vereinigten Staaten

Verschlüsselungssoftware seit den 1990er Jahren als »Munition« einstuft, und wenn Polizei oder KGB in Russland auf dem Computer einer Privatperson nur eine einzige verschlüsselte Datei finden, kann dies dem Besitzer mehrere Jahre Gefängnis einbringen, selbst wenn das Dokument nur den wöchentlichen Einkaufszettel enthält. Nachdem Regierungen und Unternehmen immer mehr persönliche Informationen über ihre Bürger oder Kunden sammeln, ist Verschlüsselung einer der wenigen Abwehrmechanismen, die dem Einzelnen noch bleiben, um seine Privatsphäre zu schützen. Sie ist aber auch ein unschätzbar wertvolles Instrument für diejenigen, die sich im Web an verbrecherischen Handlungen beteiligen.

Genau wie traditionelle Kriminelle, die Wege entwickeln müssen, um miteinander zu sprechen und so Freunde, Feinde, Polizisten oder Konkurrenten zu erkennen, so stehen auch Cyber-Bösewichter ständig vor der Herausforderung, die Vertrauenswürdigkeit eines Online-Gesprächspartners zu erkennen. Dieses Buch berichtet unter anderem darüber, wie sie Methoden zur gegenseitigen Identifizierung entwickelten und wie die Polizeikräfte auf der ganzen Welt sich darum bemühten, die Fähigkeit der Hacker zur Erkennung von Ordnungskräften und V-Leuten im Web zu untergraben.

In den 1990er Jahren konnte man das Belauschen krimineller Aktivitäten durch unerwünschte Gäste am einfachsten dadurch verhindern, dass man für Websites, die im Internet der Diskussion von Gesetzesverstößen dienten, ein strenges Überprüfungs- und Mitgliedersystem einführte. Aber trotz solcher Sicherheitsmaßnahmen war es nur eine Frage von Monaten, bis Ordnungsbehörden wie der Secret Service der Vereinigten Staaten oder der KGB-Nachfolger FSB Zugriff auf derartige Seiten hatten; den Zugang hatten sie sich verschafft, indem sie sich geduldig als Verbrecher ausgaben oder indem sie Informanten veranlasst hatten, für sie zu arbeiten.

Manche Agenten erbrachten dabei so überzeugende Leistungen, dass einige Geheimdienste sogar Mittel bereitstellten, um verdeckte Ermittler ihrer Schwesterorganisationen zu fassen, weil sie annahmen, sie seien echte Kriminelle.

Durch solche Bemühungen haben Polizeikräfte und Spione im Laufe der letzten zehn Jahre eine große Datenbank mit kriminellen Hackern aufgebaut. Darin erfasst sind Nicknames, der tatsächliche oder mutmaßliche Wohnort, kriminelle Aktivitäten und die häufigsten Kommunikationspartner. Dabei wurden die Daten über die unterste Ebene der Cyberkriminellen gründlich durchgekaut. Aber trotz all dieser Informationen ist es nach wie vor äußerst schwierig, Internet-Verbrecher zur Rechenschaft zu ziehen.

Deshalb bereitet das Wesen des Internets – insbesondere seine weltweite Vernetzung – allen Ordnungskräften ungeheures Kopfzerbrechen: Niemand ist jemals zu 100 Prozent sicher, mit wem er oder sie im Web kommuniziert. Haben wir es mit einem Wald-und-Wiesen-Hacker zu tun? Oder mit jemandem, der einflussreiche Freunde an höherer Stelle hat? Sprechen wir mit einem Verbrecher? Oder mit einem Spion? Oder mit einem militärischen Ermittler, der den Wert krimineller Hackermethoden beurteilen will? Beobachten wir den Gesprächspartner oder beobachtet er uns? Will er selbst Geld verdienen? Oder sammelt er Geld für Al-Qaida?

»Das Ganze ist wie ein Schachspiel in sieben Dimensionen«, sagte der Zukunftsforscher Bruno Giussani einmal. »Man ist nie sicher, wo der Gegner sich im Augenblick gerade befindet.«

Als ich in der Google-Zentrale im kalifornischen Mountain View eintreffe, habe ich nicht ganz das gleiche Gefühl wie damals, als ich zum ersten Mal den Blick auf das Tadsch Mahal richtete, aber ich empfinde doch ein wenig Ehrfurcht. Ich parke auf der Charleston Avenue vor dem bunten Firmenschild, das eines der ehrgeizigsten und erfolgreichsten Projekte der postindustriellen Welt ankündigt.

Die Geschwindigkeit, mit der Google sich in unseren Alltag eingenistet hat – mit allen Höhen und Tiefen, die sich mit der kontrollierten Einnahme eines Rauschmittels verbinden –, sucht ihresgleichen. Die einzigen Konkurrenten sind Angehörige aus der

Familie der digitalen Großunternehmen wie Facebook, Microsoft und Amazon. Aber nicht einmal diese drei können einen so großen Erfolg vorweisen wie Google, das uns im Leben hilft, anleitet und überwacht, indem seine riesigen Server unzählige Billionen von Bytes an angefragten Informationen ausspucken, während sie gleichzeitig individuelle und kollektive Datenprofile von Milliarden Menschen erstellen und speichern. Diese Daten sagen natürlich viel mehr über uns aus, als wir selbst wissen. Man schaudert bei dem Gedanken, was geschehen könnte, wenn all die Informationen in die falschen Hände fallen. Vielleicht ist das ja bereits geschehen …

Der fröhliche Mix aus Primär- und Sekundärfarben, der uns vom Google-Logo vertraut ist, findet sich auch auf dem Firmengelände wieder. Über das Gelände verteilte Skulpturen sind so gestaltet, dass man darauf sitzen, sie ansehen oder mit ihnen spielen kann; der gesamte Komplex ähnelt einem riesigen Kindergarten oder aber – je nachdem, wie viel Angst und Paranoia man hat – dem bizarren Spielzeugdorf aus der britischen 60er-Jahre-Fernsehserie *Nummer 6*, in das Personen, die ein nationales Sicherheitsrisiko darstellten, verschleppt wurden und aus dem es kein Entkommen gab. Ist es nur meine Fantasie, oder trägt tatsächlich jeder, den ich hier sehe, vom Reinigungspersonal bis zum leitenden Management, ein tranceähnliches Lächeln auf dem Gesicht? Beides verstärkt die paranoide Deutung des Wesens von Google und vermittelt den Eindruck, dass sie sich alle ein wenig zu viel Mühe geben, nicht böse zu wirken. Ob das hier ein Traum oder ein Albtraum ist, kann ich nicht genau einschätzen.

Als ich Cory Louie kennenlerne, den Sicherheitschef von Google, fühle ich mich fast erleichtert. Viele Menschen, die in Sicherheitsbereichen tätig sind, haben eine ernste Ausstrahlung und eine Neigung zur Geheimnistuerei, ganz gleich, wer ihr Arbeitgeber ist. Sein Verhalten bildet einen wohltuenden Kontrast zu der Google-typischen, buddhistischen Atmosphäre. Louie, ein gewandter Amerikaner asiatischer Abstammung mit forschem, aber freundlichem Auftreten, hat seine Cyberzähne nicht bei den Lotusessern im Silicon Valley geschärft, sondern in der viel raueren, männlichen Welt des Secret Service. Ende 2006 hatte Google ihn von der Behörde abgeworben, wo er die Abteilung für elektronische Verbrechen leitete. Es gab kaum etwas, das er über Angriffe auf Netzwerke, Kreditkartenbetrug, große Ditributed Denial of Service- beziehungsweise DDoS-Angriffe (mit denen man Webseiten und Netzwerke lahmlegen kann) und die Schadprogramme, die sich kurz nach der Jahrtausendwende vermehrten wie Ratten in einem Abwasserkanal, nicht wusste. Außerdem wusste er viel über Carding, das tägliche Brot der Cyberkriminellen. Der Begriff bezeichnet den Kauf oder Verkauf gestohlener oder gehackter Kreditkartendaten, die zu Hunderttausenden rund um die Welt ausgetauscht werden und dann dazu dienen, Waren einzukaufen oder Bargeld aus Geldautomaten zu ziehen.

Wie hätte Google einem klugen Kopf wie Cory Louie widerstehen können? Das Unternehmen konnte es nicht. Und wie hätte Louie einem strategischen beruflichen Wechsel zu Google widerstehen können – dem milden Klima an der südlichen Pazifikküste der Vereinigten Staaten gegenüber der feuchten Schwüle von Washington, der winterlichen Kälte und nur einer Woche mit blühenden Kirschbäumen; der lässigen Kleiderordnung der Westküste gegenüber Schlips und Kragen in der Hauptstadt; dem Geld und dem Gefühl, an einem dynamischen Projekt mitzuarbeiten, gegenüber einem Dasein im US-Beamtenapparat? Es war wohl kaum ein fairer Wettbewerb.

Wenn man auf dem Freeway 101 von San Francisco kommt, ist Google nicht die einzige Cyber-Ikone, an der man vorbeifährt. Zu den vielen berühmten Namen, deren Firmenzentralen an den Autofenstern vorübergleiten, während man Kurs nach Süden nimmt, gehören Sun Microsystems, Yahoo! und McAffee. Je mehr Unternehmen man aufsucht, um über Sicherheitsfragen zu sprechen, desto mehr ehemalige Beamte lernt man kennen. Sie kommen aus dem FBI, dem Secret Service, der CIA, der Drogenbehörde DEA (Drug Enforcement Administration) und dem Sicherheitsdienst der US-Post (Postal Inspection Service). Eine ganze Armee ehemaliger Spione und verdeckter Ermittler ist aus der klinisch sauberen Umgebung Washingtons in die lebenslustige Atmosphäre im Silicon Valley abgewandert, angelockt von den gleichen großartigen Bedingungen, derentwegen auch die Filmindustrie nach Hollywood gegangen war.

Diese Abwanderung von staatlichen Behördenmitarbeitern in den privaten Sektor hat zur Folge, dass die Regierung deutlich im Nachteil ist. Das Finanzministerium investiert Geld in die Ausbildung von Cyber-Ermittlern, die dann, nachdem sie die Erfahrung einiger Jahre auf dem Buckel haben, in ein angenehmeres Klima wechseln. Dennoch ist die Investition nicht ganz und gar vergeblich, denn sie führt zur Festigung enger Verbindungen zwischen staatlichem und privatem Sektor. Google ist nicht nur ein Privatunternehmen, sondern in den Augen des Weißen Hauses auch ein nationaler strategischer Aktivposten. Die Botschaft aus Washington ist nicht misszuverstehen: Wer Google angreift, greift die Vereinigten Staaten an. Vor diesem Hintergrund wird die lebenswichtige Zusammenarbeit zwischen öffentlichem und privatem Sektor im Bereich der Internetsicherheit viel einfacher, wenn jemand wie Cory Louie nur zum Telefon zu greifen und mit seinen alten Kumpels beim Secret Service zu sprechen braucht, um sie beispielsweise über einen größeren Angriff auf Gmail in Kenntnis zu setzen.

Ich weiß es nicht, aber ich würde wetten, dass Corys Lebensstandard sich verbessert hat, seit er in den Westen umgezogen ist. Allerdings muss er auch äußerst hart dafür arbeiten. Google ist einer der beiden größten Datenspeicher in der Welt – der andere ist Facebook. Deshalb sind sie gewinnbringende Unternehmen (Werbekunden zahlen gern für die geheimen Erkenntnisse über persönliche Gewohnheiten, die durch die Daten zutage treten), und deshalb sind sie auch der Heilige Gral für Hacker, die im eigenen Interesse, für den Untergrund, für die Industrie und konkurrierende Staaten tätig werden.

Gegen Ende unseres Gesprächs erzählte mir Cory von einem Bekannten, einem Polizisten, der viel Zeit darauf verwendet hat, Freundschaft mit Hackern zu schließen. Er war dabei so erfolg reich, dass er schließlich die Verwaltung einer riesigen kriminellen Website übernahm. »Ich nehme an, er wird gern mit Ihnen sprechen«, sagte Cory. »Die Site, die er betrieben hat, hieß DarkMarket.« Es war das erste Mal, dass ich von der Website und dem FBI-Spezialagenten J. Keith Mularski hörte. Und es war der Beginn einer seltsamen Reise.

Nun ging ich daran, möglichst viele zentrale Gestalten aus der Geschichte von DarkMarket kennen zu lernen und zu befragen. Sie verteilten sich auf ein Dutzend Staaten – Diebe, Polizisten, Doppelagenten, Anwälte, Hacker, Cracker und eher banale Verbrecher. Ebenso wälzte ich einen großen Berg von Gerichtsunterlagen, die mit DarkMarket und den beteiligten Personen zu tun hatten. Frühere und heutige Cyberkriminelle und Polizisten lieferten mir zusätzliche Papiere und Informationen. Zu einem vollständigen Archiv der Website selbst erhielt ich nie Zugang, aber es gelang mir, bedeutende Teile davon zu durchsuchen. Der Agent Mularski verfügt über ein nahezu vollständiges Archiv von DarkMarket und ist unter den beteiligten Personen, die ich kennenlernte, der Einzige, der einen vollständigen dokumentarischen Überblick hat.

Von dem schwer fassbaren Archiv einmal abgesehen, waren auch manche anderen dokumentarischen Indizien zwar nützlich, aber auch ungenau. Dies gilt insbesondere für Material, das Ermittler in vielen Prozessen präsentierten. Nach meiner Einschätzung waren die Ungenauigkeiten keine Folge von Nachlässigkeit oder Rachsucht, und sie unterliefen den Betreffenden auch nicht absichtlich. In ihnen spiegelt sich vielmehr die stark technisch geprägte und oftmals verwirrende Natur der Indizien in Prozessen um Cyberkriminalität wider. Wie alle anderen Menschen, so kommen auch Richter und Staatsanwälte nur schwer mit dieser eigenartigen Kultur zurecht, wenn sie es zum ersten Mal mit Internet-Verbrechen zu tun bekommen.

Das Kernstück meiner Geschichte machen also die beteiligten Personen und ihre Taten aus. Der Bericht stützt sich natürlich im Wesentlichen auf ihre persönlichen Erinnerungen, die über mehr als zehn Jahre zurückreichen. Neben der allgemein bekannten Fehlbarkeit des menschlichen Gedächtnisses verfolgten alle Beteiligten auch eigene Ziele – sie bemühten sich darum, manche Teile ihrer Tätigkeit bei DarkMarket herauszustellen und andere zu verbergen. Dabei half ihnen die doppelzüngige Kommunikation im Internet, eine Kultur, in der es kaum Sanktionen gegen Lügen und Heuchelei gibt.

Meine Bemühungen, einzuschätzen, wann ein Befragter log, seinen Bericht ausschmückte oder wild fantasierte und wann jemand ernsthaft die Wahrheit sagte, waren nur teilweise erfolgreich. Alle, die ich befragte, strotzten vor Intelligenz, auch wenn manch einem der moralische Kompass fehlte, der notwendig ist, wenn man in den Strudeln der Cyberkriminalität navigieren will. Als ich aber immer tiefer in die seltsame Welt von DarkMarket eindrang, wurde mir schnell klar, dass all die verschiedenen Versionen, die mir über die Historie der Website erzählt wurden, widersprüchlich und unvereinbar waren. Vollständig aufzuklären, was zwischen den Beteiligten wirklich ablief und mit wem sie letztlich zusammenarbeiteten, erwies sich als unmöglich.

Das Internet hat unvorstellbar riesige Mengen von Daten und Informationen erzeugt; ein großer Teil davon ist wertlos, ein ebenso großer Teil ist bis heute nicht ausgewertet oder bearbeitet worden, und nur ein kleiner Anteil dient kriminellen Zwecken und ist deshalb gefährlich. Wegen unserer wachsenden Abhängigkeit von Computern und wegen der Verknüpfungen, die hoch spezialisierten Hackern und Geheimdienstagenten das Hin und Her zwischen Verbrechen, Industriespionage und Cyberkriegsführung ermöglichen, ist der Versuch, die Geschichte von Phänomenen wie DarkMarket zu dokumentieren und zu verstehen, zu einer gesellschaftlich wichtigen Aufgabe geworden – auch wenn die Indizien oft einen tendenziösen Charakter aufweisen und nur bruchstückhaft vorliegen, verstreut sowohl über die virtuelle als auch die reale Welt.

ERSTES BUCH

Teil I

1 Der Anruf des Inspektors

Yorkshire, England, März 2008
Eines Morgens im März 2008 befand sich Reverend Andrew Arun John in einem leichten Schockzustand. Vorwerfen konnte man es ihm kaum. Er hatte nicht nur gerade eben die lange Reise von Delhi in der Holzklasse überstanden, sondern das auch noch wenige Wochen vor der Eröffnung des neuen Terminals 5 in Heathrow. Der belebteste internationale Flughafen der Welt setzte damals gerade neue Maßstäbe, was das Elend der Passagiere anging. Die Maschine war in Indien gegen drei Uhr morgens gestartet, und nachdem er die Passkontrolle sowie das Chaos bei der Gepäckausgabe hinter sich gebracht hatte, stand ihm noch eine vierstündige Autofahrt in nördlicher Richtung nach Yorkshire bevor.

Als Reverend John sein Handy einschaltete, sah er eine ungewöhnlich große Zahl verpasster Anrufe von seiner Frau. Noch bevor er zurückrufen und sie fragen konnte, was denn so dringend war, rief sie schon wieder an. Sie berichtete, die Polizei habe schon mehrmals angerufen und sei erpicht darauf, mit ihm Kontakt aufzunehmen.

Verdutzt und verwirrt gab der Reverend seiner Frau eine patzige Antwort. Er sagte, sie rede Unsinn – aber dann bereute er einen Ton sofort.

Seine Frau war gern bereit, seinen Missmut zu übergehen. Mit einfachen, ruhigen Worten erklärte sie, die Polizei wolle ihn darauf aufmerksam machen, dass jemand in sein Bankkonto eingebrochen war. Die Angelegenheit sei dringend, und er solle so schnell wie möglich den verantwortlichen Beamten anrufen. Die Nummer hatte sie.

Der Anruf beunruhigte den Reverend noch stärker; in seinem übermüdeten Gehirn überschlugen sich die Gedanken. »Welches Konto? Hier bei der Barclay's Bank?«, vermutete er. »Das Konto bei der Standard Bank in Südafrika? Oder bei ICICI in Indien? Oder vielleicht alle drei?« Und was noch rätselhafter war: Was meinte sie eigentlich? »Wie kann jemand in ein Bankkonto einbrechen?«

So kurz nach dem anstrengenden Flug machte die Sache den Reverend ängstlich und nervös. »Ich kümmere mich später darum, wenn ich in Bradford bin und mich ausgeruht habe«, murmelte er zu sich selbst.

Bradford liegt rund 320 Kilometer nördlich vom Flughafen Heathrow. 100 Kilometer östlich der Stadt, in Scunthorpe, wartete das Team des Detective Sergeant Chris Dawson nervös auf den Anruf des Geistlichen. Der Beamte hatte das Gefühl, im Treibsand eines Falles zu versinken, der nach seiner Einschätzung gewaltige Ausmaße hatte und ihn vor ein scheinbar unüberwindliches Problem stellte: Er begriff ihn einfach nicht. Die bisher gesammelten Indizien bestanden aus Hunderttausenden von Dateien, manche davon so groß, dass Shakespeares sämtliche Werke 350 Mal darin Platz gehabt hätten. Innerhalb der Dokumente befand sich eine riesige Bibliothek aus Zahlen und Botschaften in einer Sprache, die für nahezu niemanden zu entschlüsseln war – mit Ausnahme einer winzigen, auf der ganzen Welt verteilten Elite derer, die mit der Geheimsprache der Cyberkriminalität vertraut waren.

Der DS Dawson wusste vielleicht nichts über diesen neuartigen, hoch spezialisierten Zweig der kriminalistischen Arbeit, aber er war ein erstklassiger Mordermittler mit der Erfahrung von zwanzig Dienstjahren. In den endlosen Listen und Zahlenreihen erkannte er eine Datensammlung, die sich nicht im Besitz einer einzigen Person befinden sollte.

Aber er machte die gleiche Erfahrung wie Polizeibeamte in vielen Regionen der Erde während des ersten Jahrzehnts des 21. Jahrhunderts: Auf eine Informationssammlung wie diese zu stoßen, war das eine. Sie mit einem bestimmten Verbrechen in Zusammenhang zu bringen, war ganz etwas anderes.

Wenn der DS Dawson einen Richter in der schläfrigen Kleinstadt Scunthorpe an der Mündung des Humber davon überzeugen wollte, dass der Verdächtige in Untersuchungshaft zu nehmen war, musste er glasklare Indizien für ein ganz bestimmtes
Verbrechen vorlegen. Außerdem bestand immer die realistische
Möglichkeit, dass er seine Indizien einem tatterigen alten Amts-
richter vorlegen musste, der kaum eine Fernseh-Fernbedienung
handhaben konnte, vom Abruf von E-Mails ganz zu schweigen.
Überzeugungskraft reichte nicht aus – der Fall musste wasserdicht
und so einfach sein, dass jeder ihn verstehen konnte.

Die Zeit lief ihnen davon. Sie durften den Verdächtigen nur drei
Tage festhalten, und zwei davon waren bereits vorüber. Inmitten
der Dateien, Zahlen, Weblogs und wer weiß was noch alles hatte
Dawson nur einen einzigen kleinen Anhaltspunkt.

Er starrte auf die fünfzig Wörter auf einem A4-Blatt. Unter
anderem standen dort die Kontonummer 75377983, das Datum des
24. 2. 2006, an dem das Konto eröffnet worden war, und der Saldo
von 4022,81 britischen Pfund. Außerdem waren dabei: ein Name –
Mr. A. A. John; eine E-Mail-Adresse: STPAULS@LEGEND.CO.UK;
eine Postadresse: 63 St. Paul's Road, Manningham, Bradford; ein
Anmeldename und – am wichtigsten – ein Anmelde-Passwort:
252931.

Wenn er die Identität des Kontoinhabers bestätigen konnte und
wenn der Mann erklärte, er habe nie wissentlich sein Passwort
preisgegeben, konnte Dawson den Richter wahrscheinlich davon
überzeugen, Anklage zu erheben und eine Freilassung gegen Kaution abzulehnen. Das würde dem Detective Sergeant gerade so viel
Zeit verschaffen, dass er genau begreifen konnte, womit er es hier
eigentlich zu tun hatte.

Dawson hatte versucht, mit Mr. A. A. John Kontakt aufzunehmen. Dabei hatte er erfahren, dass es sich um einen Geistlichen
der anglikanischen Kirche handelte, der mit einer Gruppe benach-
teiligter Kinder eine Ferienreise durch Indien machte. Außerdem erklärte man ihm, John sei erst nach seiner Rückkehr aus
Delhi wieder erreichbar. Der Reverend sollte ankommen, wenige

Stunden bevor der Verdächtige freigelassen werden konnte. Wenn Dawson sich nicht durchsetzte, würde der Treibsand des Falles den Ozean der Daten verschlingen, auf den er gestoßen war. Der Verdächtige würde zweifellos zusammen mit den Daten wieder in der Anonymität seines virtuellen Alter Ego verschwinden.

Dawson hatte Pech: Der Reverend John war nach dem Telefongespräch mit seiner Frau so beunruhigt, dass er sich entschloss, sich erst nach seiner Ankunft in seiner Kirchengemeinde Manningham mit der Sache auseinanderzusetzen. Er hatte sogar sein Handy ausgeschaltet und konzentrierte sich auf die lange Autofahrt vom Flughafen.

Warum war er so verärgert?

Kurz und knapp gesagt, war der Reverend John ein jovialer Mann. Er war am Rand der Thar-Wüste in Rajasthan geboren, und sein leicht sechseckig geformtes Gesicht strahlte in der Regel hinter den professoralen Brillengläsern wie die Sonne. In Indien hatte er zur christlichen Minderheit gehört, und nachdem er Priester geworden war, hatte er 15 Jahre lang in Delhi bei der anglikanischen Kirche Indiens gearbeitet.

Im Jahr 1996 hatte sich dann die Church of Province in Südafrika an ihn gewandt und ihn gebeten, während des Überganges von der Apartheid zum Vielparteiensystem die Leitung einer Kirchengemeinde in der indischen Township Lenasia fünf Kilometer südlich von Soweto zu übernehmen.

Es wäre für jeden ein schwieriger Entschluss gewesen, denn seine neue Heimat steckte zu jener Zeit in einer Zerreißprobe. Die Freude über das Ende des rassistischen Regimes wurde dadurch getrübt, dass man wusste, welche tief sitzenden Ressentiments sich im Lauf der vergangenen 200 Jahre angesammelt hatten. Außenstehende wie der Reverend John brauchten herausragende politische und zwischenmenschliche Fähigkeiten, wenn sie verstehen wollten, was diese Spannungen bedeuteten und wie man zu ihrer Verminderung beitragen konnte.

Seine erfolgreiche Arbeit in Südafrika blieb auch auf den höheren Hierarchiestufen der anglikanischen Kirche nicht verborgen, und nach acht Jahren drängte ihn der Bischof von Bradford in der englischen Grafschaft West Yorkshire, einen ebenso schwierigen Posten in Manningham in Erwägung zu ziehen, einem Wohngebiet am Rand des Stadtzentrums von Bradford. Der Reverend John zögerte – England war ihm mit seinem schlechten Wetter und den zersiedelten Städten immer als recht düsteres Land erschienen.

Außerdem wusste er, dass er in Manningham nicht auf Rosen gebettet sein würde. In den Augen vieler Briten war Bradford und insbesondere Manningham ein Symbol für die gescheiterten Versuche des Landes, die vielen ethnischen und religiösen Gruppen zu integrieren. Und noch boshaftere Gestalten sahen in Manningham eine Gelegenheit, das Misstrauen zwischen diesen Gemeinschaften anzuheizen.

Im Juli 2001 explodierte die Gewalt in dem Distrikt in Form kurzer, aber gewalttätiger Unruhen, in denen sich die immer tiefere Kluft zwischen den zahlreichen asiatischen Bewohnern der Stadt und der weißen Bevölkerung widerspiegelte. Schon früher hatte Manningham einen massenhaften Wegzug von Weißen erlebt, und als der Reverend John dort drei Jahre nach den Unruhen seinen Dienst antrat, bestand die Bevölkerung zu 75 Prozent aus Muslimen, deren Wurzeln vorwiegend in den ländlichen Gebieten im Nordosten Pakistans lagen. »Die restlichen 25 Prozent sind Christen, aber von denen gehen nur ungefähr fünf Prozent in die Kirche. Die weiße Gemeinde hier sieht aus und fühlt sich wie die Minderheit, die sie ist«, sagte der Reverend John. Was Klima, Architektur und Kultur anging, hatte Manningham zwar keinerlei Ähnlichkeit mit den Townships bei Johannesburg, aber in anderer Hinsicht erinnerte es geradezu gespenstisch an Südafrika.

Es war eine Strafversetzung. Wenn die Wolken sich zusammenballten oder wenn es schneite, gab es in den Straßen, die von düsteren, neogotischen Gebäuden gesäumt waren, wenig Reizvolles. Dabei war Manningham noch vor wenig mehr als 100 Jahren ein höchst beliebtes Wohngebiet gewesen. In jener heute in der übrigen Welt vergessenen Periode wurde Bradford als »Welthauptstadt der Wolle« gepriesen und war ein mächtiger Motor der britischen industriellen Revolution.

Zu Beginn des 21. Jahrhunderts jedoch befand sich Manningham bereits seit vielen Jahren im Zustand des Verfalls. Arbeitsplätze und Wohlstand, früher reichlich vorhanden, gab es schon lange nicht mehr. An ihre Stelle waren Drogenmissbrauch, häusliche Gewalt, Eigentumsdelikte und Prostitution getreten. Die Zahl der Menschen, um die der Reverend John sich in seiner Anlaufstelle kümmerte, weil sie der Falle von Armut und Kriminalität entgehen wollten, war größer als die der sonntäglichen Kirchenbesucher.

Angesichts der allgegenwärtigen Gefahr, dass latente Gewalt sich Bahn brechen könnte, arbeitete der Reverend John im britischen Klassen-, Kultur- und Gesellschaftskrieg an vorderster Front. Er war nicht leicht einzuschüchtern und in den meisten Fällen bereit, insgeheim zu lachen. Da seine tägliche Arbeit ihn vor so viele Herausforderungen stellte, fragte er sich selbst, warum die Nachricht über sein geschädigtes Bankkonto ihn derart stark beunruhigte. Vor allem wollte er mit seinen Söhnen sprechen, die etwas von Computern verstanden. Dann entschloss er sich, schnell zur Polizei zu gehen und zu erfahren, was im Einzelnen los war. »Vor allem«, überlegte er, »möchte ich, dass diese Angelegenheit so schnell wie möglich geklärt und zu den Akten gelegt wird.«

Die nervöse Reaktion des Geistlichen war nichts Ungewöhnliches. Wenn Menschen erfahren, dass sie zum Opfer von Cyberkriminellen geworden sind, reagieren sie häufig so, als sei bei ihnen eingebrochen worden. Obwohl die eigentliche Tat sich auf den Cyberspace beschränkt, auf eine Welt vieler winziger elektronischer Impulse, fühlt sie sich an wie eine körperliche Verletzung. Wenn das eigene Bankkonto gehackt wurde, was haben die Diebe dann vielleicht sonst noch in der Privatsphäre meines Computers entdeckt?

Haben sie vielleicht Angaben aus dem Pass gestohlen, so dass Verbrecher oder Geheimagenten sie nun zur Fälschung von Reisedokumenten verwenden können? Haben sie vielleicht gerade jetzt,

wo Sie diese Zeilen lesen, Zugang zu Ihren E-Mails mit vertraulichen Informationen über Kollegen oder Mitarbeiter? Sind sie
vielleicht auf gefährliche, amouröse E-Mails oder andere Indis-
kretionen gestoßen, die Sie irgendwann einmal geschrieben oder
erhalten haben? Gibt es in Ihrem Leben irgendeinen Teil, den
Kriminelle nicht erkunden können, wenn sie Zugang zu Ihrem
Computer haben?

Der Reverend John war jetzt entschlossener. Sobald er in dem
angenehmen kleinen Pfarrhaus neben dem eindrucksvollen Turm
seiner Kirche in Manningham angekommen war, rief er den Polizeibeamten in der Nachbargrafschaft Lincolnshire an.

Dass der Fall ausgerechnet Chris Dawson in den Schoß fiel,
einem in Scunthorpe stationierten Polizisten im mittleren Alter,
war besonders ungewöhnlich. In den meisten Fällen werden
Cyberverbrechen in Großbritannien von Spezialeinheiten bearbeitet, die drei Polizeikräften zugeordnet sind: der Metropolitan
Police, der City of London Police und der Serious Organised
Crime Agency (SOCA), die ebenfalls in der Hauptstadt angesiedelt ist. Beamte ohne besondere Ausbildung würden solche Fälle
meist übersehen, da sie zu schwer fassbar sind. Aber Dawson
war ein ungewöhnlicher Mann: Er verfügte über den Polizisten-
instinkt und einen scharfen Blick. Außerdem hatte er einen ruhigen Charme, er war aber auch auf typisch nordenglische Weise
geradlinig, was zu seiner systematischen, präzisen Art der Polizeiarbeit beitrug. Seine Aufmerksamkeit für Details sollte ihm in
den kommenden Monaten sehr nützlich sein.

Brachte man Manningham mit ethnischen Spannungen und
einem steilen wirtschaftlichen Niedergang in Verbindung, so
galt das nahe gelegene Scunthorpe, eine Stadt von 75 000 Einwohnern südlich der Humbermündung, häufig entweder als eng-
lisches Nirgendwo oder als Gegenstand von Witzen, die sowohl
durch seinen Namen als auch durch die Jahr für Jahr schlechte
Leistung seiner Fußballmannschaft provoziert wurden. (Gerech-
terweise sollte man hinzufügen, dass es wenigstens nicht den
ursprünglichen skandinavischen Namen Skumtorp geerbt hat,

und bis der Scunthorpe United FC im Mai 2011 abstieg, hatte er sich in der zweiten englischen Fußballliga durchaus anständig verkauft.) Soweit man feststellen kann, wurde die Stadt nie im Zusammenhang mit größeren Aktivitäten des organisierten Verbrechens erwähnt.

Noch vier Tage bevor der Reverend John von seiner karitativen Tätigkeit in Indien zurückkehrte, hatte der DS Dawson vergnügt im zentralen Polizeirevier von Scunthorpe gearbeitet. Er hatte sich den Command and Control Log angesehen, eine Computeranzeige, über die telefonisch von der Öffentlichkeit übermittelte Informationen und Berichte über Verbrechen weitergegeben wurden. Zu den üblichen Inhalten gehörten randalierende Betrunkene, gelegentliche Fälle von häuslicher Gewalt und eine junge Katze, die auf einem Baum festsaß. An jenem Mittwochnachmittag gegen 13.30 Uhr jedoch lief eine Meldung über den Bildschirm, die die Neugier des Detective Sergeant weckte. Es war absolut nicht das Übliche. Er wandte sich an seinen Kollegen und sagte leise in seinem beschwingten Lincolnshire-Tonfall: »Komm mal her. Das sollten wir uns ansehen. Sieht aus, als würde bei Grimley Smith ein ziemlich mieses Ding laufen.«

2 Miranda erzählt von der schönen neuen Welt

Die Website von Grimley Smith Associates zeigt ein bräunliches Foto der Firmenzentrale aus edwardianischer Zeit. Damals war das Unternehmen in der englischen Industriestadt Scunthorpe einer der ersten Autohändler. Bizarr erscheint uns heute, wie zu jener Zeit stolz der Belsize angekündigt wurde, ein frühes Symbol automobiler Eleganz, dessen Herstellung kurz nach dem Ersten Weltkrieg eingestellt wurde. Aber der Oldtimer und der Dickens'sche Name Grimley Smith täuschen: GSA, wie die Firma auch genannt wird, wurde erst 1992 von einem Mr. Grimley und einem Mr. Smith gegründet.

Das Unternehmen bietet weitaus kompliziertere technische Dienstleistungen an als nur den Verkauf und die Reparatur alter Blechkarossen. Sein Spezialgebiet sind chemietechnische Anwendungen für den Energiesektor und die Pharmaindustrie; es gilt als eines der erfolgreichsten jungen Unternehmen von Scunthorpe und kann sich heute einer weltweiten Präsenz rühmen.

Ursprünglich waren die beiden Gründer von GSA auch die einzigen Arbeitskräfte, heute jedoch hat sich der Mitarbeiterstamm auf mehrere Dutzend hoch qualifizierte Ingenieure erweitert. Wie alle Unternehmen, deren Erfolg der Motor der Expansion ist, so wuchs auch GSA auf spannende, aber auch chaotische Weise. Seine Ingenieure arbeiteten an Mammutprojekten in weit entfernten Regionen wie Iran, China und Venezuela. Ihre hoch spezialisierten Tätigkeiten, die nicht den geringsten Spielraum für Fehler in den Berechnungen ließen, erforderten leistungsfähige Computerprogramme. Insbesondere arbeiteten sie mit CAD-Software (*Computer Aided Design*), mit der man raffinierte 2D- und 3D-Simulationen von Projekten konstruieren konnte.

Mitte 2007 hatte das Unternehmen ein Stadium erreicht, in dem es dringend seine Computer-Infrastruktur besser verwalten musste. Fremdfirmen mit der Instandhaltung und Sicherheit zu beauftragen, erwies sich als kostspielig, und das Management der vielfältigen Netzaktivitäten wurde für die Firma immer aufwendiger. Deshalb entschied der Vorstand, eine Neuorganisation des ganzen Systems in Auftrag zu geben.

Die richtige Person für diese Aufgabe fanden sie in Darryl Leaning, einem lässigen jungen Burschen aus der Gegend. Er war nicht nur technisch versiert, sondern auch jung und von gewissenhafter Ehrlichkeit; und was vielleicht am wichtigsten war: Hinter seiner entspannten, freundlichen Art verbarg sich ein ungewöhnlich scharfer Verstand. Es ist eine viel zu selten gewürdigte Tatsache: Die besten Computerverwalter sind im Umgang mit sozialen und psychologischen Erwartungen ebenso begabt wie in der Installation von Steuerelementen.

Vom ersten Augenblick an, als er in das Büro kam, wurde Darryl klar, dass sich dringend jemand um die Computer von Grimley Smith kümmern musste. Die größte Sorge bereitete ihm, dass alle Mitarbeiter an ihren Workstations »Administratorrechte« besaßen. Sie konnten jedes beliebige Programm installieren und Online-Dienste nach eigenem Gutdünken nutzen – ausgenommen pornografisches Material, das die frühere IT-Verwaltung bereits zentral gesperrt hatte.

An einem privaten Computer ist meist eine einzige Person (in der Regel ein Elternteil) als »Administrator« tätig. Er kann beispielsweise elektronisch die Zeit begrenzen, die andere Familienmitglieder vor dem Computer verbringen, oder er kann festlegen, was für Websites die anderen besuchen dürfen.

Zu den wichtigsten »Privilegien« des Administrators am häuslichen PC gehört die Installation neuer Programme. Damit können Eltern ihre Kinder an der Beschäftigung mit Computerspielen hindern, die sie für ungeeignet halten. Ebenso können sie mithilfe ihres Privilegs dafür sorgen, dass keine Software mit zweifelhafter Herkunft heruntergeladen wird – solche Programme könnten

Viren oder anderen Schadcode enthalten und damit die gesamte digitale Welt der Familie angreifbar machen.

Die gleichen Grundsätze gelten auch im geschäftlichen Umfeld, nur mit dem Unterschied, dass Umfang und Komplexität der Systeme in der Regel viel größer sind. Als Darryl bei Grimley Smith anfing, erkannte er als erstes Problem, dass es keinen zentralen Administrator gab. Wie er den Direktoren erklärte, war es in einem modernen Unternehmen ein unhaltbarer Zustand, dass die Mitarbeiter nach Belieben alles herunterladen, hochladen und installieren konnten.

Er sagte, eine zentrale Kontrolle sei unentbehrlich, damit die Leute nicht unwissentlich die Möglichkeit schufen, dass Viren die Abwehrmechanismen des Netzwerks überwanden. Die Angestellten, so erklärte er, seien aller Wahrscheinlichkeit nach vollkommen vertrauenswürdig – Antivirensoftware installiert man auf einem System nicht deshalb, weil man den Verdacht hätte, die Kollegen wollten es infizieren, denn in aller Regel tun sie das nicht. Das Gleiche, so fuhr er fort, treffe auch für die Softwareinstallation zu – und übrigens auch für alles andere. Der Wert der Daten in einem hoch spezialisierten Unternehmen wie GSA lässt sich eigentlich überhaupt nicht berechnen. Wenn sie in die falschen Hände gelangten, könnte die Firma zugrunde gehen.

Während seines Kreuzzuges zur Beseitigung gefährlicher Schwachstellen im Computersystem von Grimley Smith – zum Stopfen jener unsichtbaren digitalen Löcher, durch die Würmer, Trojaner und Viren unbemerkt hindurchschlüpfen können – stieß Darryl auf gewisse Probleme. Als Erstes begriff er, dass Menschen nicht gern Privilegien abgeben, deren sie sich bereits erfreuen – und vom Anblick sich windender nackter Körper abgesehen, hatten die Mitarbeiter von GSA viele solche Freuden. Für einen jungen Technikfreak bewies Darryl ein gutes Verständnis für die psychologischen Hintergründe der Computernutzung. Irgendwie musste er den Mitarbeitern ihre lokalen Administratorrechte entziehen. Er hielt es für das Beste, dies nach und nach zu tun. Dass Menschen nicht gern etwas verlieren, was sie bereits besitzen, wusste er, aber er erkannte auch, dass sie ebenso gern neues Spielzeug in Empfang nehmen.

Also ergriff er bei der nächsten Computeraktualisierung die Gelegenheit, die ersten Beschränkungen einzuführen. In der Begeisterung über ihre blitzenden und noch leistungsfähigeren neuen Rechner nahmen die GSA-Mitarbeiter hin, dass sie nicht mehr nach Belieben ihre Lieblingsspiele oder sonstigen Zeitvertreib herunterladen konnten.

Wieder bewies Darryl sein angeborenes psychologisches Gespür, in dem er allzu drakonische Methoden vermied. Ein Problem war Facebook. Zahlreiche Mitarbeiter vergeudeten Ressourcen, indem sie das soziale Netzwerk nutzten, während sie eigentlich arbeiten sollten. Gleichzeitig war dies zunehmend auch ein »Vektor«, wie die Sicherheitsbranche es nennt – ein Instrument, das Virenprogrammierer ausnutzen können, um ihre Schadprogramme zu verbreiten.

Darryl nahm an, dass ein völliges Facebook-Verbot im Unternehmen zum Aufstand führen würde; deshalb erlaubte er den Zugang zu der Website von 12 bis 14 Uhr, also zu einer Zeit, in der die meisten Angestellten Mittagspause machten. Indem er die Facebook-Zeit selbst festlegte, konnte er auch Viren- und Hackerangriffe besser überwachen und so dafür sorgen, dass die Site nicht die Unternehmenssicherheit gefährdete.

Nach und nach führte er ein System einer relativ weitreichenden zentralen Kontrolle ein, ohne auch nur einen einzigen Computernutzer bei Grimley Smits zu verärgern. Kernstück des neuen Systems war ein kompliziertes Programm namens Virtual Network Computing oder VNC. Es war Grimley Smith' ganz eigene Version von Big Brother. Wenn Darryl irgendwo im Netzwerk ein ungewöhnliches oder gefährliches Verhalten bemerkte, konnte er das VNC aus seinem virtuellen Winterschlaf wecken, so dass es sich auf den Weg machte und im Einzelnen untersuchte, was auf einem der vielen Dutzend Computer, die er jetzt verwaltete, vorging.

Eines Morgens, als die Mitarbeiter sich gerade in ihre Computer einloggten, schickte Darryl an alle vom Verwaltungsdirektor an abwärts eine warnende Nachricht: Von jetzt an könne jeder vom Computerverwalter überprüft werden. Was die meisten nicht wussten: Darryls neu installiertes VNC lief bereits fröhlich im Hintergrund. Wenn das Programm ihn darauf aufmerksam machte, dass jemand ein Virus heruntergeladen hatte oder eine unbekannte Software installieren wollte, wurde das VNC aktiv.

VNC ist ein ungeheuer leistungsfähiges Hilfsmittel. Manche halten seinen Einsatz für eine naheliegende Geschäftspraxis, im globalen Internet jedoch ist die Verwendung von VNC-Software heftig umstritten. Im größten Teil Kontinentaleuropas ist es Behörden und Unternehmen streng verboten, sich Zugang zu Informationen auf den Computern ihrer Mitarbeiter zu verschaffen, die nichts mit der beruflichen Tätigkeit zu tun haben (und selbst das ist nicht einfach). Die Überwachung von E-Mails ist schlicht und einfach illegal.

Zwischen Verbrechensbekämpfung und Bürgerrechten herrschte immer ein Spannungsverhältnis, aber mit der Verbreitung des Internets ist ihr Miteinander noch deutlich schwieriger geworden, und das wird auch in Zukunft so sein. Wenn ein deutscher Polizeibeamter einen Verdächtigen anonym über das Internet verfolgt, ist er juristisch verpflichtet, sich als Mitglied der Ordnungskräfte zu erkennen zu geben, wenn er von einem Online-Gesprächspartner danach gefragt wird. Dies erschwert eine Praxis, die in Großbritannien und den Vereinigten Staaten weitverbreitet ist: Dort tarnen sich Polizeibeamte als minderjährige Mädchen und Jungen, um Pädophile zu überführen, die sich im Internet an Kinder heranmachen. Der Einsatz eines VNC ist politisch brisant und wird durch wichtige Datenschutzgesetze eingeschränkt. Darryl Leaning musste sein Lieblingsspielzeug also mit großer Vorsicht handhaben.

Anfang Februar 2008 leuchtete auf Darryls Bildschirm eines Tages eine Warnung vor verdächtiger Software auf. *Nicht autorisierte Anwendung: Messenger.* Darryls Systeme achteten auf verschiedene Arten nicht genehmigter Anwendungsprogramme. Das Wort »Messenger« ließ darauf schließen, dass jemand versuchte, eine Kommunikationssoftware wie Skype zu installieren oder zu benutzen. Innerhalb weniger Minuten hatte Darryl die Herkunft der Warnung zu einem der Chemieingenieure zurückverfolgt, die das Rückgrat der Geschäftstätigkeit von GSA bildeten. Darryl ging zu dem fraglichen Computer und fragte den Mitarbeiter rundheraus, ob er auf seinem Rechner ein neues Kommunikationsprogramm laufen ließ.

»Da hat er sich ganz ruhig zu mir gedreht und nein gesagt. Er hat es einfach abgestritten. Daraufhin habe ich geantwortet: ›Na gut. Das ist allerdings seltsam, denn ich hatte gerade eine Anzeige, dass auf diesem Computer eine nicht genehmigte Messenger-Anwendung läuft.‹«

Darryl zuckte mit den Achseln. Die Antwort des Ingenieurs hatte ihn nicht übermäßig überrascht: Sicherheitssysteme sind empfindliche Hilfsmittel, und wie er selbst zugeben musste, ließ er mehrere Überwachungstools laufen, die für sein eigenes Virenschutzprogramm wie Hackerprogramme aussahen. Und selbst wenn der Ingenieur das Programm laufen ließ, so Darryls Überlegung, chattete er wahrscheinlich nur während der Arbeitszeit mit seinen Kumpels. Zumindest würde er jetzt wissen, dass es falsch war und dass Darryl es mitbekam, wenn er es noch einmal tat. Danach vergaß er die Sache.

Zwei Wochen später geschah wieder das Gleiche. Diesmal entschloss sich Darryl, die große Bestie VNC zum Leben zu erwecken. Er drang in den Computer des Ingenieurs ein und suchte nach dem Kommunikationsprogramm – das er auch schnell fand: Miranda Instant Messaging. Viele Menschen verwenden heute Instant Messaging, denn damit können sie in Echtzeit mit Bekannten kommunizieren, indem sie diesen in kleinen Textboxen ein paar Wörter oder Sätze schicken. Windows Instant Messenger (IM) kann in den meisten Fällen nur mit jemandem kommunizieren, der die gleiche Software besitzt. Miranda hat den Vorteil, dass man sich mit verschiedenen IM-Programmen in Verbindung setzen kann. Die Software ist besonders bei einigen besessenen Computerfreaks sehr beliebt.

Bevor Darryl das VNC in Gang setzte, überprüfte er die Festplatte des Ingenieurs auf Besonderheiten, aber die Suche erwies sich als nutzlos. Es war ungefähr 12.15 Uhr, Mittagspause. Genau die richtige Zeit, so dachte Darryl, um auf dem Rechner eine kleine VNC-Sitzung laufen zu lassen und sich damit ein für alle Mal zu vergewissern, ob auf dem Computer des Ingenieurs tatsächlich dieses nicht genehmigte Programm aktiv war.

Aber Miranda IM war überhaupt nichts im Vergleich zu dem, was Darryl sah, als das VNC die Geheimnisse im Computer des Mitarbeiters aufzudecken begann. Der Ingenieur hatte zehn Textdokumente gleichzeitig geöffnet und scrollte mit ungeheurer Geschwindigkeit durch sie hindurch. Darryl blieb der Mund offen stehen. Er hatte nie erlebt, dass jemand so schnell mit Dokumenten arbeiten konnte. Als er den Bildschirm des Ingenieurs beobachtete, sah er nur einen Nebel aus Zahlen, Symbolen und Wörtern. Allmählich wurde ihm klar, dass der Ingenieur Teile des Dokuments kopierte und in eine eigene Wordpad-Datei einfügte.

Immer noch begriff er nicht, was da eigentlich vorging oder woher die ganzen Dokumente stammten. Soweit er feststellen konnte, hatte das alles aber keinerlei Ähnlichkeit mit der Tätigkeit des Unternehmens. Schon der Name der Datei, in die der Text eingefügt wurde, war verwirrend. Er lautete »Sierra Leone«. Tatsächlich arbeitete der Ingenieur an einem Projekt in einer Ölraffinerie in dem afrikanischen Staat. Darryl stieß einen kurzen Seufzer der Erleichterung aus – vielleicht ging es ja doch um legitime Geschäftätigkeiten. Erst später dämmerte ihm, warum der Ingenieur diesen Namen gewählt hatte. Wenn jemand an seinem Computer vorüberkam, konnte er einfach die Datei minimieren, und dann sahen sie in der Task-Leiste nur einen Tab mit der Aufschrift »Sierra Leone«: das Projekt, an dem er arbeitete.

Damit hätte er auch Darryl getäuscht, wenn das VNC nicht ein unregistriertes Laufwerk F gezeigt hätte. Es ließ darauf schließen, dass der Ingenieur irgendeinen Wechseldatenträger verwendete. Darryl schickte das VNC in das rätselhafte Laufwerk und erteilte ihm den Befehl, die Zehntausende von Dokumenten, die es dort vorfand, zu kopieren.

Darryl wusste immer noch nicht genau, wie er weiter vorgehen sollte und was um alles in der Welt dort eigentlich los war. Deshalb befahl er seinem treuen VNC, die Innereien des verdächtigen Computers noch einmal unter die Lupe zu nehmen. Er programmierte die Software so, dass sie alle 30 Sekunden einen Screenshot vom Computer des Ingenieurs anfertigte. Dem Computer in Echtzeit zuzusehen, war verblüffend. Man konnte unmöglich herausfinden, um was für Daten es sich eigentlich handelte. Als er aber die Screenshots sah – eingefrorene Bilder von der Tätigkeit des Ingenieurs –, erhielt er einen recht guten Eindruck davon, was hier eigentlich los war: Es waren Hunderte und Aberhunderte von Kreditkartennummern, Bankkonten, persönlichen Daten, Geheimzahlen und E-Mail-Adressen. Mit der Entwicklung von Ölraffineriekapazitäten in Sierra Leone hatten sie absolut nichts zu tun.

Nun druckte Darryl eine besonders eng beschriebene Seite von Bank of America Online aus und ging damit zu Mike Smith, seinem Verwaltungsdirektor. Wenige Minuten später griff Smith zum Telefon und rief die Polizei in Scunthorpe an.

Als DS Dawson bei Grimley Smith eintraf, legte ihm der Verwaltungsdirektor die Ausdrucke vor. Sie enthielten eine schwindelerregende Fülle von Daten: Informationen über Banken, Immobilienmakler, Versicherungsunternehmen, Themenparks, Kinos, gemeinnützige Organisationen und vieles andere, darunter auch Daten, die aussahen, als stammten sie vom US-Militär. Er hatte sofort den Verdacht, dass sie es hier mit einer Form des Betruges zu tun hatten, aber was das Material im Einzelnen bedeutete oder wo er ansetzen sollte, um seinen Verdacht zu bestätigen, wusste er nicht. Es waren schwierige Fragen. »Na gut«, sagte Dawson. »Dann lassen wir ihn mal zu einer kleinen Unterhaltung ins Büro kommen, oder?«

Die Manager von Grimley Smith tauschten nervöse Blicke aus. »Was ist los?«, fragte Dawson.

»Der ist eine große Nummer«, kam die Antwort, »und ich bin sicher, er findet eine Ausrede.«

»Nun ja, damit werden wir uns beschäftigen, wenn es so weit ist«, sagte Dawson und bemühte sich, möglichst viel Autorität auszustrahlen.

Als der hochgewachsene, hünenhafte Mann ins Büro kam, wirkte er nicht verärgert, sondern eher schockiert. Mit einem Anflug von Geringschätzung fragte er den Polizisten, wer er sei und was er hier wolle. Dawson erklärte, warum man ihn zu GSA gerufen hatte, und fragte den Mann dann direkt ins Gesicht, was die Dokumente zu bedeuten hätten. Mit unerwarteter Lässigkeit erwiderte der Mitarbeiter, sie gehörten zu einem Bericht, den er für einen der Manager hier im Raum zusammenstellte. Einen Augenblick lang trat Schweigen ein, dann gab der Manager aufgebracht zurück: »Nein, das stimmt nicht!«

»Gut«, sagte Dawson, »strecken Sie bitte die Hände aus, Sir.« Dann nickte er seinem Kollegen zu: »Leg ihm die Handschellen an!«

Im Gegensatz zu den Befürchtungen der Manager fand der Mann keine Ausrede, sondern er war die ganze Zeit völlig ruhig und ein wenig verblüfft. Zwei Stunden nachdem Dawson den »Command and Control«-Report gelesen hatte, saß in seiner Polizeizelle bereits ein Verdächtiger. Aber jetzt musste er schnell ermitteln. Wenn er nicht innerhalb von drei Tagen einen Anfangsverdacht auf Verschwörung oder Betrug begründen konnte, musste er den Mann gehen lassen, und damit wäre die Sache zu Ende.

Das nächste Mal kam Dawson mit einem Beamten der Abteilung für Hightech-Wiederherstellung zu Grimley Smith. Gemeinsam mit Darryl Leaning gingen die beiden an die Arbeit. Wie Darryl prophezeit hatte, waren die externen Festplatten mit Hunderttausenden von Dokumenten vollgepackt; die meisten enthielten eine Fülle von Einzelheiten über gehackte Kreditkarten und Bankkonten. Es gab aber auch E-Mail-Korrespondenzen. Eine davon hatte mit einer Yahoo!-Newsgroup zu tun, die den prosaischen Namen *bankfraud@yahoogroups.com* trug. Die Postings und Nachrichten aus dieser Gruppe waren ausreichend für ein Universitätsdiplom in der Wissenschaft des Internetbetrugs.

Danach fuhr Dawson zu der Wohnung im Plimsoll Way in der Nachbarstadt Hull, wo der Verdächtige wohnte. Die Adresse lag in einer Siedlung, die im Rahmen einer Hafengebietssanierung errichtet worden war und jetzt die ersten Abnutzungserscheinungen zeigte. Die beigefarbene Fassade trug graue Wasserflecken, und aus dem Putz wuchsen Rostflecken wie Pocken heraus. Es war ein treffendes Symbol für das Großbritannien von New Labour: äußerlich hübsch und hell, aber nicht mehr in der Lage, das verrottete Innere am Durchbruch durch die Oberfläche zu hindern.

Die Zimmer trugen alle Kennzeichen einer Junggesellenwohnung. Sie war keineswegs ein Schweinestall, aber verschiedene Gegenstände lagen herum. »Da fehlt eine weibliche Hand«, grübelte Dawson. Im Schlafzimmer wurde der Beamte fündig. Auf dem Bett lagen zwei Laptops, von denen einer noch lief. Obenauf lag ein großer Stapel von Dokumenten, darunter unzählige Quittungen von Western Union, die Zahlungsverkehr mit der ganzen Welt bestätigten: Neuseeland, Mexiko, die Vereinigten Arabischen Emirate, die Ukraine – alles Mögliche.

Diese Dateien und Dokumente zu kennen, war schön und gut, aber wie wir wissen, konnte Dawson nur dann einen Vorwurf erheben, wenn er ein ganz bestimmtes Verbrechen belegen konnte. Als er nach einem großen Papierstapel griff, fiel ein einzelnes Blatt heraus und flatterte auf den Fußboden. In den folgenden Monaten sollte Dawson noch oft über diesen glücklichen Zufall nachdenken. Auf dem Blatt standen Einzelheiten über einen Mann, der irgendwo in West Yorkshire wohnte, inklusive seiner sämtlichen Bankkontonummern. Nachdem Dawson die Angaben studiert hatte, wurde ihm klar, dass dies der entscheidende Beweis sein konnte, denn auf dem Blatt stand auch ein Passwort. Wenn er beweisen konnte, dass diese Person nie ihr Passwort weitergegeben hatte, besaß er ein schlagendes Argument. Deshalb war der DS Dawson so erpicht darauf, mit dem Reverend Andrew Arun John zu sprechen. Wenn John die Vermutung bestätigte, konnte Dawson dem Verdächtigen ein einzelnes Verbrechen des Online-Betruges zur Last legen, und dann würde ein Richter so gut wie sicher eine Freilassung gegen Kaution ablehnen. Anschließend konnte Dawson sich an die Herkulesaufgabe machen, den Berg von Dokumenten zu durchforsten.

Als Detective Sergeant Dawson gerade die Hoffnung aufgeben wollte, klingelte das Telefon. Es war Reverend John.

3 Mr. Hyde aus Lagos

Im Jahr 2003 machte Adewale Taiwo an der Universität Lagos seinen Bachelor of Science in Chemietechnik. Der hochgewachsene, aparte Sohn eines Universitätsdozenten und einer Beamtin war zu einem wortgewandten, bedächtigen jungen Mann herangewachsen und hatte in Industrie oder Wissenschaft eine vielversprechende Zukunft vor sich. Die Familie war nach nigerianischen Maßstäben wohlhabend und hatte Verwandte in London, die Adewale unterstützten, als er Möglichkeiten sondierte, seine Ausbildung in Großbritannien fortzusetzen.

Im gleichen Jahr erschuf er auch sein Alter Ego: Fred Brown aus Oldham in Lancashire. Adewale war zwar noch nie in England gewesen, er entschloss sich aber schon im Vorhinein, diesen regelrechten Mr. Hyde der Cyberwelt zu schaffen. Und Fred Brown gründete die Yahoo-Newsgroup zum Bankenbetrug.

Wenig später schaltete Fred Brown im Internet auch Werbeanzeigen. Dazu nutzte er Sites wie *Hacker Magazine*, *Alt 2600* oder *UK Finance*:

> Gelegenheit: Geschäftstätigkeit und Partnerschaft für Mitarbeiter von Banken an der High Street und für Angehörige oder Freunde von Bankmitarbeitern. Bei den Banken handelt es sich insbesondere um HSBC und Royal Bank of Scotland, andere kommen aber ebenfalls infrage. Bewerbungen bitte an Fred B. Brown über Yahoo, ICQ oder Safemail.

Die Kurznachrichtenprogramme ICQ (abgeleitet von »I seek you«) und das ältere IRC (Internet Relay Chat) sind bei Hackern oder

Crackern, wie kriminelle Hacker manchmal genannt werden, beliebte Hilfsmittel. Man kann damit durch Sofortnachrichten mit einer oder mehreren Personen chatten. Was dabei für Hacker wichtig ist: Die Chats sind »dynamisch«, das heißt, sie hinterlassen keine Spuren der mit ihnen geführten Gespräche, es sei denn, jemand speichert ganz bewusst den Austausch. »Safemail« ist ein System für verschlüsselte Mails, das nicht geknackt werden kann – es sei denn, man kann ein israelisches Gericht dazu bewegen, die gewünschten Informationen unter Strafandrohung anzufordern: Das Unternehmen, das die Website besitzt und betreibt, hat seinen Sitz in Tel Aviv.

Die Personen, die auf Fred Browns Anzeigen antworteten, wurden aufgefordert, sich bei *bankfraud@yahoogroups.com* anzumelden. Ziele und Ethos der Gruppe waren klar formuliert: »Diese Gruppe ist für Leute, die nicht gesetzestreu, sondern für Geld arbeiten wollen und bereit sind, dafür die Regeln zu beugen. Diese Gruppe bringt euch bei, wie man Banken betrügt und Identitäten stiehlt.« Dass Fred sein Geschäftsmodell so offen bewerben konnte, ist ein deutliches Zeichen dafür, wie weit verbreitet betrügerische Aktivitäten im Netz sind. Bis die Ordnungsbehörden auf ihn aufmerksam wurden, sollten mehrere Jahre vergehen, und auch dann geschah es nur, weil er einen ganz untypisch schweren Fehler beging.

Fred hatte seine Anzeigen darauf angelegt, den Bären auf ganz traditionelle Weise zu erlegen. Von innen heraus. Wenn man einen Bankmitarbeiter dazu veranlassen kann, Kundendaten zu stehlen und weiterzugeben, erspart man sich die anstrengende Arbeit, selbst Konten oder Kreditkarten zu knacken. Internetbetrüger verwenden beträchtliche Mühe darauf, verärgerte oder notleidende Bankangestellte zu finden, denn wenn man einen zuverlässigen Insider rekrutiert hat, kann man die Erträge drastisch steigern. Mit den Kundendaten kann der Täter im Internet auf das Konto wie auf sein eigenes zugreifen und Geld auf ein anderes, selbst gewähltes Konto überweisen. Wenn der Eindringling nicht gerade sehr schnell eine große Summe braucht, besteht die beliebteste Methode darin, über längere Zeit hinweg kleine Beträge abzuziehen, so dass es weder der Bank noch dem Kunden auffällt.

Aber Fred Brown entwickelte auch raffiniertere Betrugsmethoden. Er konnte tiefer in das Computersystem einer Bank eindringen und beispielsweise bei einem Konto das Limit für Dispokredite erhöhen. Offensichtlich verfügte er über das Know-how, um Namen und Adressen zu verändern und natürlich Passwörter in Erfahrung zu bringen.

Fred legte die Grundlagen für seine Machenschaften, lange bevor er nach Großbritannien kam; damit stellte er seine systematische Herangehensweise an das Geschäft unter Beweis. Er war angesehen; er war gesellschaftlich nicht unsicher; und er vergeudete nicht viel Zeit mit Computerspielen. Für Fred Brown (alias Freddy Brown, Fred B. Brown, Freddy B, FredB und Freddybb) war das Internet ein einfacher Weg, um unzählige Menschen um große Geldsummen zu betrügen.

Aber bevor Freddy auf das Web losgelassen wurde, musste sein Dr. Jekyll – Adewale Taiwo – sich um andere Dinge kümmern: An der Universität Manchester, wo er seit Oktober 2005 studierte, blieb er ein Jahr und machte im Mai 2006 seinen Master in Chemietechnik. Einen Monat vor dem Studienabschluss eröffnete er bei der London Gold Exchange (LGE) ein Konto, auf das er Geld von jeder High-Street-Bank überweisen konnte.

Die LGE kauft von den Kundeneinlagen Gold und vergibt Kredite in »digitaler Währung«. Da die Firmenzentrale sich in Belize befindet und das Gold in der Schweiz aufbewahrt wird, ist »London Gold Exchange« eigentlich ein irreführender Name. Sie war eines von mehreren Unternehmen, die in den 1990er Jahren expandierten und von Betrügern und Geldwäschern bevorzugt wurden. Wenn Taiwo sein Geld zur London Gold Exchange transferiert hatte, verschob er es auf ein Konto bei E-Gold, einem ähnlichen Unternehmen. Von dort verteilte er Bargeld über Western Union, um es entweder zu waschen oder seine Kumpane damit auszuzahlen.

Wie bei allen seinen Tätigkeiten, so erwies er sich auch hier als pedantisch und leistungsfähig: Er war ein hervorragender Student und ein hervorragender Verbrecher. Kurz nachdem die Universität Manchester ihm den Mastertitel verliehen hatte, schnappte Grimley Smith ihn als höchst aussichtsreichen Mitarbeiter – und zur gleichen Zeit hieß die Internet-Betrügergemeinde ihn als ernsthaften Mitspieler willkommen.

Adewale Taiwo war ein begabter Chemieingenieur. Er war noch keine dreißig, galt aber bei Grimley Smith schon als Überflieger und unternahm wenig später Dienstreisen bis nach China und Venezuela. Er kleidete sich gepflegt, aber unauffällig, und sein BMW passte zu seinem Gehalt und seiner Lebensweise. Er nahm seine beiden Leben sehr ernst, und seine legale Arbeit diente ihm natürlich als glaubwürdige Tarnung für seine Untergrundtätigkeit. Ein angesehenes, erfolgreiches Unternehmen des Energiesektors ist so ungefähr der letzte Ort, an dem man nach einem wichtigen Cyberkriminellen suchen würde, und insbesondere würde man ihn nicht unter den fleißigen, hoch qualifizierten Ingenieuren des Unternehmens vermuten.

Als DS Chris Dawson den Umfang von Fred Browns Betrügereien erkannte, war er wie vor den Kopf gestoßen. Selbst nachdem er die Indizien eingegrenzt hatte, saß er noch vor 34 000 Dateien, manche davon jeweils 100 bis 150 Seiten lang. Schon ganz zu Anfang hatte er eine einzelne Datei von 100 Seiten ausfindig gemacht, die vollgepackt war mit amerikanischen Kreditkartennummern einschließlich der Geheimzahlen und aller nötigen Passwörter.

DS Dawson war Mordermittler – in Humberside hatte bis dahin noch nie jemand einen hochkarätigen Internetbetrug bearbeitet, und sowohl er als auch der Kollege, mit dem er sich um den Fall kümmerte, mussten auch ihrer Alltagstätigkeit nachgehen. Er wusste einfach nicht, wo er anfangen sollte. Neben den Dateien gab es die Software für einen MSR206. Dieser Apparat ist vermutlich die wichtigste Waffe im Arsenal der Kreditkartenbetrüger oder »Carder«, wie sie mit dem Fachbegriff genannt werden. Mit dem MSR206 kann man eine Kreditkarte »klonen«: Es kopiert alle Informationen in dem Magnetstreifen auf der Rückseite und überträgt sie auf ein Stück leeres weißes Plastik mit einem leeren Magnetstreifen. Der MSR206 ist eine private Münzprägeanstalt.

Auch Keylogging-Trojaner fand Dawson unter den Dateien. Sie sind für kriminelle Hacker das Gleiche wie das Brecheisen für einen Safeknacker. Die ersten Computerviren waren ganz anders als die Keylogger. In den 1990er Jahren, als Viren erstmals in großem Umfang im Umlauf waren, wurden sie von sogenannten Scriptkiddies konstruiert, Jugendlichen und Studenten, die damit ihre Fähigkeiten als anarchische Programmierer unter Beweis stellen wollten. Ärgerlicherweise machten sie zu diesem Zweck möglichst vielen Computerbenutzern auf der ganzen Welt das Leben schwer.

Ein infizierter Computer konnte verschiedene Verhaltensweisen zeigen: Er arbeitete langsamer; wenn man eine Anwendung wie beispielsweise Microsoft Word aufrief, öffnete sich stattdessen der Internetbrowser; der Computer fuhr automatisch herunter; oder – am schlimmsten – Dateien und Daten wurden zerstört. Es gibt Geschichten von Autoren, die ganze Manuskripte durch heimtückische Viren verloren, und von Statistikern, denen ein bösartiger digitaler Wurm vor ihren Augen die über Monate gewonnenen Datenbestände zerfraß.*

Nach der Jahrtausendwende dagegen wurde Hackern, Crackern und anderen Kriminellen allmählich klar, dass man Viren, Trojaner und Würmer auch gewinnbringender einsetzen kann. Der Keylogger wurde geboren und verbreitete sich im Internet mit großer Geschwindigkeit. Wenn dieser kleine Bursche sich auf einem Computer eingenistet hat, zeichnet er jeden Tastatur-

---

* Die einfachste, allerdings unvollständige Unterscheidung zwischen Viren, Würmern und Trojanern – zusammenfassend spricht man von »Malware« oder »Schadsoftware« – betrifft ihren Übertragungsweg: Viren verbreiten sich durch infizierte E-Mail-Anhänge und Trojaner durch Downloads; Würmer können sich auf einem Wirtsrechner vervielfältigen und sich dann mithilfe der installierten Kommunikationsprogramme auf andere Computer verbreiten. Grundsätzlich richten aber alle auf einem Computer Schaden an.

anschlag auf. Tippt jemand beispielsweise *www.hsbc.co.uk* ein, schickt er diese Information an seinen Schöpfer oder Eigentümer, der sich irgendwo auf der Welt befinden kann. Wenn man dann beispielsweise das Passwort Robinhood eingibt, zeichnet der Viruskommandant in New Jersey, Rostock, Lilongwe oder auf dem tiefsten Balkan es sofort auf. Bingo! *Mia casa es su casa!* Oder genauer: *Mi cuenta bancaria es su cuenta bancaria!**

Genau wie es kein Verbrechen ist, auf dem eigenen Computer Tausende von Kreditkartendaten und Kontonummern zu speichern, so ist es auch nicht verboten, ein Keyloggervirus auf der Festplatte zu haben. Es ist vielleicht ein starkes Indiz für kriminelle Aktivitäten, aber allein wird es nicht zu einem Fall. Als Dawson und ein Kollege sich durch endlose Dateien wühlten, mussten sie Hunderte von Fäden entwirren.

Nachdem die Polizisten mehrere tausend Kontodaten manuell in eine Excel-Tabelle eingegeben hatten, fassten sie den Entschluss, sich an die Banken zu wenden. Eine höchst sinnvolle Entscheidung, so könnte man meinen: Immerhin hatte Fred Brown höchst erfolgreich die Sicherheitssysteme der Geldinstitute ausgehebelt.

Falsch gedacht.

Mit vielen seiner Nachforschungen lief Dawson gegen eine Wand: Die Banken hielten es nicht für nötig, seine Anfragen zu beantworten. Der Polizist stand während der gesamten Ermittlungen unter Zeitdruck, und mit seinen vergeblichen Bemühungen, die Banken zur Mitarbeit zu bewegen, vergeudete er kostbare Stunden.

Die meisten Banken nehmen gegenüber der Cyberkriminalität eine zwiespältige Haltung ein. Während ich dieses Buch schrieb, rief ein Mitarbeiter meiner Bank NatWest mich an und erkundigte sich, ob ich kürzlich bei einem Juwelier in der bulgarischen Hauptstadt Sofia eingekauft hätte. Außerdem wollte er wissen, ob ich eine Rechnung der Swisscom über 4000 Franken beglichen hätte. Ich verneinte. Daraufhin erfuhr ich, meine NatWest-Visa-

---

* »Mein Bankkonto ist dein Bankkonto!«

karte sei missbraucht worden; ich benötige eine neue Karte, aber ich könne sicher sein, dass die Bank die 3000 Pfund, für die meine Karte in betrügerischer Absicht verwendet wurde, gestrichen habe. Wie jeder, der ein solches Erlebnis hinter sich hat, so war auch ich ungeheuer erleichtert, als die Bank mir freundlich erklärte, ich sei dafür nicht haftbar.

Aber wer bezahlt eigentlich den Schaden? Die Bank? Nein, die ist gegen solche Verluste versichert. Das Versicherungsunternehmen? Nein, denn das hat die Prämien so hoch angesetzt, dass es dabei mit Sicherheit nichts verliert. Vielleicht also doch die Bank, die ja schließlich die Prämien bezahlt? Ja, aber die holt sich das Geld wieder, indem sie von allen Verbrauchern höhere Gebühren erhebt. Für Bankbetrug zahlen letztlich alle Kunden.

Die Banken haben verständlicherweise kein Interesse daran, dass diese Tatsache an die große Glocke gehängt wird. Ebenso möchten sie nicht, dass die Öffentlichkeit erfährt, wie oft ihre Systeme von Cyberkriminellen angegriffen werden. Journalisten erhalten von Banken keine Informationen über die Cyberattacken, denen sie tagtäglich ausgesetzt sind. Das ist verständlich. Weniger zu entschuldigen ist, dass Banken häufig nur widerwillig mit der Polizei zusammenarbeiten, weil sie fürchten, die Information könne im Gerichtsverfahren an die Öffentlichkeit gelangen. Indem sie aus Angst vor Konkurrenznachteilen nicht zugeben, dass ihre Kunden zu Opfern von Cyberkriminellen werden, spielen sie indirekt den Verbrechern in die Hände.

Natürlich stehen die Banken vor einem Problem: Der am meisten gefährdete Teil des vernetzten Finanzsystems sind die Kunden. In die Computersysteme der großen Geschäfts- und Investmentbanken einzudringen, wäre heute selbst für den besten Hacker eine schwierige Aufgabe. Aber sich Zugang zu den Computern der meisten Kunden zu verschaffen und dann zuzusehen, wie sie auf ihre Konten zugreifen und mit dem Geld auf diesen Konten herumspielen, ist für jeden Hacker und jede Hackerin (meistens sind es allerdings Männer), die etwas auf sich halten, ein Kinderspiel. Wie kann man das Online-Verhalten der eigenen Kunden verbessern, wenn der große Reiz des Internetbanking (wie so vieler Aktivitäten im Netz) doch gerade in der Bequemlichkeit liegt? In der Regel lassen Menschen sich durch komplizierte Sicherheitsvorkehrungen beim Zugriff auf das eigene Konto abschrecken, weil sie einfach zu zeitaufwendig sind.

Dass Banken sich gern über das Ausmaß des Betruges ausschweigen, liegt einerseits am Konkurrenzdenken, andererseits wollen sie aber auch nicht, dass die Kunden eine Rückkehr zu den Methoden früherer Zeiten fordern. Wenn Bankgeschäfte elektronisch geführt werden, sparen die Geldinstitute gewaltige Summen, denn der Kunde führt Tätigkeiten aus, die früher in die Zuständigkeit von Filialen und Mitarbeitern fielen. Würden wir uns alle weigern, unsere Finanzen über das Internet zu verwalten, müssten die Banken wieder das umfangreiche Filialnetz aufbauen, mit dem sie uns früher zu Diensten waren. Das würde entsetzlich viel Geld kosten, und wie wir heute wissen, haben die Banken ihre gesamten Mittel und auch Hunderte von Milliarden an Steuergeldern für ungeheuer spekulative Geschäfte sowie ihre obszön aufgeblähten Bonuszahlungen ausgegeben.

Dem DS Dawson blieb also nichts anderes übrig, als das Puzzle ganz langsam und nur mit begrenzter Unterstützung der Bankenbruderschaft zusammenzusetzen. Dabei kam ihm allerdings zugute, dass Fred Brown beim Aufbau seines Betrugsnetzes eine Reihe verhängnisvoller Fehler gemacht hatte: Seine *bankfraud@ yahoogroups.com* war zwar bei Yahoo in den USA registriert, die damit verbundene E-Mail-Adresse lautete aber *yahoo.co.uk*. Da es sich um einen britischen Domainnamen handelte, konnte Dawson sofort von Yahoo die notwendigen Informationen anfordern. Mit dem Safemail-Account hatte er weniger Glück. Er musste bei einem britischen Gericht den Antrag stellen, dass dieses bei einem israelischen Gericht beantragte, Safemail zur Öffnung von Fred Browns verschlüsseltem Account zu verurteilen. Das dauerte Monate, und während der gesamten Zeit stand er unter dem Druck der Gerichte, den Verteidigeranwälten seine Indizien zu offenbaren und die Ermittlungen zu beschleunigen.

Dawsons Vorgesetzte waren sauer: Er konnte spüren, wie der Druck wuchs. Unter den Opfern der Verbrechen, derentwegen er ermittelte, war niemand aus Humberside – die Kreditkartenbesitzer verteilten sich auf die ganze Welt. Einer, Reverend John, wohnte im benachbarten West Yorkshire, aber das war es auch schon. »Ich kann es mir nicht leisten, einen meiner besten Mordermittler an einem Betrugsfall arbeiten zu lassen, der nichts mit unserer Region zu tun hat!« – diese Warnung hörte Dawson bei mehr als einer Gelegenheit. Aber der Polizist in ihm trieb ihn an. Er wollte nicht aufgeben, und um seine Vorgesetzten zu beschwichtigen, arbeitete er nun in seiner Freizeit an dem Fall. Manchmal brütete er bis tief in die Nacht über den tanzenden Zahlen.

In seiner Verzweiflung darüber, dass die Ermittlungen gegen Adewale Taiwo allmählich sein einziger Lebensinhalt wurden, bat Dawson die lokale Geheimdiensteinheit um Unterstützung. Die konnte ihm nicht helfen, schlug aber vor, Dawson solle sich bei der High-Tech Unit der City of London nach nützlichen Informationen erkundigen. Auch dort erhielt er eine abschlägige Antwort, aber man riet ihm, er solle sich an die Serious Organised Crime Agency wenden.

Nun endlich setzte sich Dawson mit dem geheimen operativen Hauptquartier der SOCA in London in Verbindung. Es könnte aus dem britischen Film *Ipcress – streng geheim* oder dem Agententhriller *Finale in Berlin* von Len Deighton stammen: Messingschilder mit dem Namen einer fiktiven Firma, und alle tun so, als würden sie nicht bei der Behörde arbeiten, die Tony Blair einmal als britische Antwort auf das FBI bezeichnete.

Dawson bat um Unterstützung in einem komplizierten Betrugsfall, in den ein mysteriöser Mann namens Fred Brown verwickelt war. Der Rückruf von den hohen Tieren in der Hauptstadt war kurz und bündig. »Was wissen Sie über Fred Brown?« Schließlich, so klang es, war er nur ein kleiner Provinzpolizist aus Humberside.

»Nichts«, erwiderte DS Dawson, »außer dass er hier bei uns in Scunthorpe in Untersuchungshaft sitzt.«

Am anderen Ende der Leitung herrschte Schweigen. Dann fuhr die Stimme fort: »Haben Sie schon mal den Namen DarkMarket gehört?«

»Nein, noch nie. Warum?«

Dawson hatte einen noch größeren Fisch an der Angel, als ihm selbst klar war.

Die Nachricht kam aber auch für die SOCA überraschend. Sie hatten Freddybb schon seit einigen Jahren auf dem Radar, aber die Ermittlungen zu DarkMarket waren nach einer Reihe von Festnahmen im vergangenen Sommer eine Zeit lang nur gemächlich vorangegangen. Dass ein Polizist aus Scunthorpe sie wieder zum Leben erwecken würde, hatten sie sich nicht träumen lassen. Aber seit 2001, als eine Gruppe ukrainischer Cyberdiebe die erste Website für globales Verbrechen eingerichtet hatte, war bei der größten britischen Polizeieinheit für Onlinekriminalität vor allem eines klar geworden: Erwarte das Unerwartete.

Teil II

4 Die Akte Odessa

Odessa, Ukraine, Juni 2002

Sie kamen weit aus dem Norden, aus Sankt Petersburg und aus Lettland an der Ostsee; ein Delegierter traf aus Weißrussland ein, einem Staat, der 1990 anscheinend als lebendiges Denkmal für den Kommunismus gegründet wurde. Die Russen waren stark vertreten, und auch die Ukraine steuerte zahlreiche Delegierte bei, ob aus Ternopil im Westen, Kiew in der Mitte, Charkow im Norden oder Donezk im Osten.

Aber die First Worldwide Carders' Conference (FWCC) war eine wahrhaft internationale Veranstaltung. Manche Teilnehmer waren aus Westeuropa gekommen, andere hatten die weite Reise vom Persischen Golf, aus Kanada oder Südamerika auf sich genommen. In der Pressemitteilung der FWCC wurde beklagt, dass einige Delegierte aus Australien und Südostasien es aufgrund von Reiseschwierigkeiten nicht geschafft hatten.

Aus den rund 400 eingegangenen Anmeldungen hatten die Organisatoren etwa drei Dutzend handverlesene Delegierte ausgewählt. Wer das Glück gehabt hatte, dass der Daumen nach oben ging, wusste genau, was es bedeutete: Schon die Einladung war ein gewaltiger Schub für den guten Ruf in der wild-hierarchischen Welt der Internetkriminellen.

Um die Polizei nicht auf die richtige Spur zu bringen, gaben die Organisatoren ursprünglich bekannt, sie würden das Event auf mehreren Luxusjachten abhalten, die an der türkischen Schwarzmeerküste vertäut lagen. Aber das war nur eine Finte. Wo sonst hätte man die weltweit erste Konferenz für Cyberkriminelle abhalten können, wenn nicht in Odessa – der legendären ukrainischen Stadt der Schurken?

Der Zar, Stalin und Hitler – sie alle hatten mit ihren bewährten Methoden versucht, diese wilde Bestie zu zähmen, aber keiner von ihnen konnte die hartnäckigste Verbrecherbruderschaft Osteuropas zerstören.« Wenn man die Gangster von Odessa und ihr Leben nicht versteht, ist die Geschichte dieser Stadt einfach unbegreiflich«, schrieb ein Chronist über seine Heimatstadt.

Für den größten Teil Osteuropas war der brutale Gangsterkapitalismus, der in den 1990er Jahren auf den Zusammenbruch des Kommunismus folgte, ein echter Schock. In Odessa dagegen wusste man, was bevorstand. Die Bewohner der Stadt hatten keine andere Wahl, als sich auf die neue Ära einzustellen – und, so kann man sagen, das taten sie mit einem gewissen Elan. Das Rotlicht ließ über Nacht die roten Sterne verlöschen. Hinter dem Primorskaja-Boulevard schossen schmuddelige Spielsalons wie Unkraut aus dem Boden, und nach 1989 dauerte es nicht lange, bis die Restaurants und Saunen zum Schauplatz von Völlerei und Blutvergießen wurden.

Weiter vom Stadtzentrum entfernt, in den Wohnvierteln, wurden Drogen zur Währung der Wahl. Mittellose junge Leute gingen dazu über, sich Schüsse aus *Boltuschka* zu setzen, einer hausgemachten Amphetaminmischung, die Narben, geistige Schädigungen oder gleich den Tod herbeiführte.

Killer und Banden aus weit entfernten Regionen wie Tschetschenien und Moskau kämpften mit den örtlichen Robin Hoods um die Kontrolle über die Stadt – Odessa gehörte zwar theoretisch zu der jetzt unabhängigen Ukraine, man sprach aber ausschließlich Russisch, und – was noch wichtiger war – es war der einzige Warmwasserhafen, über den Russland seine Gas- und Ölexporte abwickeln konnte.

Hyperinflation und Nationalismus zerstörten den Wert des Rubel, des Karbowanez, der Hrywnja und alles anderen, was die Regierung irgendwann einmal zum »richtigen« Geld erklärte. Echte Stabilität bot nur der Dollar der Yankees.

Für die meisten normalen Menschen ging es in Odessa während der 1990er Jahre vor allem um zweierlei: Überleben und Dollars. Niemand kümmerte sich darum oder hatte etwas dagegen, wenn man das Erste schaffte und sich das Zweite verschaffte. Man bewunderte sogar diejenigen, die beides erreicht hatten; allerdings war plötzlicher Reichtum keine Garantie für ein langes Leben.

Wer konnte es in dieser Atmosphäre dem dreizehnjährigen Dimitrij Golubow zum Vorwurf machen, dass er Fahrzeug-Zulassungspapiere und Führerscheine mit der gefälschten Unterschrift des Leiters der städtischen Verkehrsbehörde verkaufte? Wenn Geschäftsleute bereit waren, dafür zu bezahlen, musste der Handel doch sicher einen echten Wert haben, oder?

So weit, so Odessa. Aber der junge Dimitrij besaß etwas, das ihn in eine andere Welt versetzte, weg vom traditionellen städtischen Bandenbetrieb mit Schutzgeldern, Bordellen, Öl und Kaviar. Statt ein Messer herumzuschleppen, konnte er sich von der Straße in verrauchte dunkle Kellerräume zurückziehen, in denen Computerspiele wie Street Fighter, Pacman und der russische Klassiker Tetris die Gehirne von Teenagern erweichten. In dieser Unterweltkultur ging das einzige Licht von sanft gefärbter Neonreklame und flackernden PC-Bildschirmen aus. Zigaretten und Coca-Cola waren so allgegenwärtig, als seien sie die einzige Nahrung, die einer alten Geek-Legende zufolge erlaubt war.

Dimitrij mochte die Spiele so gern wie alle anderen, noch lieber war es ihm jedoch, die Welt aus dem Komfort der Internetcafés von Odessa heraus zu erkunden. Der junge Golubow hatte aber nicht nur Spaß daran, auf den Websites weit entfernter Länder zu surfen, sondern er wollte auch in sie eindringen und ihr Innenleben kennenlernen.

Im Jahr 1999, als er 16 war, hatten Visa und Mastercard die Nutzung ihrer Karten auf Websites, die in der früheren Sowjetunion registriert waren, blockiert. Rechnungen, die von russischen Internetunternehmen an die beiden Kreditkartenkonzerne gingen, wurden ignoriert. Golubow und seine Mitpioniere fanden aber schon bald etwas heraus: Wenn es irgendwie gelang, die auf einer Kreditkarte gespeicherte Information auszulesen und zu kopieren, konnte man mithilfe dieser Daten Bargeld aus Geldautomaten ziehen oder Waren im Internet kaufen und sie dann an einen Dritten an irgendeinem anderen Ort der Welt schicken. Eine Möglichkeit bestand darin, die Information von der physischen Kreditkarte selbst zu kopieren, dazu gehörte aber zunächst einmal der mühselige und deshalb völlig unbefriedigende Akt eines konventionellen Raubes. Viel besser war es, die Informationen aus den Goldminen der Firmendatenbanken zu gewinnen.

Und selbst wenn manche amerikanischen Internethändler die frühere Sowjetunion nicht belieferten, so schickten sie ihre Waren doch gern in Staaten wie die Vereinigten Arabischen Emirate oder Zypern, zwei Länder, die sehr schnell zu bevorzugten Zielen der neuen russischen Geldelite geworden waren. Ein Russe stahl in der Ukraine einem amerikanischen Unternehmen Geld und zahlte es in Dubai aus – und die ganze Transaktion benötigte nicht länger als zehn Minuten!

Die zweite große Neuentwicklung, die dem Berufsstand der Kartenbetrüger zum Durchbruch verhalf, war das Skimming-Gerät. »Skimmer« sind Apparate, die den Magnetstreifen auf einer Kreditkarte auslesen und seinen Inhalt speichern. Es gibt sie in mehreren Formen und Größen. Manche sind klein und rechteckig, so dass man sie am Geldautomaten befestigen kann. Wenn dann die Karte eines Kunden eingelesen wird, liest der Skimmer mit. Andere gleichen den Terminals in Restaurants oder Tankstellen, durch die der Kellner oder Kassierer die Karte bei der Zahlung hindurchzieht. Sowohl am Geldautomaten als auch an den manipulierten Terminals ist dann unter Umständen irgendwo eine winzige Kamera versteckt, die heimlich aufzeichnet, wie der Kunde seine Geheimzahl eingibt (nicht vergessen: beim Eingeben der Geheimzahl *immer* die Tastatur abdecken!).

Als Skimmer werden solche Apparate nur dann bezeichnet, wenn sie zu betrügerischen Zwecken eingesetzt werden; ansonsten gleichen sie in ihrer Funktion den kommerziell erhältlichen Geräten. Manche Skimmer werden kommerziell produziert, und dann bringen Kriminelle sie in ihren Besitz, andere sind selbstgebaut. Der Skimmer war im Bereich der Kartenkriminalität die

Entsprechung zu James Watts Dampfmaschine, die am Anfang der industriellen Revolution stand. Von 1999 bis 2009 wurde die große Mehrzahl der betrügerisch verwendeten Kreditkartennummern und Geheimzahlen (»dumps« und »wholes«, wie sie genannt werden) an Geldautomaten und Kassenterminals auf der ganzen Welt »geskimmt«.

Als begabter Hacker merkte Dimitrij auch sehr schnell, dass die Sicherheitsvorkehrungen, die von der entstehenden Internetbranche in den Vereinigten Staaten entwickelt wurden, primitiv waren und sich leicht knacken ließen. Wie erfolgreich er zu Beginn war, ist völlig ungeklärt. Dimitrij formulierte es gerne so: Er hatte die entscheidende Schwelle zum Dollarmillionär bereits erreicht, bevor er seinen 17. Geburtstag feierte. Eines darf man dabei aber nie vergessen: Lügen sind im Internet die am weitesten verbreitete Währung, und einige seiner Cyberkumpels erzählen eine ganz andere Geschichte.

»Er war habgierig, hinterlistig und fühlte sich immer vom kriminellen Milieu angezogen«, schrieb ein anderer Hacker aus Odessa in seinem Blog. »Aber das Bild des erfolgreichen Millionärs war weit von der Realität entfernt.«

Plötzlich verschwand Dimitrij, und mit ihm verschwanden auch einige seiner besonders raffinierten Systeme zum Geldverdienen. Einige Monate später tauchte er aus einem Kokon, der ihm Anonymität verschaffte, unter dem Namen Script wieder auf, als wundervoll versiertes Wesen, das aufgeregt zwischen den beiden neuen Websites *carder.org* und *carder.ru* hin und her flatterte. Beide waren kaum mehr als Diskussionsforen, auf denen russische Hacker digital wiederkäuten, wie es möglich sein könnte, sich Zugang zu den ungezählten Milliarden Dollar, Pfund, Yen und Euro zu verschaffen, die hinter Kreditkartennummern weggeschlossen waren. Eines der ersten Mitglieder dieser Sites erinnert sich daran, dass sie »planlos, instabil« und letztlich »nicht lohnend« waren.

Script jedoch dachte lange und eingehend nach. Wenn man Websites für alle möglichen Formen des Handels hat, warum sollte man dann nicht auch eine für den gerade einsetzenden Handel mit gestohlenen Kreditkartennummern, Bankkonten und anderen wertvollen Daten entwickeln? Für den Wunsch, im Web eine solche Präsenz einzurichten, hatte er ein überzeugendes Motiv. Script selbst hatte nämlich bereits angefangen, entsprechende Daten in großen Mengen zu sammeln, er hatte aber weder die Zeit noch die Ressourcen, um sie zu nutzen. Deshalb wollte er alle seine Zahlen zu Geld machen. Er wollte verkaufen.

Es war genau der richtige Zeitpunkt. In den vorangegangenen fünf Jahren war das Internet zum Schauplatz eines wilden Wachstums von Handelsaktivitäten geworden. Das hatte niemand so ganz vorausgesehen; die Erfinder des Web hatten sich vor allem ein Hilfsmittel zur Verbesserung und Beschleunigung der Kommunikation versprochen, eine Arena, in der Gedanken und Tratsch ausgetauscht werden konnten.

Amazon, *lastminute.com*, eBay und die anderen Pioniere der Internetwirtschaft kamen aus heiterem Himmel. Ihr Erfolg blieb aber nicht unbemerkt. Tausende und Abertausende von Menschen versuchten sich an der Einrichtung von Websites. Es war einer jener historischen Augenblicke, die sich nur einmal in jeder Generation ergeben: Wo Habgier und Fantasie der Menschen zusammentreffen, dauert es nicht lange, bis auch Banken und Risikokapitalisten sich davon überzeugt haben, dass der e-Commerce die Garantie für schnellen Reichtum bietet. Sie pumpten Geld in die neuen Unternehmen, die in ihrer großen Mehrzahl von vornherein wertlos waren, obwohl sich ihre Kapitalisierung in der Größenordnung von Millionen oder sogar Zigmillionen Dollar bewegte. Die erste große Blase des globalisierten Zeitalters hatte sich gebildet, und da war es nur passend, dass von dieser Blase die Hightech-Aktien betroffen waren.

Aber während die meisten dot.com-Unternehmen tatsächlich kommerzielle Potemkinsche Dörfer waren, stellten andere, bereits in der Realität verwurzelte Unternehmen fest, dass es tatsächlich eindeutige Vorteile hatte, wenn man einen Teil der Geschäftstätigkeit ins Web verlagerte.

Besonders schnell kamen in dieser Hinsicht die Banken in die Gänge. Der Grund wurde bereits erwähnt: Wie ihnen klar wurde, mussten sie ihre Kunden nur dazu bringen, Zahlungen und Kontoverwaltung online abzuwickeln; dann brauchten sie selbst keine Angestellten mehr für solche Tätigkeiten zu bezahlen. Kunden, die bereits im Web zu Hause waren, würden es sicher bevorzugen, durch das Internetbanking eine genaue Kontrolle über ihre Finanzen zu haben.

Zur gleichen Zeit streiften die Herren des Universums, die neue Klasse der Finanzkapitalisten, die Zügel ab, die ihre Spekulationstätigkeit auf den Derivatmärkten in der Vergangenheit eingeschränkt hatten. Eigentlich hatten die Politiker in Washington und London ihnen eine Lizenz zum Glücksspiel erteilt (ein gutes Beispiel war der dot.com-Boom), und als der Preis nahezu wertloser Unternehmen in ungeahnte Höhen schoss, wurde auf den vermeintlichen Wert dieser Vermögen Geld verliehen. Über ein Jahrzehnt wurde die westliche Welt mit billigen Krediten überschüttet. Das Zeitalter von Herrschaft und Kapital verwandelte sich ins Plastikzeitalter.

In den vier Staaten, in denen das Plastikgeld im größten Umfang genutzt wurde – den Vereinigten Staaten, Großbritannien, Japan und Kanada – stiegen die persönlichen Kreditkartenschulden seit Mitte der 1990er Jahre in ungeheure Höhen. Seit 1997 stieg die Zahl der im Umlauf befindlichen Karten in nur zehn Jahren von 1,5 Milliarden auf 3 Milliarden an, und der durchschnittliche individuelle Sollbetrag verdoppelte sich bei den am stärksten süchtigen Benutzern, den Amerikanern, von 5000 auf 10 000 Dollar. Die Banken waren begeistert von der neu erwachten Zuneigung zu Kreditkarten, denn in einer Zeit, in der die Zinssätze praktisch bei null lagen, berechneten sie nach wie vor fröhlich zwischen 5 und 30 Prozent. In Großbritannien räumte der Leiter des Unternehmens Barclaycard vor dem Finanzausschuss des Parlaments ein, er selbst kaufe nicht mit Kreditkarten, »weil es zu teuer ist«.

Andere Regionen der Erde neigten weniger dazu, sich vom Plastik vereinnahmen zu lassen. In Westeuropa war man der

Piratenwirtschaft, von der die Vereinigten Staaten und Großbritannien so bezaubert waren, traditionell aus dem Weg gegangen. Deshalb war der Anteil der Kreditkartenbesitzer dort ebenso geringer wie der Umfang der persönlichen Schulden. In Osteuropa reichte weder die Kapitalversorgung der Bevölkerung aus, noch gab es eine sichere Bankenbranche, die Kreditkarten hätte ausgeben können. In der früheren kommunistischen Welt war Plastikgeld eine Seltenheit, ein Spielzeug für die neureichen Russen – jenen winzigen Anteil der Bevölkerung, der während des Überganges vom Kommunismus zum Kapitalismus die Staaten und Landsleute ausgebeutet und so ein atemraubendes Vermögen angehäuft hatte.

In der angelsächsischen Kasinowirtschaft der 1990er und 2000er Jahre jedoch kam das Plastikgeld unter allen Erfindungen der Finanzinstitutionen dem Drucken von Geld am nächsten, und sie zögerten nicht, diesen reichen Kapitalschatz zu heben. Täglich wurden tonnenweise Werbebriefe an Adressen in der westlichen Welt verschickt, in denen die Menschen aufgefordert wurden, Kreditkarten zu bestellen oder vorhandene Schulden auf ein neues Konto zu übertragen, auf dem ihnen für ein halbes Jahr keine Zinsen berechnet wurden. Geschickte Verbraucher konnten sich über drei oder vier Jahre hinweg zinsfreie Kredite sichern, indem sie ihre Soll-Beträge immer wieder von einer Karte auf die andere übertrugen, und die Banken bemühten sich immer hektischer darum, neue Kunden zu gewinnen.

So viele Karten. So viel Geld, mit dem man spielen konnte. Da so riesige elektronische Mengen davon im Web hin und her wanderten, war es vielleicht keine Überraschung, dass es die Aufmerksamkeit der Cybermänner aus dem Osten erregte: Schließlich waren sie knapp bei Kasse, aber reich an technischer Fantasie. Einer von ihnen war Script, der 18-jährige Dimitrij Golubow aus Odessa.

So wurde CarderPlanet geboren.

5 CarderPlanet

In flackernder *Star-Wars*-Schrift leuchtet eine Frage auf:

> Sie suchen nach einer beruflichen Lösung?

Kamerazoom auf eine schnell rotierende Erde, die explodiert und sich in ein metallisch-psychedelisches Muster verwandelt, begleitet von aggressiver Electrodance-Musik. Es folgen diverse Texteinblendungen:

> Entdecke die Macht der Technologie
> Hast du genug vom alltäglichen Einerlei?
> Willst du anders leben?
> Werde einer von uns!
> Dumps – Kreditkarten
> machen dich reich!

Der Bildschirm wird schwarz, dann tauchen, untermalt von zackigen Paukenschlägen, drei weitere Zeilen auf:

> Das Team, auf das du dich verlassen kannst
> BUMM!
> Alles, was du für das Geschäft brauchst
> BUMM!
> An CarderPlanet kommst du nicht vorbei
> BUMM!

CarderPlanet wurde 2001 gegründet. Ein Jahr später lud Script seine Hackerfreunde zur First Worldwide Carders' Conference nach Odessa ein. Es war weltweit die erste Tagung für Cyber-kriminelle, und sie wollten die wegweisende Website feiern. Die Gruppe konnte im Cyberspace die gleichen unglaublichen Fähig-keiten vorweisen wie die Mitglieder der Hacker Republic, jener Geheimorganisation, der die Heldin Lisbeth Salander unter ihrem Pseudonym Wasp in dem Bestseller *Verblendung* von Stieg Lars-son angehört.

Nur war an Script und seinen Freunden nichts erfunden. Car-derPlanet war echt.

6 Eine Familienangelegenheit

Mit der ersten Weltkonferenz der Carder wurde auch der erste Geburtstag von CarderPlanet gefeiert. Es war ein einzigartiges, bemerkenswertes Ereignis. Im Jahr 2002 war in Odessa Ruhe eingekehrt, ja es gab sogar Anzeichen von Normalität. Auf dem berühmten Boulevard, der Deribasowskaja, wimmelte es von fliegenden Händlern, Geschäften und schicken Restaurants. Umgeben vom vierblättrigen Kleeblatt und keltischen Inschriften diskutierte ein harter Kern der besten ukrainischen Hacker, auch »Die Familie« genannt, im Mick O'Neill's, einem der ersten Pubs der postkommunistischen Ukraine, über die Ziele der Konferenz. Unter den Anwesenden waren Topleute wie Auditor, Rayden und Bigbuyer, aber auch die treibenden Kräfte der Veranstaltung: Boa, ein Kommunikations- und Sicherheitsexperte mit charakteristischem weißem Bart, und der energiegeladene, aber auch ein wenig jungenhafte Script.

Im Laufe der nächsten drei Tage tranken und sangen sie in verschiedenen Lokalen der Stadt, vor allem aber diskutierten sie die kurz- und langfristige Entwicklung ihrer jungen Website CarderPlanet, die schon jetzt dabei war, das Wesen der Cyberkriminalität auf der ganzen Welt zu verändern.

Die allgemeinen Diskussionen fanden im Odessa Hotel statt, damals die teuerste Herberge der Stadt. Das hohe Gebäude ist ein Paradebeispiel für postkommunistische Hässlichkeit, wenigstens steht es aber an einem Kai unmittelbar gegenüber der Potemkin-Treppe, die durch den Film *Panzerkreuzer Potemkin* von Sergei Eisenstein, ein Meisterwerk des frühen sowjetischen Films, berühmt wurde. Zu den Themen, mit denen sich alle Delegierten im Odessa Hotel beschäftigten, gehörten die technischen Einzelheiten der weniger verbreiteten Kreditkarten wie JCB und Diners Club, die man zugunsten der lukrativeren Visa- und Mastercard-Konzessionen vernachlässigt hatte. Außerdem kam man überein, neue Netzwerke von Personen zu entwickeln oder zu stärken, damit man gestohlene Kreditkarten in Regionen wie Südamerika, Ozeanien oder Afrika zu Bargeld machen konnte. Immerhin musste irgendjemand die eigentliche kriminelle Finanztransaktion vornehmen und Geld aus Geldautomaten ziehen – dass man diesen riskantesten Teil der Kette auslagern wollte, lag auf der Hand.

An den eher vertraulichen Diskussionen nahmen nur rund 15 führende Carder teil. Sie fanden in einem kleinen, schmuddeligen Restaurant unten am Meer statt. Das Ziel dieser Gruppe war es, die Delegierten dazu zu bringen, dass sie eigene, regionale Netzwerke von CarderPlanet-Filialen gründeten, so dass die Eigentümer der Marke mit weniger Arbeit weiterhin Geld verdienen konnten.

Zu Beginn der Zusammenkunft gab einer der weniger bekannten Delegierten Boa ein unauffälliges Signal. Der Mann hatte das Restaurant elektronisch abgetastet und dabei festgestellt, dass im Raum versteckte Videokameras und digitale Aufzeichnungsgeräte liefen. Aller Wahrscheinlichkeit nach führte die SBU die Überwachung durch, die Geheimpolizei der Ukraine. Und wenn die SBU die Veranstaltung überwachte, tat es auch der russische KGB, der zu jener Zeit gegenüber der SBU ungehindert die geheimdienstliche Entsprechung zum Recht der ersten Nacht ausüben konnte – er durfte Rohdaten an sich ziehen, noch bevor derjenige, der sie gesammelt hatte, sie auswerten konnte.

Vor US-amerikanischer und europäischer Geheimdienst- und Polizeiarbeit hatte die »Familie«, die das Politbüro von CarderPlanet bildete, keine sonderlich große Angst. Mit dem KGB lagen die Dinge anders, und es war kein Zufall, dass die wichtigste Resolution der Konferenz ausdrücklich vor kriminellen Tätigkeiten innerhalb Russlands und der Ukraine warnte. »Ein weiteres Mal haben wir betont, dass jede Aktion im Zusammenhang mit unseren Abrechnungssystemen, Banken und Finanzinstitutionen absolut unzulässig ist«, heißt es darin drohend. Hätten Russisch sprechende Cyberkriminelle sich gegen russische Banken oder Unternehmen gewandt, das ganze Projekt wäre innerhalb von fünf Minuten zum Erliegen gekommen.

In Wirklichkeit erwies sich CarderPlanet als langlebiger. Die Website existierte fast vier Jahre lang. Man kann ohne Übertreibung sagen, dass ihre Urheber für die Entstehung und Verfestigung einer neuen kriminellen Methode sorgten: Betrug, den man global mit minimalen Mitteln und minimalem Risiko begehen kann.

Die wichtigste Rolle von CarderPlanet, die später von seinen vielen Nachfolgern übernommen wurde, bestand darin, dass es als Basar für gestohlene Daten diente – für Kreditkartennummern und Geheimzahlen, Bankkonten und Passwörter, aber auch für Viren und gefälschte Dokumente. Zuvor hatte man solche Informationen im Allgemeinen über mühsame Einzelkontakte mittels ICQ und IRC ausgetauscht, die beiden beliebtesten Nachrichtensysteme der Hacker.

Schon damals wirkten die Cyberkriminellen – sogenannte Carder, Spammer, Skimmer und Virenprogrammierer – im Vergleich zu Verbrechern, die mit traditionellen Mafiastrukturen assoziiert waren, wie eine ganz neue Spezies. Script bezeichnete sie in einem Interview mit *Hacker* (*Xaker.ru*), dem großen Chronisten der Cyber-Unterwelt, als »einsame Wölfe«. »Sie hocken nicht in Gruppen zusammen und bilden auch keine eigenen Netzwerke; jeder arbeitet allein, ganz allein.«

Die Russen waren nicht die einzigen Hacker, die neue Methoden der Cyberkriminalität entwickelten, aber CarderPlanet stellte ihnen eine – vorerst nur vorübergehende – Infrastruktur zur Verfügung. Die einsamen Wölfe konnten nun opportunistische Rudel bilden und Verbrechen begehen (oder auch nur Unheil anrichten), bevor sie wieder in der Einsamkeit der Cyberwildnis verschwanden, hervorragend getarnt in der klickenden und surrenden Umwelt des Web, in der alle Versuche, ihre Identität zu ermitteln, zum Scheitern verurteilt waren.

Sehr schnell wurde CarderPlanet von seinen Mitgliedern vergöttert. Ein früherer *consigliere* aus dem inneren Kreis der Websitebetreiber sagte einmal: »Das müssen Sie verstehen. Carder-Planet war nicht nur eine Informationsquelle. Die Leute lebten in CarderPlanet – wir haben einfach ›The Planet‹ gesagt, als wäre er unsere Heimat.«

Diebstahl, Spamming und andere Formen der elektronischen strafbaren Handlungen spielten zwar eine wichtige Rolle, sie waren aber keineswegs die einzigen Aktivitäten, derentwegen Russisch sprechende Menschen auf dem Planeten landeten und sich dort häuslich einrichteten. Der durchschnittliche Nutzer brachte eine Faszination für Elektronik, Computer, Spiele und Netzwerke mit und betrachtete das Hacken als Sport.

Das waren nicht einfach Kriminelle, die in CarderPlanet ein Mittel erkannten, um ihren Geschäften nachzugehen. Sie schufen vielmehr eine Gemeinschaft junger Männer zwischen 15 und 25 Jahren, die einzigartige Fähigkeiten besaßen und sich darum bemühten, in einer chaotischen, rücksichtslosen historischen Phase zurechtzukommen. In Odessa waren alle ganz selbstverständlich gezwungen, sich in gewisser Weise kriminell zu verhalten. Die Planetarier rüsteten sich mit der Logik derer, die den politischen und wirtschaftlichen Wirrwarr in Odessa überlebt hatten, und wandten die gleichen Verhaltensmuster im Cyberspace an. Sie waren keine geborenen Mörder, sondern geborene Überlebende.

Die neue Website gliederte sich in Kategorien, die jeweils einem bestimmten Aspekt der Internetverbrechen oder des Hackens gewidmet waren. Als einer der jungen Hacker von Odessa sich zum ersten Mal bei CarderPlanet einloggte, war er überwältigt. »Ich könnte schwören, das gleiche Gefühl hatte auch Ali Baba, als er die Höhle öffnete und die ganzen Schätze sah. Jedes Fenster, das sich am Bildschirm öffnete, enthielt eine Fülle von Informationen, mit denen man stinkreich werden konnte, ohne auch nur vom Computer aufzustehen!«

Im ersten Jahr machten sich Hunderte von Russisch sprechenden Hackern daran, die Site zu erkunden. Angelockt wurden sie durch die unterhaltsame Grafik und die effiziente Organisation. Das Logo von CarderPlanet war ein Zigarre rauchender feiner

Herr mit einem zwinkernden Auge – ein Doppelgänger des Flash Harry, jenes frechen Ganoven, den George Cole in der britischen Nachkriegskomödie *Die Schönen von St. Trinians* verkörperte.

»Ein unwissender Provinztrottel wie ich konnte im besten Fall damit rechnen, hundert Dollar im Monat zu verdienen«, fuhr der junge Hacker aus Odessa fort, »und jetzt bot diese unbekannte Sprache mit Wörtern wie Dumps, Drops, Wires oder COBs derart faszinierende finanzielle Aussichten.«

Die Website stand nicht jedem Gelegenheitsbesucher offen. Um Zugang zu den abgeschotteten Bereichen zu erhalten, musste man Mitglied werden, und dazu wurde man von den Administratoren unter die Lupe genommen. Im ersten Jahr, in dem CP aktiv war, nahmen neben Script noch vier weitere Personen diese privilegierte Funktion wahr, darunter Boa, Scripts einflussreichster Mitarbeiter.

Neben anderen Aufgaben mussten die Administratoren entscheiden, wer Mitglied werde durfte und wer nicht. Diese Sicherheitsmaßnahmen sollten zuallererst die Annäherungsversuche von Polizeibehörden und Geheimdiensten aus der ganzen Welt abwehren. Der US-amerikanische Secret Service und die britische MI6 waren mit *carder.org* und *carder.ru*, den Vorgängern von CP, gut vertraut. Script war entschlossen, ihnen dieses Mal einen Strich durch die Rechnung zu machen. Er war sicher, dass die lokale ukrainische Polizei für die Website keine große Gefahr darstellte. »Die haben nichts, weder Personal noch Geld«, erklärte er. »In den ukrainischen Behörden spricht niemand fließend Englisch, und ohnehin verstehen sie kaum etwas. Selbst wenn sie Informationen vom ›Feind‹, also von uns, bekämen, könnten sie sie nicht lesen (und sie würden auch keine Mittel dafür bekommen).«

Gefährlicher als die ukrainische Polizei waren ihre russischen Kollegen von der Abteilung R des Innenministeriums. Diese wurde später umorganisiert und befasste sich dann als Abteilung K mit allen Hightech-Verbrechen. Fast unmittelbar nachdem CarderPlanet eingerichtet worden war, wurde die Website von der russischen Geheimpolizei unterwandert und angegriffen. Aber der weißrussische Carder Police Dog meinte dazu: »Solange wir kein

Chaos vor unserer eigenen Tür anrichteten, hatten unsere lokalen Polizisten und Geheimdienste kein Problem mit uns.« Warum sollte der KGB seine Ressourcen für die Untersuchung von Netzwerken vergeuden, die Betrug mit amerikanischen und europäischen Kreditkarten begingen? Völlige Zeitverschwendung. Also gab sich Moskau vorerst damit zufrieden, zu beobachten und Informationen zu sammeln. Die russischen Behörden wussten genau, wer in der Cardergemeinde von Odessa wer war.

CarderPlanet und die Cyberkriminellen wiesen also ein ganz anderes soziales, kulturelles und psychologisches Profil auf als traditionelle Verbrechersyndikate, aber paradoxerweise entschlossen Script und seine Mitarbeiter sich dennoch, für ihre Mitgliederstruktur die Terminologie der sizilianischen Mafia zu übernehmen. Später kamen die Carder auf den Gedanken, dass es unklug sei, sich so offenkundig krimineller Metaphern zu bedienen; in der Frühzeit jedoch lieferte die Sprache auch Anhaltspunkte für Scripts eigenes psychologisches Profil und für seinen Ehrgeiz, in Zukunft an der Spitze einer mächtigen gesellschaftlichen Bewegung zu stehen.

Die leitenden Mitglieder – es waren nie mehr als sechs – gehörten also zur »Familie«, und ihre obersten Vertreter oder Administratoren trugen den Ehrentitel eines »Paten«. Ein Mitglied, dem diese Familienoberhäupter den Zugang zu CarderPlanet gewährt hatten, konnte die verschiedenen Teile der Website erkunden. In einem davon konnte man beispielsweise eine Fülle von Viren durchsuchen, die zum Verkauf standen und die man später für gezielte Angriffe auf andere Computernutzer verwenden konnte. Außerdem boten Virusautoren an, gegen Bezahlung maßgeschneiderte Malware zu schreiben, die einzelne Systeme oder Programme infiltrieren konnte.

Die größte Aktivität herrschte im Carder-Forum, der Abteilung, in der man gestohlene Kreditkarten- und Bankkontodaten kaufen und verkaufen konnte. »Im Zuge seiner Arbeit«, so erklärte es Script, »kann ein Carder sich auf eine bestimmte Form des Carding oder einige wenige spezialisieren. Aber niemand macht alles selbst. Früher oder später braucht jeder Carder die Dienstleistungen anderer. Deshalb gibt es einen Ort für die Netzwerke und Gruppen – die Leute tauschen Zahlen und Informationen aus. Das können Bankkonten sein, vollständige persönliche Daten von Kartenbesitzern, manchmal sogar Einzelheiten aus dem Pass. Unter Umständen sind Carder auch Teilzeit-Hacker, denn manchmal kommt man (ohne zu bezahlen) nur dann an die notwendigen Informationen, wenn man in einen Server eindringt.«

In einer anderen Abteilung konnte man einen westlichen Reisepass oder beispielsweise einen amerikanischen Führerschein kaufen. Die gefälschten Dokumente waren in den meisten Fällen von höchster Qualität. Aber wie konnte sich ein Käufer von der Qualität der Fälschungen überzeugen? Und wie konnte man sicher sein, dass man von einem Verkäufer nicht übers Ohr gehauen wurde? Schließlich wusste man ja, dass die Person, bei der man kaufte, ein Verbrecher war! »Ripper« – Kriminelle, die andere Kriminelle abzocken – waren im Internet bereits eine feste Größe.

Das war die Trumpfkarte von CarderPlanet. Die Familienmitglieder überwachten das gesamte Kommen und Gehen. Nachdem sie das Aufsichtssystem eingeführt hatten, machten sie die Site zur weiteren Stärkung der Sicherheit gebührenpflichtig; so wurden Störenfriede ferngehalten. Anfangs gab es einen großen Zustrom von Amateuren, die nur das Forum verstopften; diese wollte Script loswerden, aber noch schädlicher waren die Ripper, »die für das Geld, das sie kassieren, nur minderwertige oder überhaupt keine Leistungen erbringen«.

CarderPlanet war aber nicht nur ein Kaufhaus für Cyberdiebe. Mithilfe des Überwachungssystems konnten die Administratoren auch Garantien für die Geschäfte übernehmen, die über ihre Website abgewickelt wurden. Im Gegenzug erhielten sie Bewunderung, Geld und einen viel größeren, effizienteren Markt für die eigenen Produkte – alles auf einen Schlag.

Script war zwar ein echter Hacker, eines an ihm war aber ungewöhnlich: Sein wichtigstes Motiv war der Wunsch, Geld zu verdienen. Obwohl er noch so jung war, wusste er genau, welche Ozeane von Geld im Westen und insbesondere in den Vereinigten

Staaten hin und her flossen. Profit ist zweifellos eine machtvolle Triebkraft, aber das kreative Genie hinter CarderPlanet war nicht Script, sondern sein älterer Mitarbeiter Boa, für den Geld nur eine untergeordnete Rolle spielte.

Boa war ein ganz anderer Charakter als die übrigen Bewohner des Planeten. Er war Ende dreißig, als Script den Planet schuf, und damit nicht nur gut zwei Jahrzehnte älter als die meisten seiner Kollegen, sondern auch ungeheuer viel erfahrener, was das Funktionieren der Welt anging.

In den 1980er Jahren, als es noch die Sowjetunion gab, hatte Boa sich als begabter Elektronikstudent erwiesen und zwei Universitätsabschlüsse gemacht. Sein besonderes Interesse galt dem Kurzwellen-Amateurfunk. Das war zu jener Zeit ein heikles Hobby, denn der sowjetische Geheimdienst (und im Fall des Kurzwellenfunks der *militärische* Geheimdienst) war bemüht, die Kontrolle über jegliche Kommunikation mit dem Ausland zu behalten.

Boa war höchst beliebt. Seine lockere Art konnte sich von einem Augenblick zum nächsten in Charisma verwandeln. Obwohl manche seiner Freunde vermuteten, dass er mit der Fernmeldeabteilung des Militärgeheimdienstes zusammenarbeitete, wurde er zum Aushängeschild für die Amateurfunkergemeinde auf der ganzen Welt, zu der, wie man sich leicht vorstellen kann, eine ganze Reihe schüchterner Fachidioten gehörte.

Weltweite Aufmerksamkeit wurde Boa zuteil, weil er als erster Amateurfunker aus dem militärischen Sperrgebiet der Spratly-Inseln vor Vietnam berichtete. Im Anschluss gelang ihm eine noch erstaunlichere Leistung: Er sendete die ersten Amateurfunkersignale aller Zeiten aus Nordkorea. Für diese Erstsendung wurde er von Amerika über Europa bis nach Australien gefeiert, und wenn er in den 1990er Jahren auf Veranstaltungen auftrat, lockte er eine große Fangemeinde an. Mit seinem guten Aussehen und seiner außergewöhnlichen Beredsamkeit gewann er die instinktive Zuneigung der Menschen, und jeder wollte sein Freund sein.

Auf CarderPlanet stieß Boa im Herbst 2001 beim Surfen im Netz. Der – wenn auch chaotische – Unternehmergeist, der dahintersteckte, beeindruckte ihn sofort. Er wohnte auf Malta und betrieb bereits mit großem Erfolg weitweite Geschäfte: An Politiker und Geschäftsleute in mehr als sechzig Staaten verkaufte er hochwertige Überwachungs-, Gegenüberwachungs- und Terrorabwehrtechnik.

Script erkannte, über wie viel Berufserfahrung und Organisationstalent Boa verfügte, und lud ihn nach wenigen Monaten ein, sich der »Familie« anzuschließen. Boa wiederum war von Scripts Motivation und Energie beeindruckt, und Anfang 2002 erklärte er sich bereit, bei CarderPlanet mitzumachen. »Als Boa an Bord war, hat er den Planeten zu ganz neuem Leben erweckt«, erinnert sich einer der Jüngeren, die auf den Planeten übergesiedelt waren. »Er war für das ansprechende Design verantwortlich und hat ein paar neue Abteilungen eingeführt. Er wurde zu einer lokalen Berühmtheit.«

Zur gleichen Zeit kam Boa mit Script überein, dass er eine zweite Website einrichten würde: Boa Factory sollte die Arbeit von CarderPlanet ergänzen, das Schwergewicht aber auf andere Geschäftsbereiche legen. Boa Factory war unter anderem als spezialisierter Produzent gefälschter Pässe und Personalausweise bekannt, entwickelte aber auch einen Großhandel für geklonte Kreditkarten und Dumps. Während Boa Factory ausschließlich eine geschäftliche Website war, konzentrierte sich CarderPlanet auf die soziale Seite der Untergrundtätigkeit: Hier konnten die einzelnen Carder sich treffen, chatten, kaufen und verkaufen.

Boa Factory entwickelte ein revolutionäres Hilfsmittel, das später von CarderPlanet übernommen wurde und das Wachstum der Cyberkriminalität zu großindustriellen Ausmaßen ermöglichte. Die größte Schwierigkeit für Cyberdiebe lag in dem Wissen, dass ihre Geschäftspartner ebenfalls kriminell und damit von vornherein nicht vertrauenswürdig waren. Zur Lösung des Problems entwickelte Boa ein Treuhandsystem, das anfangs auch als Warrant Service bekannt war. Ein Verkäufer schickte eine Probe seiner Ware (vielleicht ein Dutzend Kreditkartennummern und Geheimzahlen) an den Treuhänder, und gleichzeitig erhielt dieser vom Käufer auch das Geld. Der Treuhänder prüfte die Ware, und wenn sie wie versprochen Geld brachte, gab er den Kaufpreis an den Verkäufer und die Dumps und PINs an den Käufer weiter. Dieser einfache Mechanismus hatte einen Hauch von Genialität. Von jetzt an war der Handel geschützt, und entsprechend blühte er auf.

Boas Idee war es auch, die Familie im Sommer 2002 zur Ersten Weltkonferenz der Carder zusammenzurufen. Als seine Einladung nach Odessa überall in der früheren Sowjetunion in die elektronischen Briefkästen flatterte, waren die Empfänger nur allzu gern bereit, die Flugtickets nach Süden zu buchen, wofür natürlich mit ziemlicher Sicherheit fremde Kreditkarten belastet wurden. Würde ein Katholik die Chance verpassen, nach Lourdes zu reisen? Oder ein Muslim die Gelegenheit, Mekka zu besuchen? Ebenso schlug kein Krimineller, der etwas auf sich hielt, das Angebot einer Woche in Odessa aus.

Der Planet war Weltspitze. Seine Nutzer schwärmten von der Möglichkeit zum Geldverdienen, und gleichzeitig warteten Hunderte von Hackern, Crackern und Spammern nervös darauf, ob die Cupola ihnen das kostbare Privileg einer Mitgliedschaft zubilligen würde.

Als Auftakt der Veranstaltung gab Script als erster wichtiger Carder ein öffentliches Interview. *Xaker.ru* (Das *Hacker*-Magazin), das noch heute erscheint, ist die Bibel des russischen Untergrundes, aber selbst seine Leser erschraken, als Script 2002 die Geheimnisse des Planeten lüftete. »Was motiviert jemanden, zum Carder zu werden?«, wurde Script von dem Magazin gefragt, verbunden mit dem Hinweis, dass man die berüchtigte russische Abteilung R doch eigens gegründet hatte, um die Carder und ihresgleichen zur Strecke zu bringen.

> *Script*: Carder sind durch das motiviert, was ihr Herz und ihr Geist ihnen sagen. Die Wissenschaft hat gezeigt, dass Menschen, die Risiken eingehen, sich damit einen Schub des sogenannten Glückshormons verschaffen. Dieses Hormon, verstärkt durch eine beliebige Menge raschelnder Dollarnoten, ist der

grundlegende, entscheidende Faktor, der jemanden motiviert, in dieser nicht ganz ehrlichen Branche zu arbeiten.

Hacker: Ohne Schuldgefühle?

Script: Ohne Schuldgefühle. Und zwar nicht nur deshalb, weil jeder selbst nach langer Zeit eine Zahlung stornieren kann, einfach indem er der Bank eine entsprechende Mitteilung schickt, sondern auch weil Carding keine so heimtückische Beschäftigung ist, wie es den Anschein hat. Es ist viel weniger schändlich als Raub. Wir verursachen den Kartenbesitzern keine Probleme; wenn sie die Bank fragen, bekommen sie alles bis auf den letzten Penny zurück. Stattdessen sollte unsere Regierung sich schuldig fühlen, dass Teenager schon in so jungen Jahren Geld unterschlagen.

Golubov rationalisierte das Geschäft so wie die meisten Carder: Die Zeche zahlen immer die Banken, normale Menschen sind nicht betroffen. Derart sentimentales, populistisches Geschwätz übersieht bequemerweise, dass Banken die Kosten der Betrügerei an die Kunden weitergeben; die Carder haben also direkte, negative Wirkungen auf die normalen Menschen, für die Script scheinbar Besorgnis zeigte.

Mit seiner Bemerkung über die Regierung, die sich einen feuchten Kehricht darum schere, wie viele Teenager zu Verbrechern würden, traf er den Nagel allerdings ziemlich auf den Kopf. Die Ukraine war mehr oder weniger ein Mafiastaat; Politiker und Geschäftsleute gaben ein abstoßendes Beispiel, und Script erwies sich als geschickt darin, ihnen nachzueifern.

Vor diesem Hintergrund glaubte Script, CarderPlanet werde ihn mit ausreichenden Mitteln ausstatten, damit er in die Oberliga der ukrainischen Geschäftswelt aufsteigen konnte. An Ehrgeiz mangelte es ihm sicher nicht.

Was konnte denn da noch schiefgehen?

7 Boa in der Klemme

Ungefähr zur gleichen Zeit, als Script in Odessa den CarderPlanet gründete, entschlossen sich Wissenschaftler des Softwarekonzerns Autodesk im kalifornischen San Rafael, sich an das FBI zu wenden. Autodesk ist der weltweit größte Hersteller von 2D- und 3D-Modelling-Software. Das Unternehmen verkauft seine Produkte auf der ganzen Welt an Architekten, Designer, Stadtplaner, Modellbauer, Hypothekenmakler, Autohersteller – und es ist sogar der Softwarelieferant der Wahl bei Grimley Smith Associates, der Chemietechnikfirma in Scunthorpe.

Solche Spezialsoftware ist nicht billig. Einzellizenzen für die professionellen CAD-Programme von Autodesk kosten zwischen 3000 und 7000 Dollar; in den Preisen spiegeln sich die gewaltigen Investitionen wider, die in die Forschung und Entwicklung der Produkte geflossen sind.

Im Jahr 2002 fiel der Piraterieabwehrabteilung des Unternehmens auf, dass ein Verkäufer in der Ukraine die neueste Version eines Autodesk-Designprogramms bei eBay zum Schnäppchenpreis von 200 Dollar anbot; in den Läden stand genau das gleiche Produkt für 3500 Dollar in den Regalen. »Hm«, dachten sie, »da stimmt doch etwas nicht.«

Das Silicon Valley leidet unter den gleichen Schwierigkeiten wie die Hollywoodstudios. Die Filmproduktion erfordert häufig einen ähnlich hohen Einsatz von Mitteln wie die Entwicklung komplexer Software. Während die Produktionskosten in die Höhe gingen, schmälert ein neu entstandenes, weltweites Netzwerk von DVD-Herstellern, die häufig mit dem organisierten Verbrechen in Verbindung standen, die Filmeinnahmen. Das gilt insbesondere während einer Rezession. Wenn man die Wahl hat, 15 Dollar für eine Kinokarte auszugeben oder den Film zwei Monate vor dem Kinostart auf einer technisch einwandfreien DVD für einen Dollar zu erwerben, ist die zweite Möglichkeit nahezu unwiderstehlich.

Ganz ähnlich ergeht es möglicherweise auch einem Unternehmen, das in einer stark von Konkurrenz geprägten Branche tätig ist und beispielsweise mit einem Produkt von Autodesk arbeiten muss. Die erforderliche Software und die Lizenzen, beim Hersteller gekauft, schlagen dann vielleicht mit 20 000 Dollar zu Buche, kauft man sie dagegen über eBay bei dem Burschen aus der Ukraine, belaufen sich die Kosten nur auf 800 Dollar. Seien wir ehrlich: Es mag illegal sein, aber es ist verlockend.

Seit den 1970er Jahren, als Software erstmals kommerziell erhältlich war, bemühen sich die Hersteller vergeblich um die Entwicklung einer Kopierschutztechnik (das Gleiche versuchte man auch mit CDs und DVDs). Keine derartige Technik hatte mehr als ein paar Jahre Bestand, dann wurde sie von einem der vielen zehntausend Hacker und Cracker auf der ganzen Welt geknackt. Das Ganze war in den letzten dreißig Jahren eine der weltfremdesten Branchen der Hightech-Industrie.

Eine besonders wichtige Rolle beim Knacken der Sicherheitsmechanismen, mit denen Software ausgestattet wurde, spielten Cracker aus Osteuropa. In den 1980er Jahren, vor dem Zerfall des Kommunismus, hatte die Sowjetunion sich in ihrem Handelsblock COMECON – insbesondere in Bulgarien und der DDR – eine Reihe von Verbündeten gesucht, um einen Personal Computer zu entwickeln und eine Softwareindustrie aufzubauen. Die kommunistischen Computer hatten die charakteristischen Eigenschaften aller Konsumprodukte aus dem Ostblock: Sie waren hässlich und ständig defekt. Dies stellte die heranwachsenden Computertechniker der Region vor derart schwierige Aufgaben, dass sie, was die Überwindung von Pannen und Fehlern anging, einen besonderen Erfindungsreichtum entwickelten.

Außerdem konnten die Softwarefabriken, die man in den 1980er Jahren in Osteuropa aufgebaut hatte, in den 1990er Jahren und nach dem Fall der Berliner Mauer nicht mehr mit denen im Silicon Valley mithalten – Geld, das man in Forschung oder Ausstattung hätte investieren können, war nicht vorhanden. Die mächtigen neuen Syndikate des organisierten Verbrechens jedoch, die in der Wirtschaft der früheren kommunistischen Staaten so großen Einfluss hatten, erkannten in den Fabriken eine günstige Gelegenheit. Zuerst erwarben sie die Firmen (meist nicht legal, sondern auf fragwürdigen Wegen), und dann stellten sie die begabten Ingenieure ein, die nun in großindustriellem Maßstab gefälschte Software produzierten. Das Tempo gaben Bulgarien, die Ukraine und Russland vor, die Rumänen lagen dicht dahinter.

Als man bei Autodesk merkte, dass ein einzelner eBay-Verkäufer eine gefälschte Version des firmeneigenen Produkts in beträchtlichen Stückzahlen von der Ukraine in die Vereinigten Staaten lieferte, fühlte man sich natürlich veranlasst, etwas dagegen zu unternehmen. Nach einigem Zögern wurde das FBI eingeschaltet, und das wiederum alarmierte das Büro des US-Generalstaatsanwalts im kalifornischen San Jose. Und da eBay in den Betrug verwickelt war, setzte die Generalstaatsanwaltschaft einen ganz bestimmten Ermittler darauf an: Greg Crabb vom US Postal Inspection Service (USPIS), der seinen Dienstsitz zu jener Zeit in San Francisco hatte.

In den Vereinigten Staaten gibt es drei große Behörden, die für sich die Zuständigkeit bei Fällen von Cyberkriminalität beanspruchen: das FBI, dessen Aufgabe die Verbrechensbekämpfung ist, der Secret Service, zu dessen Aufgabenbereich der Schutz der US-Währung und die Bekämpfung von Kreditkartenbetrug gehören, sowie der USPIS, der die Aufgabe hat, alle illegalen Vorgänge im Zusammenhang mit dem staatlichen Postdienst zu überwachen. Letzterer musste sich vor allem deshalb mit Cyberkriminalität befassen, weil Betrügereien, die über eBay oder ähnliche Einrichtungen ablaufen, häufig den Postversand von Waren beinhalten, die entweder illegal oder im Rahmen einer Geldwäscheaktion gekauft wurden.

Im Laufe der letzten 15 Jahre hat der USPIS eine Sonderkommission für die Untersuchung von Hightech-Verbrechen aufgebaut, und Greg Crabb war so erfolgreich, dass er irgendwann von San Francisco wegzog und nun im Federal Center in Washington, einem großen, gesichtslosen Gebäude, die Leitung der Global Cyber Investigation Unit übernahm. (Wenn man die US-Hauptstadt besucht, sollte man nicht vergessen, das Federal Center von der Liste der Dinge, die man gesehen haben muss, zu streichen.)

Crabbs grimmiges Aussehen und seine etwas raue Redeweise sind attraktiv und furchteinflößend zugleich. Er ist vereidigter Bücherrevisor, und man wird das Gefühl nicht los, dass man ihm bloß einen kurzen Einblick in die eigenen Finanzen gestatten muss, damit er Belege für schwere Missetaten findet, selbst wenn man eine blitzsaubere Weste hat. Diese Ausstrahlung bedeutet für Crabb einen echten beruflichen Vorteil; ebenso vorteilhaft ist für ihn auch seine Fähigkeit, lange Listen von Zahlen, Kurznachrichten und scheinbar unverständlichen Daten zu studieren – eine unabdingbare Voraussetzung für einen guten Cyberpolizisten. Es mag sich nach einer spannenden Tätigkeit anhören, aber wie so vieles, was mit Computern zu tun hat, ist sie meist zermürbend und langwierig.

Einmal in den Autodesk-Fall eingeweiht, kam Crabb dem Betrug auf die Spur, indem er überprüfte, wohin die Empfänger der gefälschten Software ihr Geld überwiesen. Wie sich herausstellte, zahlten sie es auf die Konten von 15 »Maultieren« ein, US-Bürgern, die über das ganze Land verteilt waren. Geldwäsche und Betrügereien funktionieren nur durch die Mithilfe solcher (meist) ahnungsloser Personen: Sie melden sich auf Anzeigen, in denen guter Verdienst durch Arbeit am heimischen Computer versprochen wird. Erfolgreiche Kandidaten müssen dann dem neuen Arbeitgeber ihr Bankkonto zur Verfügung stellen. Im Autodesk-Fall nahmen die Maultiere 200 Dollar ein und mussten 180 weiterleiten, die Kommission betrug also 20 Dollar. Sie überwiesen das Geld an eine Bank in Lettland, einem der drei baltischen Staaten, deren Bedeutung für Cyberkriminalität und den umfassenderen Bereich der Cybersicherheit in keinem Verhältnis zu ihrer Bevölkerung von insgesamt sieben Millionen Menschen steht.

Mithilfe der lettischen Polizei ermittelte Crabb den endgültigen Bestimmungsort der Zahlungen: eine Reihe von Bankkonten in Ternopil im Westen der Ukraine. Alle Konten gehörten einem gewissen Maxim Kowaltschuk oder seiner Ehefrau.

Crabb erkannte, dass Kowaltschuk allein die US-Wirtschaft nicht in den Zusammenbruch treiben würde. Nach den Maßstäben der großen organisierten Verbrechergruppen verdiente er mit seiner Betrügerei nur ein Trinkgeld, so ärgerlich sie für Autodesk auch war. Crabb bemühte sich aber darum, Kowaltschuks E-Mail-Account zu knacken: Er wollte wissen, ob es dort noch weitere Geheimnisse gab. Irgendwann gelang es ihm, Kowaltschuks Kommunikation zu überwachen. Praktisch sofort nachdem Crabb die ersten E-Mails gelesen hatte, wurde ihm klar, dass Kowaltschuk nicht nur in den Betrug von Autodesk verwickelt war, sondern sich auch an einem viel größeren Projekt beteiligte: der Entwicklung einer Website namens CarderPlanet.

Das Schwergewicht seiner Ermittlungen lag zwar weiterhin auf Kowaltschuk und seiner Verwicklung in den Betrug, gewissermaßen nebenbei skizzierte Crabb aber auch den Stammbaum von CarderPlanet. Kowaltschuk hatte keine Ahnung, dass er von einer US-Behörde überwacht wurde, und entsprechend unbefangen führte er seine Korrespondenz. Crabb hatte sich mit Glück und kluger Ermittlungsarbeit in eine beneidenswerte Position gebracht. Er war nicht nur Kowaltschuk selbst immer einen Schritt voraus, sondern auch den westlichen Geheimdiensten. Er war ein Stück weit in die dynamischste Gruppe von Cyberkriminellen der Welt eingedrungen, und damit war ihm etwas gelungen, woran alle westlichen Spione bisher gescheitert waren.

Aber auch wenn Crabb auf diese Weise viel darüber erfuhr, was in der ukrainischen Hackergemeinde los war, konnte er kaum etwas unternehmen. Nicht einmal Kowaltschuk konnte er auffliegen lassen. Dazu fehlte nicht nur ein Auslieferungsabkommen zwischen den Vereinigten Staaten und der Ukraine, sondern in dem riesigen osteuropäischen Land herrschten auch ganz allgemein unglückliche politische Verhältnisse. Präsident Leonid

Kutschma stand einem Staat vor, der vor allem aus einem riesigen Netzwerk korrupter Beziehungen zwischen Oligarchen und dem organisierten Verbrechen bestand. Außerdem wetteiferten die Vereinigten Staaten mit Europa und Russland um den Einfluss in der Ukraine, und zu jener Zeit kam aus Moskau gerade beträchtlicher Gegenwind. Solange Kowaltschuk in der Ukraine blieb, war er in Sicherheit.

Ende 2002, inmitten der Ermittlungen – Inspector Crabb arbeitete noch in San Francisco –, bekam er einen Anruf von der Sicherheitsabteilung des Kreditkartenunternehmens Visa, dessen Firmenzentrale sich zufällig ebenfalls in der Stadt befand. Dort war man frustriert wegen der ungewöhnlichen Erfolge eines Hackers namens Boa: Ihm war es gelungen, über seine berüchtigte Website Boa Factory Zehntausende von Kreditkartendaten zu stehlen oder anderen beim Diebstahl zu helfen. Sofort spitzte Crabb die Ohren: Den Namen Boa kannte er aus verschiedenen Unterhaltungen, die er auf Kowaltschuks Mail-Account belauscht hatte. Hatte Kowaltschuk nicht vieles von Boa Factory gekauft und dort die Tricks des Gewerbes gelernt, gleichzeitig aber auch über die Entwicklung von CarderPlanet diskutiert? Sehr schnell machte der Postinspektor Boa und Script als Schlüsselfiguren hinter CarderPlanet aus. Diskret schickte er über Interpol eine Nachricht an andere Polizeibehörden und bat darum, mit ihm Kontakt aufzunehmen, falls ihnen Ukrainer ins Netz gingen, die im Verdacht standen, Hightech-Verbrechen begangen zu haben.

Ende Februar 2003 kehrte Roman Vega gerade von einer Geschäftsreise in sein Haus auf Malta zurück, als ein Bekannter ihn bat, sich mit ihm in Nikosia auf Zypern zu treffen. Einen ganzen Abend lang tranken die beiden und schwelgten in Erinnerungen an ihre Abenteuer in Birma, wo sie 1991 mit einer ganzen Gruppe die ersten Amateurfunknachrichten aus dem von Militärs regierten Land gesendet hatten.

Als Vega in sein Zimmer im Hotel Castelli zurückkam, wartete eine unangenehme Überraschung auf ihn: Modesto Poyadjis, ein örtlicher Polizeiinspektor, nahm den Ukrainer fest. Der Vorwurf:

Beihilfe zu einem Kreditkartenbetrug, den ein anderer Ukrainer begangen hatte – diesem hatte Vega gestattet, in seinem Hotelzimmer zu übernachten, ein ungeschicktes Angebot, wie sich nun herausstellte. Für Vega war es der Beginn seiner Beziehung zu den Polizeibehörden in Zypern und den Vereinigten Staaten – einer Beziehung, die man nur als kafkaesk bezeichnen kann.

Nachdem Poyiadjis die Unterlagen von Interpol gelesen hatte, setzte er sich mit Greg Crabb in Verbindung, dem Leiter der US-Ermittlungen gegen Boa. Er erklärte dem Mann von der amerikanischen Postinspektion, nach seiner Überzeugung sei Roman Vega niemand anderes als Boa. Crabb konnte seine Aufregung kaum verbergen. Noch bevor er den Telefonhörer auflegte, hatte er in Gedanken den nächsten Flug nach Nikosia gebucht. Das lag nicht nur an der Aussicht auf Auslieferung eines der führenden Köpfe hinter CarderPlanet … nein, *sie hatten auch dessen Laptop!* Wenn die Zyprioten herausgefunden hatten, wer Vegas Alter Ego war, ohne eigentlich zu wissen, womit sie es zu tun hatten, was könnte dann erst ein Ermittler wie Crabb aus dieser Festplatte herausholen.

»Boas Festnahme war ein riesiger Schock«, sagt CarderPlanet-Mitglied Xhora. Damit sprach er aus, was viele seiner Cyberkumpane auf dem Planeten zu jener Zeit empfanden. Boa hatte dafür gesorgt, dass CarderPlanet nicht nur interessant war und Gewinn brachte, sondern auch Spaß machte. Da er viel älter und erfahrener war als die anderen Bewohner des Planeten, glaubten viele von ihnen, er sei gegen polizeiliche Maßnahmen und ähnliche Unannehmlichkeiten gefeit.

Zur gleichen Zeit häufte Script durch seine Herrschaft über CarderPlanet immer mehr Macht und Geld an. »Seine Interviews dienten dazu, die Site beliebter zu machen und seine Geschäfte auszuweiten, und das ist ihm gelungen«, sagte Null_Name, ein weiterer CP-Anhänger. »Eine Flut von neuen Mitgliedern kam zu der Site. Und die Atmosphäre änderte sich. Es war nicht mehr so wie früher.«

Das stimmte: Die gemütliche Kameradschaft aus der Frühzeit von CarderPlanet schwand schnell dahin. Andererseits warf die

Website mehr Geld ab als je zuvor. Mittlerweile lief auch der englischsprachige Teil des Forums, und schon nach kurzer Zeit registrierten sich Carder aus der ganzen Welt. Aber weit weg, in San Francisco, tat sich Greg Crabb an Boas Festplatte gütlich und grub Tausende von Geheimnissen aus, die zwischen Boa und Script hin- und hergewandert waren. »Ich brauchte Boa kein einziges Mal zu verhören«, sagte Crabb. »Es hat mich überhaupt nicht interessiert, was der Bursche zu sagen hatte, schließlich besaß ich ja seine Festplatte – er konnte mir nichts Neues mehr erzählen.«

In Wirklichkeit konnte Crabb wahrscheinlich aus dem Computer nicht so viel herausholen, wie er gern gewollt hätte. Anscheinend gelang es den US-Behörden zwar irgendwann, eines der Verschlüsselungssysteme auf dem VAIO-Laptop zu knacken, der Eigentümer hatte ihn aber zusätzlich mit dem sehr leistungsfähigen (und kostenlos herunterladbaren) System Handy Bits Easy-Crypto gesichert. Dieses verhinderte den Zugriff auf rund 80 Prozent der Dateien des Computers.

In den Carderforen herrscht bis heute Verbitterung, weil die Mitglieder annehmen, Roman Vega habe Golubow verpfiffen. Das stimmt nicht – alle Informationen über Golubow wurden dem VAIO-Computer entnommen. Vega selbst schwieg nicht nur und zahlte dafür persönlich einen hohen Preis, sondern er sitzt jetzt bereits seit fast zehn Jahren in zypriotischen und amerikanischen Gefängnissen, ohne dass man ihn auch nur eines einzigen Verbrechens überführen konnte.

Was Script anging, waren Crabb trotz der vielen neuen Informationen die Hände gebunden. Script hielt sich in der Ukraine auf – im Gegensatz zu Maxim Kowaltschuk, der zusammen mit seiner Frau wegen des Autodesk-Betruges in einer Milchbar in Bangkok festgenommen wurde, drei Monate nachdem man Roman Vega in Nikosia dingfest gemacht hatte. Wie Vega, der von Zypern nach Kalifornien ausgeliefert wurde, so trat auch Kowaltschuk von Thailand aus die Reise an die amerikanische Westküste an.

Script hatte nicht die Absicht, sein Heimatland zu verlassen, und um sich noch besser zu schützen, gab er Anfang 2004 auf

CarderPlanet bekannt, er werde von seinem Posten zurücktreten und die Site ein für alle Mal verlassen.

Wie immer hatte Script einen Plan. Mit dem Kartenbetrug, den er in seiner denkwürdigen Formulierung »ohne Schuldgefühle« begangen hatte, war er zu viel Geld gekommen und wollte jetzt in legale Geschäftstätigkeiten investieren. Vielleicht hoffte er, damit zukünftigen Unannehmlichkeiten aus dem Weg zu gehen. Vielleicht ging sein Ehrgeiz auch über den Cyberspace hinaus. Seine dramatische Ankündigung machte er auf CarderPlanet: Er werde die Administration der Website einem vertrauenswürdigen *consigliere* übertragen und sich in den Foren nicht mehr äußern.

Es schien, als ginge Script seinen Weg unbeirrbar. Aber mit einem hatte er nicht gerechnet.

Mit einer Revolution.

8 Script wird ausgeschrieben

Boris Borisowitsch Popow rief in seinem Büro an und sagte, er leide unter dem Wetter. Der Arzt habe ihm geraten, ein paar Tage lang kürzerzutreten. Einige Kollegen waren überrascht. Mit seinem zarten Körperbau und den jungenhaften Gesichtszügen erinnerte Boris Borisowitsch zwar manchmal an ein kränkliches Kind, aber vermutlich war er unter ihnen allen der Fleißigste und Diszplinierteste. »Mit ihm zusammenzuarbeiten war eine Freude«, sagte einer von ihnen später. »Einen Besseren gab es in der ganzen Dienststelle nicht.«

Nachdem Popow sich bei seinem Arbeitgeber entschuldigt hatte, legte er sich aber keineswegs ins Bett, sondern er spazierte – fit wie ein Turnschuh – aus seiner Wohnung, winkte sich ein Taxi und fuhr zum Borispol-Flughafen von Kiew. Dort checkte er für einen Flug nach Odessa ein. Er stammte ursprünglich aus Donezk in der östlichen Ukraine, und Russisch war seine Muttersprache. Solange er seinen Verstand beisammenhielt, würde seine Anwesenheit im Süden keinen Verdacht erregen.

In Odessa angekommen, fuhr er mit dem Bus in die Stadt. Es war ein heißer Tag im Juli. Die Temperatur lag bei knapp 30 Grad, wurde aber durch eine frische Brise, die vom Schwarzen Meer heranwehte, angenehm gemacht. Wenig später hatte Popow das private Apartment gefunden, das er angemietet hatte. Nach einigen Stunden waren auch seine drei Teamkollegen da: Natascha Obrizan und die Herren Grischko und Baranetz. »In einem Hotel konnten wir nicht absteigen, denn wir trauten der örtlichen Polizei nicht über den Weg«, erklärte Boris. Im ganzen Land wusste nur noch eine einzige weitere Person, dass sie in Odessa waren: der Innenminister.

Ein halbes Jahr zuvor hatten sich in der Ukraine dramatische Umwälzungen abgespielt: die »Orangefarbene Revolution«. In dem außergewöhnlich fruchtbaren Land, das eigentlich ganz Europa mit nahezu allen notwendigen Lebensmitteln hätte versorgen können, waren dramatische Ereignisse nichts Neues. Im 20. Jahrhundert hatte es extremen Nationalismus, Autokratie, Kommunismus und Faschismus erlebt, und jede dieser Regierungsformen hatte ihre eigene Sorte von entsetzlicher Gewalt über die Bevölkerung gebracht: Bürgerkrieg, Hungersnot, Völkermord, Deportationen und weitverbreitete Armut.

Das dauerhafteste Überbleibsel dieser chaotischen Geschichte war die Teilung der Ukraine in zwei geografisch und in ihren slawischen Sprachen getrennte Lager: Westen und Osten, Ukrainisch und Russisch. Zwischen beiden liegt die Hauptstadt Kiew wie auf einer wackeligen Brücke in der Hoffnung, die beiden manchmal feindseligen Traditionen zu versöhnen. Die düstersten Tage des 20. Jahrhunderts verbinden sich im Westen des Landes für manche Menschen mit dem Faschismus und Deutschland, der Osten galt als Bollwerk Moskaus und des Kommunismus.

Nicht immer ist die Spaltung eindeutig zu erkennen: Auch im Osten gibt es Ukrainisch sprechende Gruppen, und prorussische Kandidaten bekommen im Westen oftmals unerwartet viele Wählerstimmen. Seit der Unabhängigkeit streben Kiew und die westlichen Provinzen eine engere Bindung an die Europäische Union und die NATO an, der Osten dagegen bemüht sich um engere Bande zu Russland. Viele Bewohner der Ostukraine haben noch heute das Gefühl, eigentlich zum großen östlichen Nachbarn zu gehören.

Bis 2004 verfolgten alle Regierungen und Präsidenten der Ukraine einen russlandfreundlichen Kurs, was den Osten zufriedenstellte und die ukrainischen Nationalisten im Westen störte. Entsprechend eisig waren die Beziehungen zur EU, zur NATO und zu den USA – ukrainische Regierungsvertreter, die man wegen Geldwäsche und anderer McMafia-Aktivitäten verurteilt hatte, waren in US-Gefängnissen ebenso häufig zu Gast wie im Weißen Haus.

Aber während sich Beamte, Politiker und Oligarchen die Taschen auf Kosten der normalen Bürger füllten, deren Lebensstandard vor und nach der Jahrtausendwende drastisch sank, sammelte sich eine junge politische Bewegung rund um zwei Politiker »neuen Typs«: Viktor Juschtschenko und Julia Timoschenko. Erst später stellte sich heraus, dass die beiden aus ganz ähnlichem Holz geschnitzt waren wie ihre Gegner. Juschtschenko geriet 2004 in die Schlagzeilen, nachdem jemand versucht hatte, ihn mit Dioxin zu vergiften, was mit ziemlicher Sicherheit das Werk des russischen KGB war. Er überlebte den Anschlag – allerdings mit stark entstelltem Gesicht – und gab bekannt, er stehe weiterhin als Präsidentschaftskandidat zur Verfügung.

Die Kampagne zur Absetzung der alten Garde regte die Fantasie vieler junger Ukrainer an, und sie machten daraus ein politisches Fest, das den Namen »Orangefarbene Revolution« erhielt. Studentische Aktivisten aus Serbien, die an der Absetzung ihres Diktators Slobodan Milošević mitgewirkt hatten, kamen nach Kiew und schulten bei ihren Fast-Nachbarn die heranwachsenden Straßenpolitiker. Neokonservative Missionare aus den Vereinigten Staaten strömten ins Land, weil sie die Gelegenheit witterten, Moskau eine blutige Nase zu verpassen und die Ukraine näher an den Dunstkreis der NATO heranzuholen.

Die plötzliche Welle der politischen Aktivität hatte von Anfang an auch internationale Auswirkungen. Im Januar 2005, als Juschtschenko endgültig zum Präsidenten und Timoschenko zur Premierministerin ernannt wurden, war die Ukraine zum Prüfstein für die sich stetig verschlechternden Beziehungen zwischen Russland und den Vereinigten Staaten geworden. Beide neuen politischen Führungsgestalten hatten nicht nur die Entschlossenheit der Ukraine bekräftigt, Mitglied der EU zu werden, sondern auch ihrer Hoffnung Ausdruck verliehen, dass das Land in nicht allzu ferner Zukunft der NATO beitreten könne. Diese Bestrebungen waren zwar zum Scheitern verurteilt (sie wurden nur von 30 Prozent der Wähler in der Ukraine unterstützt), Moskau sah in solchen Aktivitäten aber geradezu eine Kriegserklärung.

In den vier Jahren, nachdem Inspektor Greg Crabb zum ersten Mal auf Maxim Kowaltschuk – den Mann mit den gefälschten Autodesk-Produkten – gestoßen war, hatte er geduldig Beziehungen zu seinen Kollegen aus den verblüffend vielfältigen ukrainischen Ordnungsbehörden aufgebaut. Dabei hatte er zwar wichtige Kontakte hergestellt, aber seine Anträge, Dimitrij Golubow alias Script festzunehmen, hatte man höflich abgelehnt.

Das alles änderte sich während der dramatischen Ereignisse im Dezember 2004 und Januar 2005, als Juschtschenko und Timoschenko an die Macht kamen. Crabb erkannte, dass die Orangefarbene Revolution eine Gelegenheit darstellte, die er sich nicht entgehen lassen konnte. Kurz nach den turbulenten Ereignissen erhielt er einen Anruf von der US-Botschaft in Kiew. Man teilte ihm mit, das ukrainische Innenministerium sei bereits von den alten Hardlinern gesäubert worden, und stattdessen habe eine neue Mannschaft, die stärker zur Zusammenarbeit mit dem Westen neigte, ihre Arbeit aufgenommen. »Kommen Sie schnell her!«, sagte ihm die Botschaft. Diese Einladung brauchte der Mann vom Post-Inspektionsdienst nicht zweimal zu hören.

Im Juni 2005 reiste er nach Kiew und legte den Beamten des Innenministeriums seine Indizien im Fall Golubow vor. Zwei Wochen später war Inspektor Popow von der Abteilung zur Bekämpfung des organisierten Verbrechens auf dem Weg nach Odessa. Er hatte Anweisung, den schwer greifbaren Script ausfindig zu machen und festzunehmen.

Popow wusste, dass er vor einer schwierigen Aufgabe stand. Vor allem machte er sich Sorgen um undichte Stellen: Wenn die Nachricht über die bevorstehende Razzia schneller nach Odessa gelangte als er, wäre die ganze Operation zu Ende, bevor sie begonnen hatte. Als begabter Carder, der in diesem Stadium bereits den Status eines vielfachen Dollarmillionärs erlangt hatte, hätte Golubow sich den Schutz der örtlichen Polizeibehörden erkaufen können. Unter seinesgleichen war er unbesiegbar.

Gut drei Kilometer südlich des Stadtzentrums von Odessa liegt die Dowtschenko-Straße. Die Straßen sind hier von Bäumen gesäumt, und die Gegend gehört zu den begehrten Adressen der Stadt. Golubow wohnte in der Wohnung seiner Großmutter; deshalb waren Popow und sein Team überrascht, als ihnen bei ihrer Ankunft eine dicke Stahltür den Zugang verwehrte. Nachdem sie in Position gegangen waren, gab Popow seinen Kollegen ein Signal. »Aufmachen! Polizei!«, riefen sie, während sie gegen die undurchdringliche Tür hämmerten. Als ihnen nur Schweigen entgegenschlug, bemühten sie sich, hinter der stählernen Barriere etwas zu hören – einer glaubte, er habe schlurfende Schritte vernommen, aber trotz aller Anstrengungen blieb die Tür fest verschlossen.

Während Popow noch überlegte, ob er schweres Gerät anfordern solle, stieg ihnen der stechende Geruch von brennendem Papier in die Nase. »Du lieber Gott!«, dachte er, »er fängt an, Beweise zu vernichten!« Ohne noch weiter zu zögern, wählte Popow die Notrufnummer, und wenig später war die Feuerwehr unterwegs. Während die Hitze stärker wurde, stemmten die Feuerwehrleute ein Loch in die Wand der Wohnung und spritzten Schaum hinein. Als es aussah, als würde die Wohnung seiner Oma von Chemikalien überschwemmt, gelangte Golubow endlich zu dem Schluss, dass das Spiel vorüber war. Er öffnete die Tür.

Es war eine bizarre Szene. Wie Popow feststellte, standen nicht nur Golubows Aufzeichnungen in Flammen, sondern der Hacker zerstörte die Computer-Festplatten mithilfe einer Raskat-Fernbedienung. Hätte er die Dateien nur von seinen verschiedenen Computern gelöscht, hätte dies für jeden, der nur über grundlegende Kenntnisse in Computerkriminalistik verfügte und sie rekonstruieren wollte, kaum eine Schwierigkeit bedeutet. Papier kann man verbrennen – aber Computerdateien zu vernichten, ist viel schwieriger. Der in Russland gebaute Raskat gibt starke elektromagnetische Wellen ab und löscht Daten damit vollständig. Man hatte Golubow in flagranti erwischt, und Popow begleitete ihn nach Kiew, wo er ins Gefängnis wanderte.

Jetzt saßen Vega und Golubow – und auch mehrere andere wichtige Mitglieder aus der Familie von CarderPlanet – hinter

Schloss und Riegel. Beide leugneten standhaft, Boa und Script zu sein. Keiner von beiden wurde seither eines Verbrechens überführt. Vega verbrachte sogar sieben Jahre in amerikanischen Gefängnissen, ohne dass ein Verfahren gegen ihn eröffnet worden wäre, was ernsthafte Fragen nach der Leistungsfähigkeit der US-amerikanischen Strafjustiz aufwirft.

Welche Gründe es im Einzelnen auch hatte, jedenfalls war CarderPlanet damit am Ende. Die visionäre Website für Hacker und Cracker verschwand von der Bildfläche, aber sie hinterließ ein gewaltiges Erbe: Für die Internetkriminalität hatte sie eine Revolution bedeutet.

Außerdem hatte die Cyberkriminalität großen Stils längst ihre ukrainischen Ursprünge hinter sich gelassen. In den letzten beiden Jahren von CarderPlanet hatten die Administratoren die Entwicklung eines englischsprachigen Forums vorangetrieben, das parallel zu den russischen Diskussionsplattformen lief. Dieses Forum verbreitete den Geist von Odessa unter den Hackern und Cardern auf der ganzen Welt. Zwei seiner Mitglieder waren Neulinge, aber die neue Welt des professionellen Kartenbetruges faszinierte sie. Einer hatte einen fröhlichen Piraten als Avatar gewählt, der andere ein Bild aus dem Lieblingsfilm vieler Computerfreaks. Darf ich vorstellen: JiLsi und Matrix001.

Teil III

9 Tiger, Tiger

Colombo, Sri Lanka, 1988

Bumm! Bumm! Bumm!

»Aufmachen! Aufmachen!«

Wenn Soldaten in einer solchen Stimmung sind, warten sie meist nicht auf eine Antwort, erst recht nicht morgens um halb sechs. Sie zertrümmerten mit ihren Gewehrkolben die Tür, strömten ins Haus und durchsuchten ein Zimmer nach dem anderen. Die Familie musste sich auf den Boden legen, dann wurde geplündert.

Drei Kinder wachten verängstigt auf, als das Haus von Lärm und Licht erfüllt war. »Aus dem Bett! Aus dem Bett!« Die Kleinen trugen nur Unterwäsche und schwitzten in der tropischen Hitze, aber jetzt klapperten ihre Zähne vor Angst. Die Soldaten zerrten den Ältesten – er war gerade elf – aus dem Haus und zeigten auf einen weißen, handtellergroßen Hautfleck auf seinem Bauch. »Was ist das? Was ist das?«, schrien sie fast triumphierend. »Er hat mit Sprengstoff hantiert!«

»Das ist ein Muttermal«, erwiderte er. »Nur ein Muttermal.«

Sie zerrten den Jungen von den anderen weg, setzten ihn im Wohnzimmer auf einen Stuhl und begannen mit dem Verhör. Seine Eltern und seine Großmutter flehten den Soldaten an, der das Kommando zu haben schien, und schließlich waren sie sich einig, dass der zarte Junge, der noch nicht einmal in der Pubertät war, vermutlich als Bombenbauer der Tamilentiger nicht infrage kam.

Der kleine Renu war an solche Wirren gewöhnt. Sie hatten in seinem Leben von Anfang an immer wieder Akzente gesetzt. Fünf Jahre zuvor, im Juli 1983, hatte man ihn im Alter von nur sechs Jahren aus Colombo evakuiert. Militante Tamilen hatten 13 Soldaten der Armee von Sri Lanka ermordet. Aus Rache metzelte ein

singhalesischer Mob in der Hauptstadt Colombo Hunderte von
unschuldigen Tamilen nieder. Es war der Beginn eines Bürger-
krieges, der erst 26 Jahre später zu Ende gehen sollte.

In Colombo abzuwarten, während singhalesische Banden
plündernd und mordend durch die Stadt zogen, kam nicht mehr
infrage. Renus Eltern packten ihre Sachen und brachten ihre drei
Kinder nach Jaffna, das Zentrum der tamilischen Bevölkerungsgruppe in Sri Lanka. Die Stadt liegt an der Nordspitze des Landes
und ist nur 80 Kilometer von der Südostküste Indiens entfernt.
Sie war auch die Bastion der militanten Tamilen-Guerilla. Der
Widerstand gegen die von Singhalesen beherrschte Regierung in
Colombo wuchs.

Nicht lange nach Renus Umzug kam die unberechenbare
Gewalt von Bürgerkrieg und Aufstand auch seiner neuen Heimat immer näher. Ab 1987 wurde Jaffna von Regierungtruppen
belagert, die mit verschiedenen bewaffneten Gruppen kämpften,
insbesondere mit der LTTE, den berüchtigten Tamilentigern. Die
Zahl der Flüchtlinge, die aus der Stadt über die Palk-Straße nach
Südindien strömten, erreichte eine kritische Größe, so dass die
Regierung in Neu-Delhi sich zum Handeln gezwungen sah. Nachdem sie einen Vertrag mit der Regierung Sri Lankas geschlossen
hatte, schickte Indien eine große Friedenstruppe nach Jaffna, die
das Friedensabkommen beaufsichtigen sollte.

Aber es dauerte nicht lange, dann wurden die Beziehungen zwischen den Tamilentigern und der Friedenstruppe abgebrochen,
und Jaffna wurde wieder einmal zu einer der gefährlichsten Städte
der Welt. Im Oktober 1987 richteten indische Soldaten im größten Krankenhaus der Stadt unter mehreren Dutzend unschuldigen
Zivilisten ein Blutbad an; es war in dem ganzen 25-jährigen Bürgerkrieg der einzige Zwischenfall, der die Regierung in Colombo und
die Tamilentiger in ihrer Empörung vereinte. Für Renu und seine
Familie war es nun zu riskant, in Jaffna zu bleiben, also machten
sie sich wieder auf den Weg nach Süden in die Hauptstadt.

Eines Nachmittags trug Renus Vater dem Jungen auf, ein paar
Lebensmittel zu kaufen. Renu hatte noch nie so viele Rupien gese-

hen und stopfte sich das Geld zusammen mit dem Einkaufszettel in die Hosentasche. Auf dem Weg zu den Läden sah er neben der Straße einen Mann, der mit einem Spiel beschäftigt war. Er hatte drei Becher vor sich, und unter einem davon lag ein Kieselstein. Renu sah zu, wie Menschen ihr Geld auf einen der drei Becher setzten, nachdem der geschickte Hütchenspieler sie mit unglaublicher Geschwindigkeit hin und her geschoben hatte. Renu war fasziniert und gleichzeitig erschrocken, weil die Spieler nie den Kiesel fanden – er selbst hatte jedes Mal richtig geraten. Er schlüpfte durch die Menge nach vorn und zog die zerknüllten Geldscheine seines Vaters heraus. Einer nach dem anderen verschwanden sie in den Taschen des Mannes, weil Renu dieses Mal wie seine Vorgänger nicht den richtigen Becher erraten hatte.

Je mehr er verlor, desto hektischer tätigte er seine Einsätze. Er dachte nicht mehr an seine Verluste und konnte sich nicht bremsen – bis keine Geldscheine mehr da waren und sein kleiner, vom Adrenalin benebelter Körper in kalten Schweiß ausbrach. Im Geist sah er die Hand seines Vaters, hoch über seinen Kopf erhoben. Er beteiligte sich nie wieder an Glücksspielen.

In den Jahren, seit sie nach Jaffna gezogen waren, hatte sich die Lage in der Hauptstadt ein wenig beruhigt; aber wie die Razzia der Soldaten in ihrem Haus deutlich machte, war die Sicherheit der tamilischen Bewohner nie vollständig gewährleistet. Dennoch blieben Renus Familie immer weniger Alternativen.

Renu, der noch nicht einmal ein Teenager war, hatte den größten Teil seines Lebens gewissermaßen zwischen Baum und Borke verbracht und war manchmal buchstäblich nur knapp dem Kreuzfeuer entgangen. Kurz nach der Militärrazzia in ihrem Haus, bei der ein Muttermal den Jungen um ein Haar zum Terroristen gestempelt hätte, gelangte seine Großmutter zu der Einsicht, dass ein Leben für ihn als halbwüchsigen Tamilen in der Hauptstadt Sri Lankas zu gefährlich war. Er konnte entweder versucht sein, sich den Tigern anzuschließen, oder mit den nationalistischen Singhalesengruppen aneinandergeraten, die sich in der Hauptstadt herumtrieben.

Bis 1992 hatte die Familie so viel Geld zusammengekratzt, dass sie Renu nach London schicken konnte, wo seine Tante und sein Onkel wohnten.

Aber auch sein neues Leben auf der anderen Seite des Globus und in einem völlig unbekannten Umfeld barg seine Gefahren. An der Langdon School, einer der größten und unruhigsten Schulen im Osten Londons, stand der kleine, spindeldürre Renu zwischen zwei großen Cliquen, einer weißen und einer bengalischen. In Mathematik erbrachte er gute Leistungen und überflügelte alle Klassenkameraden, aber auf Englisch konnte er sich kaum ausdrücken. Als völliger Außenseiter wurde er erbarmungslos gehänselt, und nach einem halben Jahr weigerte er sich trotz des guten Zuredens seiner verzweifelten Tante und seines Onkels, überhaupt noch am Unterricht teilzunehmen.

Zwei Jahre schloss Renu sich im Haus ein. Manchmal ging er wochenlang nicht an die frische Luft. Seine einzige Beschäftigung war Fernsehen – von morgens bis abends.

Renukanth Subramaniam lernte, allein zu sein.

Vielleicht wäre er allein geblieben, wenn sein Onkel ihn nicht irgendwann mit Gewalt in die Außenwelt zurückgeholt hätte. Genauer gesagt, schickte er ihn an das Newham College of Further Education. Dort erlernte er einige neue Fähigkeiten: wie man zwischenmenschlichen Umgang mit Gleichaltrigen pflegt, wie man Martell-Cognac trinkt und wie man Computer programmiert.

In der örtlichen Kneipe drosch Renu in dem Spielautomaten »Street Fighter« bekifft und betrunken auf virtuelle Gegner ein. Wie viele junge Männer sind wohl besessen von dieser faszinierend gleichförmigen Herausforderung, einen Avatar in den tödlichen Kampf gegen eine Reihe gleichermaßen aggressiver Kämpfer zu führen? Zähmt so etwas die Aggression, oder leitet das Spiel ihr Vorschub? Führt der heftige Dopaminschub in den Stirnlappen des Gehirns, den solche Spiele auslösen, bei allen jungen Männern zur Sucht oder nur bei manchen?

Renu hämmerte auf die Maschine ein, badete seinen Organismus in Adrenalin und sein Gehirn in Endorphinen. Wenn er fertig war und sein Körper noch unter Strom stand, kippte er den Martell, um das Gefühl des Wohlbefindens aufrechtzuerhalten und zur Ruhe zu kommen. Die doppelte Gewohnheit forderte allmählich ihren Tribut von seinem schmalen Etat. Street Fighter wurde zu einem immer zentraleren Bestandteil seines Lebens. Wenn er schlafen ging, tauchten die gewalttätigen Bilder aus dem Spiel in grellen Farben vor seinem geistigen Auge auf.

Wie einst, als er mit dem Glücksspiel aufgehört hatte, so entschloss er sich jetzt, mit den Videospielen aufzuhören. Er fasste die Maschine nie wieder an. Leider betraf seine Entscheidung zu jener Zeit jedoch nur Street Fighter, nicht aber seine wachsende Neigung zu Alkohol und Drogen.

Sein Bruch mit den Videospielen bedeutete auch nicht, dass Computer ihn nicht mehr fasziniert hätten. Er mochte sie, seit er in Sri Lanka als Neunjähriger zum ersten Mal mit einem gespielt hatte. Aus Geldmangel hatte er nie regelmäßigen Zugang zu Rechnern gehabt, aber dieses Problem hatte er mit wenig mehr als zwanzig Jahren gelöst: Er bekam an der Londoner Westminster University einen Studienplatz in Informatik.

Wenig später war Renu auf Warez gestoßen, geraubte Softwareprogramme, deren Sicherheitsmechanismen man geknackt hatte. Sie wurden unter den Anhängern, die man allgemein The Scene nannte, freigebig verteilt.

Es war eine Welt, in der er allein und gleichzeitig mit Freunden zusammen sein konnte.

10 Spieltheorie

Eislingen, Baden-Württemberg, 2001

Während Renu sich zum ersten Mal in der Szene umtat, stieß 800 Kilometer weiter, in Süddeutschland, ein anderer junger Computernutzer auf dieselbe rätselhafte Gemeinschaft.

Der 15-jährige Matrix001 hatte sich verliebt. Allerdings nicht in ein Mädchen. Matrix war berauscht von Computerspielen. Anfangs waren sie nur ein Aspekt im Leben eines ganz normalen, ausgeglichenen Jugendlichen; in seiner Freizeit standen sie in Konkurrenz zu Sport und dem Schulorchester, wo er Klarinette spielte. Er hatte nichts übermäßig Auffälliges an sich. Seine heimliche Versessenheit auf die Spiele ließ sich leicht verbergen. Niemand wusste davon – seine Freunde nicht, seine Eltern nicht, seine Geschwister nicht; die einzige Ausnahme war vielleicht sein jüngerer Bruder.

Er liebte die Computerspiele nicht nur, sondern beherrschte sie auch in der Praxis gut. Als sein Abitur näher rückte, erstreckten sich die Sitzungen am Computer bereits bis tief in die Nacht. Mit den neuesten Spielen auf dem Laufenden zu sein, erwies sich als teure Angelegenheit, vor allem wenn es (wie bei Matrix und seinen Spielerkollegen) eine besondere Ehre war, zu verkünden, man habe ein gerade erst erschienenes Spiel gespielt und sei Sieger geblieben.

Im Jahr 2000 strömte eine Fülle neuer Spiele mit atemraubender Grafik auf den Markt. Die Pokemon-Welle rollte breit und schnell heran, und auf der eher extremen Seite war WWF Smackdown 2: Know Your Role ein großer Hit, ebenso Grand Theft Auto; in beiden enthielt die Handlung gewalttätige und pornografische Aspekte. Matrix war stets erpicht darauf, die neuesten Spiele in die Hände zu bekommen, aber er konnte sich schlicht nicht alle leisten.

Was die Computerspiele anging, glich sein Leben dem von Renu. Ansonsten hatten die beiden nichts gemein.

Entschlossen, seine Leidenschaft zu befriedigen, entdeckte Matrix im Internet eine Community namens fXP Scene. Dieses Phänomen bedeutete nicht nur für Matrix' Leben einen Einschnitt, sondern auch für die sich schnell wandelnden Parameter der Internetkultur.

In den zwei Jahrzehnten seit Einführung der Personal Computer war ihre Nutzung unter Entwicklern, Propheten und den besonders engagierten Nutzern zum Gegenstand einer leidenschaftlichen, aber auch abgehobenen Diskussion über ihre Rolle in der Gesellschaft geworden. Viele kriminelle Aktivitäten im Web erwuchsen aus einer entscheidenden Zweiteilung in der philosophischen Diskussion, die durch das Internet losgetreten wurde.

Mit einfachen Worten kann man die Debatte so beschreiben: Die Vertreter der einen Seite halten die kommerzielle Funktion des Internets für entscheidend, für die anderen ist es in erster Linie ein gesellschaftliches und intellektuelles Hilfsmittel, das mit seinem ganzen Wesen den grundlegenden Moralkodex der Massenkommunikation verändert. Für die erste Gruppe ist jedes Kopieren von Computer-»Code« (ein Kurzbegriff für die Computersprache, in der Softwareprogramme geschrieben werden), das nicht ausdrücklich gestattet wurde, eine kriminelle Handlung. Die Anhänger der zweiten Meinung sind überzeugt, dass man mit der Freigabe von Software auch das Urheberrecht aufgibt.

Der Kern der Diskussion wurde schon im Februar 1976 offenkundig: Damals wandte sich Bill Gates in einem offenen Brief an die »Hobbyisten«, eine unausgegorene Versammlung von Computernutzern, die sich später zu Technikfreaks, Hackern oder Crackern weiterentwickelten. In dem Brief beschwerte sich Gates darüber, dass 90 Prozent derer, die Microsofts erste Programmiersprache Altair BASIC benutzten, sie nie gekauft hatten. Sie hatten sie kopiert, und damit konnte Gates keinen Gewinn aus der ungeheuren Arbeit und den Finanzmitteln ziehen, die er in ihre Entwicklung investiert hatte. Gates' Sprache mangelte es zwar wie der vieler Computerfachleute an Eleganz, der Inhalt war aber klar: Er beschuldigte die Hobbyisten des Diebstahls.

Die Hobbyisten, Computerfreaks und Hacker – später wurden sie auch als Cracker bezeichnet – waren anderer Ansicht. Aus ihrer Sicht war jeder »Code«, der einmal im Umlauf war, Freiwild. Sowohl an der Westküste der Vereinigten Staaten als auch am Massachusetts Institute of Technology ließen sich einige der wichtigsten Computerentwickler und ersten Nutzer von einer großen Dosis »Kumbaya«-Ideologie anstecken: Danach war gerade diese Technologie dazu da, die Welt zusammenzuführen, und aus irgendeinem (nicht genau definierten) Grund unterlag sie nicht den Regeln des Urheberrechts, die traditionell auf Bücher, Musik und andere kreative Produkte angewendet wurden.

Warum das geschehen konnte, war klar: Früher war die Öffentlichkeit nicht in der Lage gewesen, eine Raubkopie eines Buches zu drucken oder Piratenpressungen von LPs herzustellen – dazu fehlten ihr die technischen Apparaturen. Und wenn man es tat, waren die Maschinen schwerfällig, unbeweglich und für die Polizei im Namen des geistigen Eigentums leicht aufzuspüren.

Ganz anders die Softwarecodes: Nachdem sie sich von den Kassettenrekordern befreit hatten, auf denen Anfang der 1980er Jahre die ersten Computerspiele für den häuslichen Gebrauch erschienen waren, produzierte man sie auf Disketten, CDs, DVDs und immer kleineren Festplatten. Zu jener Zeit bemühte sich das Imperium der kommerziellen Softwarehersteller zum ersten Mal darum, zurückzuschlagen: Man baute in die Produkte zusätzliche Codes ein, die ein unerlaubtes Kopieren verhindern sollten. CDs und Kassetten enthielten in der Regel digitale Schlösser.

Diese Taktik war zwar verständlich, sie ging aber nach hinten los. Schon 1982 konnte ein anderer deutscher Teenager, der später unter dem rätselhaften Hacker-Spitznamen MiCe! bekannt wurde, seine Eltern davon überzeugen, ihm zu Weihnachten einen Computer zu schenken. Aber nachdem sie für den Rechner ihr ganzes

Geld ausgegeben hatten, weigerten sie sich, einen einzigen Pfennig für Computerspiele lockerzumachen; sie begriffen nicht, dass der Computer ohne die Spiele-Software, die zu jener Zeit auf Kassetten vertrieben wurde, für ihren Sohn nutzlos war.

Er musste also feststellen, dass es nur einen Weg gab, wie er den Computer benutzen konnte: Er musste die Software von seinen Freunden ausleihen und dann kopieren. Einmal merkte er, dass die Kassette sich nicht kopieren ließ. Er probierte alles aus, was er sich vorstellen konnte, aber sein Computer stürzte jedes Mal ab. Nach Tagen und Nächten voller Frustration fand er schließlich an einer bestimmten Stelle des Bandes einen Abschnitt des Codes, der keine erkennbare Funktion hatte. Da kam ihm die Erleuchtung: Dieser Abschnitt blockierte den Kopierprozess! Nachdem MiCe! das begriffen hatte, konnte er experimentieren und den Code in unterschiedlicher Reihenfolge umschreiben. Eines Nachts schließlich – Bingo! – hatte er ihn geknackt.

MiCe! und andere Spieler aus jener Frühzeit wollten den Kopierschutz knacken, weil sie spielsüchtig waren, aber nicht, um damit Geld zu verdienen. Die Kopien wurden von einem Spieler zum nächsten weitergegeben, und damit war The Scene geboren.

Es war immer noch ein mühsamer, zeitaufwendiger Prozess: Man musste dazu den Code physisch auf eine neue Kassette kopieren. Aber die Spieler hatten mit Vergnügen die Herausforderung angenommen, vor die sie die Softwareproduzenten gestellt hatten, und wenig später florierte bereits eine umfangreiche Subkultur von Crackergruppen. Ihre Mitglieder hatten nur ein Ziel: Sie wollten Spiele und andere Software in dem Augenblick knacken, in dem sie auf den Markt kamen, und dann mit ihren Fähigkeiten bei ihresgleichen renommieren.

Damit war die Cyber-Unterwelt geboren; sie zerfiel allerdings sehr schnell in ganz unterschiedliche Gruppen, manche davon waren gut, andere schlecht.

11 Kein Weg zurück

Fast zwei Jahrzehnte nachdem MiCe! seine erste Kassette geknackt hatte, stand der junge Matrix vor dem gleichen Dilemma. Er war süchtig nach Spielen, konnte sie sich aber nicht leisten. Die Zwangslage war die gleiche, aber die Technologie hatte sich fast bis zur Unkenntlichkeit weiterentwickelt. Spiele beinhalteten jetzt eine raffinierte Grafik, eine verwickelte Handlung und schwindelerregend schwierige Aufgaben.

Bei vielen Spielern hatte sich die Versessenheit entsprechend verstärkt. Kassetten und Disketten waren bereits Museumsstücke, und auch die Zeit der CD-Roms, DVDs und Speichersticks (Letztere schon vor ihrer Erfindung) ging zu Ende. Zunehmend gab es Spiele nur noch als Code im Internet. Viele davon konnte man zu Hause auf dem PC nicht speichern. Außerdem waren es die Zeiten der Wählverbindungen, in denen man mit einer Internetverbindung stundenlang die Telefonleitung blockierte. Hatte man aber mit dem häuslichen Computer Zugang zu einem viel größeren Rechner, konnte man dort alle Spiele nach Belieben speichern und weitergeben ...

fXp ist die Abkürzung für File Exchange Protocol. Darüber braucht man nur eines zu wissen: Es ermöglicht den sehr schnellen Datenaustausch zwischen zwei Computern. Besonders nützlich ist fXp für die Kommunikation zwischen Servern. Dabei muss man betonen, dass ein Server nichts anderes ist als ein Computer, der auf eine Funktion als Kommunikationsdrehscheibe zugeschnitten wurde. Ein großes Unternehmen hat beispielsweise einen eigenen Server, über den der Internetzugang aller Mitarbeiter läuft. Server sind oftmals groß und leistungsfähig, und sie sind für den Zugang zum Web nicht auf Telefonleitungen angewiesen.

In den fXp-Diskussionsforen fand sich eine Bruderschaft zusammen, deren Mitglieder sich Zugang zu Servern verschaffte und sie dann dazu nutzte, Spiele zu speichern und zu spielen. Matrix lernte schnell, und schon nach kurzer Zeit suchte sein Computer gezielt im Internet nach Servern.

Mit einem automatischen Programm schickte sein Rechner unzählige Nachrichten ins Web; diese klopften quasi bei Servern an, die sich physisch an jedem beliebigen Ort der Welt befinden konnten. Wenn der Server auf das Klopfen reagierte, fragte Matrix' Computer: »Darf ich reinkommen?« Die meisten Server reagierten darauf mit einer Gegenfrage: »Wie lautet das Passwort?« Er fand aber auch eine ausreichende Zahl von Servern, deren Administratoren sich nicht die Mühe gemacht hatten, ein Passwort zu vergeben. In solchen Fällen gab der Server an Matrix' Rechner die Antwort: »Na klar, komm rein. Ich stehe dir zu Diensten. Mach mit mir, was du willst!«

Administratoren, die ihre Computer auf diese Weise verletzlich machten, waren für Matrix nicht einmal der Verachtung wert. Jeder konnte in sie eindringen und einem Unternehmen seine Geheimnisse stehlen. Das, so dachte er, ist nichts anderes, als wenn ich meine Brieftasche mit Geldscheinen vollstopfe, in ein Einkaufszentrum gehe, sie dort gut sichtbar liegen lasse und einfach weggehe.

Dann gab es Server, deren Passwort einfach zu erraten war, beispielsweise wenn das voreingestellte Passwort aus den Werkseinstellungen beibehalten worden war; es lautete dann beispielsweise »admin« oder – das dümmstmögliche Passwort überhaupt – »password«.

Bei anderen Computern fand er Schwachstellen in den Sicherheitssystemen, beispielsweise einen wenig genutzten »Port« oder Eingang, der nicht nach einem Passwort fragte. Auch diese konnte er ausnutzen, um sich Zugang zum Innenleben des Servers zu verschaffen. Für die meisten Computernutzer hätte sich so etwas vielleicht nach böhmischen Dörfern angehört, aber Matrix hatte das Gefühl, damit nur eine offene Tür einzurennen; wie man es macht, konnte er jedem innerhalb einer halben Stunde beibringen.

Wenn er auf diese Weise die Kontrolle über den Server übernommen hatte, bestand seine erste Aufgabe darin, die Schwachstelle zu beseitigen, durch die er sich selbst Zugang verschafft hatte: Er musste dafür sorgen, dass niemand den Rechner auf die gleiche Weise angreifen konnte wie er.

Nachdem Matrix in den Server eingedrungen war, konnte er ihn steuern. Ganz nach Belieben konnte er den gesamten E-Mail- und Internetverkehr beobachten, der über den Server lief. Doch daran war er gar nicht interessiert: Ihm ging es nur darum, die Server mithilfe der fXp-Technologie zum Empfang, zur Speicherung und zur Weitergabe von Computerspielen zu benutzen.

Matrix war erst 15, aber er kam und ging nach Belieben in großen Teilen des Internet, von denen die meisten Erwachsenen nicht einmal wussten, dass es sie überhaupt gab. Seine Eltern hatten keine Ahnung, welche geheime Welt er von seinem Zimmer aus erkundete. Es war auch nicht damit zu rechnen, dass sie es herausfanden – das Herunterladen von Spielen und Software war eindeutig illegal und stellte eine Verletzung des Urheberrechts dar, aber solche Praktiken waren zu jener Zeit nur auf eine sehr kleine Zahl von Computernutzern beschränkt. Für die Hersteller waren sie ärgerlich, aber kein existenzbedrohendes Problem. In ihrer überwältigenden Mehrzahl wurden Spiele vollkommen legal in Geschäften oder bei Online-Händlern wie Amazon erworben.

Matrix hielt seine Tätigkeit gegenüber seinen Eltern nicht deshalb geheim, weil er sich Sorgen um die Verletzung des Rechts auf geistiges Eigentum machte. Nein – das Großartige am Internet war für einen Teenager wie ihn, dass die Eltern keine Ahnung hatten, was man tat – und sie in den meisten Fällen auch nicht haben konnten. Für Eltern war es schon schwierig genug, die Kontrolle darüber zu behalten, welche DVDs ins Haus kamen oder es verließen. Aber DVDs waren wenigstens physische Gegenstände, die eine Mutter oder ein Vater beschlagnahmen konnte, wenn sie bemerken sollten, dass ihr Dreizehnjähriger sich einen Pornofilm ansah, wobei natürlich immer die Gefahr bestand, einen heftigen Wutausbruch auszulösen.

Das alles änderte sich mit dem Internet. Kinder wuchsen jetzt in einem Cyber-Umfeld auf, das sich für sie von selbst erschloss und völlig normal war, während Eltern die Orientierung darin zunehmend rätselhaft und gefährlich fanden. Die Teenager wussten ganz genau, dass ihre Eltern sich im Internet in schwerer Cybersee befanden. Dadurch wiederum verstärkte sich bei ihnen das Gefühl, dass das Web ein Bereich ihres jungen Lebens war, aus dem man Eltern mit Fug und Recht verbannen konnte. Wie viele Mütter und Väter sind schon in ein Zimmer gekommen und haben gesehen, wie ihre Teenager kurz erröteten und den Internetbrowser minimierten? Und wenn Eltern auch nur einen Blick auf eine Facebook-Seite werfen – und selbst wenn die jungen Leute in einem öffentlichen Raum darauf zugreifen –, verwandelt sich das Kind in einen Menschenrechtsaktivisten und wirft dem überforderten Erziehungsberechtigten vor, er verhalte sich wie ein Gestapo-Beamter.

Einer anderen Tatsache jedoch waren sich viele Kinder und junge Leute viel weniger bewusst: Ihren Eltern konnten sie vielleicht Sand in die Augen streuen, es gab aber alle möglichen Leute, die sich nicht so leicht hinters Licht führen ließen – und deren Zahl nahm zu. Dazu gehörten Stalker, Werbeunternehmen, Gleichaltrige, Bauernfänger, Polizei, Lehrer und Kriminelle. Nur die schlauesten Nutzer können im Auge behalten, was sie im Web eigentlich tun.

Anders als die überforderten Eltern begannen solche anderen interessierten Gruppen mit Computerkenntnissen die digitalen Spuren, die Kinder und Jugendliche im Lauf vieler Jahre hinterließen, zu verfolgen. Zu solchen Aufzeichnungen gehörten gewöhnlich das Eingeständnis von Drogengebrauch und Trinkgelagen, die Beleidigung von Lehrern, das Mobbing von Klassenkameraden und zunehmend auch die Veröffentlichung pornografischer Selbstbildnisse. Die Eltern wussten von alledem vielleicht nichts, andere aber schon. Selbst wirklich kluge Jugendliche wie Matrix wurden manchmal selbstgefällig.

Wenn Matrix schlecht geschützte Server unter seine Kontrolle brachte, um dann Spiele darauf zu speichern und zu spielen, tat er eigentlich nichts Unrechtes. Es war zur Jahrtausendwende in Deutschland kein Verbrechen, und die Urheberrechtsfragen waren im digitalen Zeitalter undurchsichtig – Teenager und junge Erwachsene hatten bereits damit begonnen, Musikdateien über Audiogalaxy und Napster auszutauschen. Wenn man beispielsweise den Song »Bohemian Rhapsody« von Queen herunterladen wollte, wurde man von diesen Websites zu einem PC irgendwo auf der Welt weitergeleitet, auf dem das Lied gespeichert war. Mit der Website als Brücke konnte man dann eine Kopie auf den eigenen Computer herunterladen.

In sehr kurzer Zeit merkten Millionen Menschen, dass sie Musikaufzeichnungen nicht mehr kaufen mussten – alles war umsonst erhältlich! War das Filesharing, also das Austauschen von Dateien, für die Computerspielbranche nur eine Unannehmlichkeit, so stellte es für die Musikindustrie eine gewaltige Herausforderung dar. Um das Problem zu bekämpfen, mussten die Unternehmen dafür sorgen, dass Juristen das Urheberrecht im digitalen Zeitalter neu definierten; dann mussten sie die Gesetzgeber dazu veranlassen, in diesem Geist neue Gesetze zu verabschieden; und schließlich mussten sie die Polizei zu der Einsicht bringen, dass die Verfolgung von Digitalpiraten zu ihrem Aufgabenbereich gehörte. Außerdem musste die Musikbranche neue technische Hilfsmittel entwickeln, mit denen sich solche Praktiken verhindern ließen – was ihr bemerkenswerterweise bis heute nicht gelungen ist.

Die Praxis, kleine, leicht zu übertragende Musikdateien von einem Computer zum anderen weiterzugeben, verbreitete sich wie ein Lauffeuer. Der Umsatz der Musikbranche hatte in den Vereinigten Staaten 1999 mit etwas mehr als 14,5 Milliarden Dollar seinen Höhepunkt erreicht, ging aber schon im folgenden Jahr zurück – ein Trend, der sich bis heute fortsetzt.

Der unerlaubte Download der viel unhandlicheren Spiele dagegen bedeutete für den Umsatz mit physischen CD-Roms und

DVDs kaum eine Einbuße; er stieg von Jahr zu Jahr. Wenn überhaupt, trugen die Downloader dazu bei, Werbung für Spiele zu machen. Über Matrix' Internetaktivitäten kann man also nichts Schlimmeres sagen, als dass sie ihm den Schlaf raubten und dass er ihretwegen seine Hausaufgaben vernachlässigte.

Dann aber, fast ohne es selbst zu merken, schlitterte Matrix auf der schiefen Bahn weiter nach unten.

Die Werbebranche hatte das Internet entdeckt und versuchte wie alle anderen herauszufinden, wie man es am besten nutzen konnte. Das Web bot für Reklame eindeutige Vorteile; vor allem konnte man viel genauer auf ein potenzielles Publikum abzielen. Wer Windeln verkaufen will, sollte Websites meiden, die Ausrüstung für Fallschirmspringer anbieten, und sich stattdessen auf Diskussionsforen für junge Eltern konzentrieren. Wer für Werbung im Fernsehen, im Rundfunk oder auf Anschlagtafeln bezahlt, wendet sich auch an die Fallschirmspringer, was aber keinen Nutzen bringt (es sei denn, die Fallschirmspringer sind zufällig auch junge Eltern).

Zweitens kann man den Erfolg der Werbung ins Verhältnis zu ihren Kosten setzen. Jedes Mal, wenn eine junge Mama oder ein junger Papa auf die Windelwerbung klickt, wird dies sowohl beim Windelhersteller als auch bei der Werbefirma registriert. Werbefirmen und Verkäufer analysieren dann die sogenannte Click-Through-Rate (CTR), und so kann unser glücklicher Windelhersteller sehen, dass von 100 Besuchern der Fallschirmspringersite kein einziger auf die Windelwerbung geklickt hat. Bei dem Forum für junge Eltern dagegen haben zehn von 100 Besuchern auf die Werbung geklickt und somit für eine CTR von 10 Prozent gesorgt. Entsprechend wird das Werbeunternehmen bezahlt. Und wenig später hatte die CTR bereits den Klickbetrug hervorgebracht.

Ein Administrator eines Forums, in dem Matrix aktiv war, wirkte an einem Betrug mit. Er forderte Matrix auf, mithilfe der von ihm kontrollierten Server ein Programm einzurichten, das in bestimmten Abständen automatisch auf Banner klickte. Für jeden Klick bekam er einen Cent. Er wusste noch nicht einmal, dass er etwas Illegales tat. Der Administrator empfahl ihm ein anderes Forum, in dem solche Themen diskutiert wurden, und in diesem Forum namens CarderPlanet erfuhr er zum ersten Mal vom Kreditkartenbetrug.

Matrix überquerte den Rubikon in einem Trancezustand und nahm nicht wahr, in welchen Strudel er geraten war. Er war fast noch ein Kind und glitt langsam, ganz allmählich in die Kriminalität ab. Irgendwo im Hinterkopf wusste er vielleicht, dass etwas nicht stimmte, aber im Cyberspace sind die Grenzen verschwommen oder überhaupt nicht mehr zu erkennen.

12 Eine Reise nach Indien

Chennai, Tamil Nadu, 2001

Im Jahr 2001 hatte Renu seine Eltern und Geschwister schon seit neun Jahren nicht gesehen. Aber selbst jungen Männern wie ihm, die gelernt haben, weitgehend ohne familiäre Bindungen zurechtzukommen, bleibt manchmal nichts anderes übrig, als auf das Drängen einer Mutter zu reagieren. Nach langen Überredungsversuchen sagte er schließlich zu, das Geld aufzutreiben und ins südindische Tamil Nadu zu fliegen, um dort die ganze Familie zu besuchen.

Aber an Geld zu kommen war schwierig. In seiner Zeit an der Westminster University hatte Renu einen Job als Fahrer bei Pizza Hut. Er arbeitete ungefähr bis Mitternacht oder ein Uhr morgens und musste dann früh aufstehen, um die erste Vorlesung zu besuchen (wobei seine Pünktlichkeit allerdings im Laufe des Jahres immer mehr nachließ). Durch den Job verfügte er zum ersten Mal in seinem Leben über ein wenig zusätzliches Geld. Zum Sparen reichte es nicht: Was allerdings übrig blieb, floss in den Drogenkonsum, der jetzt auch Kokain einschloss; wenig später verschrieb er sich auch dem verheerendsten Betäubungsmittel von allen: Crack.

Da er den Flugpreis nicht beschaffen konnte, lieh sich Renu das Geld von Freunden, und bevor er sich auf den langen Flug nach Chennai begab, kaufte er zur Sicherheit noch American-Express-Reiseschecks im Wert von 3000 britischen Pfund.

Was von der Begegnung zu erwarten war, wusste niemand: Als er seine Mutter verlassen hatte, war er noch ein Junge gewesen. Jetzt war er ein erwachsener junger Mann, und sein Leben wurde durch Phasen starker Einsamkeit akzentuiert. Sein Sozialleben hatte sich zwar seit der Collegezeit verbessert, aber er neigte nie zu lockeren Unterhaltungen und konnte seinen Gefühlen kaum Ausdruck verleihen. Und obwohl er noch so jung war, hatte er doch schon eine bewegte Vergangenheit. Es gab vieles, das er seiner Familie nicht mitteilen wollte.

Die Reise begann unspektakulär. Von Chennai musste er mit einem der überfüllten, stickigen indischen Busse aufs Land fahren; dabei teilte er sich den Platz mit zu vielen Menschen, zu vielen Hühnern und zu viel Gepäck. Ungefähr auf halbem Weg – die Augen fielen ihm nach der langen Flugreise von London immer wieder zu – spürte er ein leichtes Ziehen, das ihn sofort wieder hellwach werden ließ. Er dachte sich nichts dabei. Aber die Freude auf das Wiedersehen mit seiner Mutter wurde gedämpft, als er den Bus verließ – man hatte seine kleine Tasche aufgeschnitten, und die Reiseschecks im Wert von 3000 Pfund waren weg.

Es sollte noch schlimmer kommen. Als er das Büro von American Express in Chennai aufsuchte, lehnten die Mitarbeiter es ab, ihm den Schaden zu ersetzen (was nach seiner Kenntnis der einzige Grund war, warum man überhaupt Schecks statt Bargeld mitnahm). Bevor sie Ersatz leisten konnten, musste er eine Bestätigung der örtlichen Polizei vorlegen, dass man ihm das Geld gestohlen hatte. Außerdem erklärte man ihm, American Express garantiere nicht den Ersatz des Geldes, sondern zahle nur »nach eigenem Ermessen«.

Als er zurück in England war, erwiesen sich die Bürokraten von American Express als ähnlich unzugänglich. Sie behaupteten steif und fest, Renu habe nicht die erforderlichen Unterlagen vorgelegt, mit denen nachgewiesen wurde, dass die Schecks gestohlen oder verloren gegangen waren. Es werde keine Auszahlung geben.

Die Personen, von denen er sich das Geld geliehen hatte, waren seine Freunde. Aber die Freundschaft hatte ihre Grenzen. Sie empfanden zwar Mitgefühl mit Renus Notlage, wollten aber auch ihr Geld zurück. Um es zu beschaffen, gab es für Renu nur einen Weg: Er musste Kreditkarten belasten. Schließlich war es das Zeitalter des Plastikgeldes, und sowohl die Banken als auch die Kreditkartenunternehmen waren auf Renu als Kunden ebenso erpicht wie auf jeden anderen.

Mit dem miesen Job bei Pizza Hut konnte er seine steigenden finanziellen Bedürfnisse immer weniger befriedigen: die Schulden; Alkohol und Drogen; die Studienkosten; die Miete. Renus Welt geriet ins Wanken. Als Erstes litten seine Studienverpflichtungen: Nachdem er auf dem Campus Harrow der Westminster University die Abschlussprüfung des ersten Studienjahres abgelegt hatte, kam er immer seltener zu den Lehrveranstaltungen. Nach dem zweiten Jahr schaffte er das Examen nicht, und auch in der Wiederholungsprüfung fiel er durch.

Um der Verzweiflung zu entgehen, fing er an, wie besessen Lieder von Napster herunterzuladen. Dann stieß er auf die Websites, auf denen Mitglieder der Szene die von ihnen geknackten Spiele und Programme austauschten. Nun wurden die Nächte immer länger, und Renu tauchte in die sichere, ferne Welt des flackernden Bildschirms ein, die weit von den geifernden Hunden der Realität entfernt war.

Eines Abends erzählte er einem der vielen vagabundierenden Internetsurfer, die er im Netz und auf seinem IRC-Channel kennengelernt hatte, die Geschichte von Amex und seinem verlorenen Geld. »Versuch's mal bei *amexsux.com*«, sagte sein Kontaktmann. »Wenn auch sonst nichts dabei rauskommt, fühlst du dich wenigstens besser!«

Die Site (Logo: *DO leave home without it*), auf der ehemalige American-Express-Kunden ihrem Ärger über eine vermeintlich schlechte Behandlung Luft machten, war ganz nach Renus Geschmack. Dass gerade gegenüber diesem Unternehmen eine besonders große Erbitterung herrscht, belegt auch eine Google-Suche: Hunderte von Websites dienen dazu, über Amex zu meckern, und viele von ihnen enthalten eine beeindruckende Zahl von Links zu negativen Medienberichten über das Unternehmen.

Ein Forenteilnehmer machte all jenen, die nach eigener Einschätzung noch ein Hühnchen mit der Firma zu rupfen hatten, einen originellen Vorschlag: »Nehmt Rache! Besucht *CarderPlanet.com*!«

Als Renu die Segel setzte und sich auf die Suche nach Carder-Planet machte, hatte er das Gefühl, dass es an der Zeit war, sich von seiner eigenen Persönlichkeit zu verabschieden. Er verwandelte sich in JiLsi, und sein Avatar war das Gesicht eines boshaften Comicpiraten mit rotem Hut und einer schwarzen Klappe über dem linken Auge. Als er schließlich auf CarderPlanet Anker warf, fühlte er sich inmitten der Cyberkaribik, unter der ordinären Mannschaft aus Hackern, Crackern und Betrügern, als richtiger Captain Jack Sparrow bald ganz zu Hause. Irgendwo in dieser Gruppe von Übeltätern war auch Matrix unterwegs, und auch wenn es noch einige Monate dauern sollte, bevor sie sich gegenseitig ihre virtuelle Freundschaft gelobten, wurden die beiden zu vertrauten Figuren auf den Wegen zwischen den unzähligen Websites, die es CarderPlanet nachmachen wollten.

Wo sonst kann sich ein drogensüchtiger Flüchtling aus Sri Lanka zusammen mit einem deutschen Teenager aus der sittenstrengen Mittelschicht herumtreiben, und der Gastgeber beider ist ein charismatischer Mann aus Odessa, der Visionen von einer neuen Ukraine hat? So etwas ist nur im Web möglich.

13 Schattenland

New York, 2003/2004

RedBrigade war zu dem Schluss gelangt, dass es an der Zeit war, bei Washington Mutual zuzuschlagen, die in seinen Augen nicht mehr und nicht weniger war als ein Lieferant für kostenloses Geld. Eigentlich hatte das Geldinstitut seine Stellung als Genossenschaftsbank (mutual bank) schon 1983 verloren, und jetzt hatte ihr Vorstandsvorsitzender verkündet, er wolle die altehrwürdige Institution aus Seattle zum »Wal-Mart der Bankenbranche« machen. Die Philosophie des Chefs lautete: Abbauen, wo es nur geht. Vergib Kredite und sieh dir Vermögenswerte, Verbindlichkeiten und Einkommen des Kunden nicht allzu genau an. Verschiebe die zweitklassigen Hypotheken, weg damit. Investiere so wenig wie möglich in Personal und Einrichtung. Es war ein Billig-Bankbetrieb ohne jegliches Brimborium. Das Gute für RedBrigade und seine Kumpane: Zu dem Brimborium gehörten auch grundlegende Sicherheitssysteme.

Gegen elf Uhr morgens verließ er das Four Seasons Hotel an der Ecke 57th Street und 5th Avenue. Im Kopf war er von der Party der vorangegangenen Nacht noch etwas benebelt, aber da es sich dabei um alten Champagner und nahezu unverschnittenes Kokain gehandelt hatte, fühlte er sich dennoch vollkommen kampfbereit.

Als er bei der Bank war, schlenderte er lässig zu der ungelernten Kassiererin (»denen müssen sie nicht so viel zahlen«) und reichte ihr die WaMu-Scheckkarte.

»Wie viel hätten Sie heute gern, Sir?«

»Zehntausend bitte!«

»Selbstverständlich!«

Tip-tap, tip-tap. Hier bei WaMu musste RedBrigade der Kassiererin seine Karte übergeben, und die zog sie dann durch ein Theken-Lesegerät. In jeder anderen Bank hätte die Kassiererin in diesem Augenblick auf ihrem Bildschirm eine verschlüsselte Nachricht gelesen, die sie aufforderte, »sofort Meldung zu machen«. RedBrigade hätte das Gesicht der Kassiererin genau beobachten müssen. Durchschaut sie mich in diesem Augenblick? Soll ich weglaufen? Oder stehe ich hier herum wie ein Idiot und warte, bis die Bullen kommen? Vielleicht ist überhaupt nichts los und ich bin einfach nur paranoid?

Nicht so bei WaMu. Diese Billigheimer wollten kein Geld für Bildschirme und verschlüsselte Sicherheitsmitteilungen verschwenden. Wenn die Karte in diesem Geldinstitut abgelehnt wurde, konnte RedBrigade einfach ein wenig verwundert dreinblicken, sich entschuldigen und gehen. Bei WaMu rief niemand die Polizei.

Aber seine Karten wurden nie abgelehnt. An diesem Tag im Dezember 2003 zog die Dame seine Karte durch das Gerät, und sie wurde sofort akzeptiert. Er unterzeichnete eine ausgedruckte Quittung, auf der ein Transaktionscode stand, dann ging er zu dem Geldautomaten vor der Bank. Den Code eintippen, ein paar Augenblicke warten, und dann spuckte er wie der einarmige Bandit in einer Fantasie von einem Las-Vegas-Casino das Geld in Fünfzigern aus: 1000, 2000, 3000 ... immer weiter. Schließlich stopfte sich RedBrigade 200 druckfrische 50-Dollar-Noten in die Tasche.

Manchmal hatte es den Anschein, als würden die Banken ihre Geldautomaten für ihn und seine Freunde absichtlich offen stehen lassen. Es ist so einfach, dachte er, als wären wir die Auserwählten. Besonderen Spaß bereitete es ihm, Geld von der Citibank abzuziehen. Die hatte es unter allen Banken am meisten verdient. Erstens waren sie von all den Banker-Dreckskerlen die unmoralischsten. Und zweitens waren ihre Sicherheitsmaßnahmen miserabel.

Phishing war von Anfang an ein entscheidender Bestandteil aller Arten der Cyberkriminalität. Selbst wenn die digitalen Abwehrmechanismen eines Unternehmens wasserdicht waren, konnte ein relativ unerfahrener Hacker sie mit einem Phishingangriff überwinden. So bezeichnet man die massenhafte Aussendung von E-Mails an Adressen, die manchmal zufällig ausgewählt werden, manchmal aber auch gezielt, weil sie zu einem bestimmten Unternehmen gehören – beispielsweise einer Bank. Viele solcher Spam-Nachrichten enthalten entweder einen infizierten Anhang oder einen Link; dieser leitet den Nutzer nach dem Anklicken auf eine Website, von der automatisch Schadsoftware heruntergeladen wird. Wenn ein Hacker mehrere Millionen E-Mails verschickt, braucht er keine sonderlich große Antwortquote, damit es sich lohnt – jeder angegriffene Computer bietet einen potenziellen Zugriff auf Bankkonten und andere persönliche oder finanzielle Informationen.

Den Banken bereitet immer wieder vor allem ein Sicherheitsproblem Kopfschmerzen: die Kunden, was allerdings keine Entschuldigung für die empörend schwachen Sicherheitssysteme der Banken während der ersten 15 Jahre des Internetbanking ist. Auch das am besten vernetzte System ist nur so gut wie sein schwächstes Glied – und wir, die vielen hundert Millionen Kunden, sind so angreifbar, dass es schlimmer kaum geht.

Wenn eine Bank also uneinnehmbar ist, bittet der Cyberdieb ihre Kunden um Hilfe. An die Konteninhaber schickt er Millionen E-Mails, die aussehen, als kämen sie von der Bank, und dann wartet er auf die Antworten: eine Lawine von Kontonummern und Passwörtern.

Bei Kunden der Citibank war das Phishing ein Kinderspiel:

Kaufe frisch gehackte E-Mail-Adressen. Fertig.

Kaufe Dark Mailer, den feuchten Traum jedes Spammers. Fertig.

Kaufe Proxies. Fertig.

Kaufe Hosting-Platz. Fertig.

Gestalte eine neue Citibank-Seite. Fertig.

Baue eine Popup-Box ein, die nicht mehr verschwindet, bis eine Kartennummer und eine PIN eingegeben werden. Fertig.

Richte eine E-Mail-Adresse ein, auf der die Kontonummern und Passwörter landen. Fertig.

RedBrigade versuchte täglich, an Zugangsdaten von Internet-
benutzern zu gelangen. Er sah sich die Kontodaten einer Frau
Dr. H. M. Hebeurt aus dem Bundesstaat New York an. »Hmmm ...
sie wohnt ganz in meiner Nähe. Verdammt, sie verdient 50 000
Dollar im Monat, und ihr Mann zieht mehr als 72 000 an Land!«
Bei näherem Hinsehen erkannte er, dass die Zielperson an der
Wall Street arbeitete. Er kam ins Grübeln. Hätte er eine bessere
Wahl getroffen, er hätte wie dieser Bursche ganz legal Diebstahl
begehen können ... Aber in solchen Fantasien zu schwelgen,
konnte er sich nicht erlauben. Stattdessen fing er an zu rechnen.
Na gut: zwei Girokonten, zwei Sparkonten, ein Dispokreditkonto
und eine Kreditkarte ... 2000 von jedem. Insgesamt 12 000 Dollar
mit einem einzigen Phishzug.

Und jeden Tag schwammen fünfzig solche kleinen Phishe auf
sein Konto.

Der Spaß bei Washington Mutual in New York dauerte etwas
mehr als zwei Wochen und brachte ihm fast 300 000 Dollar ein.
Das war auch gut so, denn seine durchschnittlichen wöchentlichen Ausgaben lagen im Bereich von 70 000 Dollar. Alle zwei
oder drei Monate kaufte er sich ein neues Spitzenmodell von Mercedes oder BMW. Erster Klasse zu reisen war eine Selbstverständ-
lichkeit. Über den Kauf einer Breitling-Armbanduhr für 10 000
Dollar dachte er ungefähr so lange nach wie wir über den Kauf
einer Zeitung. Er hatte eine hübsche Wohnung an der Upper East
Side, aber dort schlief er nur zwei oder drei Nächte pro Woche,
ansonsten genoss er die Luxushotels der Stadt. RedBrigade verdiente mehr Geld als ein englischer Erstligafußballer, und das
ohne einen Steuersatz von 50 Prozent.

Nichts lag außerhalb seiner Möglichkeiten. Er zählte die
50-Dollar-Noten hin und sah diesen Ausdruck auf dem Gesicht
der Kassiererin, der besagte: »Wer um alles in der Welt ist dieser
Bursche?« Nach seiner Ansicht mussten sie glauben, er sei entweder ein verdorbener Sohn aus reichem Hause oder ein Drogendealer. Aber im Zeitalter des Plastikgeldes kleideten sich die
Superreichen ebenso häufig in T-Shirt und Jeans wie in einen

Anzug von der feinen Londoner Einkaufsstraße Savile Row. Wie dem auch sei: Die Verkäufer – Juweliere, Autohändler, Weinhändler, Hoteliers – nahmen stets das Geld und stellten keine Fragen. Sicher konnten sie nie sein: Vielleicht war dieser unrasierte junge Mann der Eigentümer von Google? Und ohnehin – wen ging es etwas an, wie er sein Geld verdiente?

Nur eines machte ihn ständig nervös: Er hatte zu viel Bargeld. Eines Abends kam er mit 77 000 Dollar in der Tasche nach Hause – zusätzlich zu den 300 000, die bereits in der Wohnung herumlagen. Außerdem besaß er Geldanweisungen im Wert von 110 000 Dollar. RedBrigade hatte ein weltweites Bargeld-Beschaffungsgeschäft organisiert: Er lieferte die Karten- und Konteninformationen an einen Mittelsmann in Osteuropa, der dann die Beutezüge an den Geldautomaten organisierte und das Bargeld an RedBrigade schickte. Zu diesem Zweck musste er selbst wieder Bankgeschäfte betreiben. Er war es leid, ständig unter den Grenzen für Meldungen zu bleiben – jede Transaktion von mehr als 10 000 Dollar musste nach den Geldwäschegesetzen an das Finanzministerium gemeldet werden. Mist, dachte er, wer hätte wissen können, dass es so schwierig ist, Geld loszuwerden!

Er bereitete eine weitere Auszahlung von 77 000 Dollar vor. Es wäre nur ein kleiner Spaziergang um ein paar Blocks von seiner Wohnung gewesen, aber dann dachte er: »Ich habe hier so viel Geld, das geht mir am Arsch vorbei.« Er wusste, dass irgendetwas in dem Bild ganz und gar nicht stimmte. Dennoch ging ihm nur eines durch den Kopf: »CarderPlanet war eine Sache, aber wer würde jemals diese Shadowcrew-Sache glauben? Wer würde glauben, dass ich tagein, tagaus in Banken hineinspazieren kann und jedes Mal mit 50 Mille in der Tasche wieder herauskomme? Das ist doch krank!«

Als CarderPlanet 2004 schließlich abgeschaltet wurde, hatte die Site nicht nur ein russisch- und ein englischsprachiges Forum zu bieten, sondern auch Abteilungen auf Koreanisch, Chinesisch und sogar Arabisch. »CarderPlanet hat die Spielregeln verändert«, sagt E. J. Hilbert, ein früherer FBI-Sonderermittler, der die Website mehrere Jahre lang untersucht hat. »Alle Nachfolger haben sich CarderPlanet zum Vorbild genommen. Man kann ohne Übertreibung sagen, dass diese Website die Praxis des kriminellen Hackens bis in alle Winkel der Erde verbreitet hat.«

Nun schossen überall Websites nach dem Vorbild von Carder-Planet aus dem Boden: *theftservices.com*, *darknet.com*, *thegrifters.net*, *scandinaviancarding.com* und viele andere, darunter eine, deren abgekürzter Name eine köstliche Parodie auf amerikanische wissenschaftliche Gesellschaften war: Sie hieß IAACA (International Association for the Advancement of Criminal Activity).

Aber keine davon hatte so viel Erfolg wie Shadowcrew in den zwei Jahren ihres Bestehens. Und RedBrigade war auf Shadowcrew einer der vielen Carder, die das große Los gezogen hatten. Den Behörden wurde erst nach und nach klar, welche Ausmaße die Branche hatte. Die Banken waren mehr oder weniger ratlos, und normale Menschen waren vergesslich.

Die Hacker waren ihnen meilenweit voraus, und Fürst Mammon herrschte überall: Hedgefondsmanager, Oligarchen, Ölscheichs, lateinamerikanische Mobiltelefon-Mogule, die neu an die Macht gekommene schwarze Wirtschaftselite in Südafrika, die alte weiße Wirtschaftselite in Südafrika, chinesische Hersteller von globalem Schnickschnack, Technikgurus von Bangalore bis zum Silicon Valley.

Hunderte von Cardern häuften während der Zeit von Shadowcrew riesige Vermögen an, und viele von ihnen waren so naiv, dass sie alles für die Verlockungen des neureichen Daseins zum Fenster hinauswarfen. Zu jener Zeit wurde die IP-Adresse eines Computers nicht kontrolliert, wenn man im Internet einkaufte. Für Kreditkarten gab es kein Adressenüberprüfungssystem: Man konnte Waren unabhängig davon, wo die Karte ausgestellt war, an jeden beliebigen Ort der Welt liefern lassen (außer nach Russland und in die anderen früheren Sowjetrepubliken), und niemand nahm in irgendeinem Stadium eine Prüfung vor.

Die neue Form des Verbrechens schlug weit über ihre ukrainisch- und russischsprachigen Ursprünge hinaus Wurzeln. Sie globalisierte sich ganz von selbst. RedBrigade kann sich noch erinnern, wie alteingesessene asiatische Kriminelle jetzt im Austausch mit Collegestudenten aus Massachusetts standen, die ihrerseits mit Osteuropäern sprachen, deren Computer mit Kreditkarten-»Dumps« vollgestopft waren. Hinter manchen Benutzernamen auf Shadowcrew steckten kriminelle Vereinigungen wie All Seeing Phantom, die von ihresgleichen verehrt wurden.

RedBrigade war gute zehn Jahre älter als die meisten anderen Mitglieder von Shadowcrew und sah keinen Vorteil darin, in der Hierarchie nach oben zu steigen und damit an Anerkennung und Respekt zu gewinnen. Ihm war nicht klar, warum die gewöhnlichen Mitglieder eine solche Ehrfurcht vor den Moderatoren und Administratoren der Foren hatten. Allen Erfolgen von Shadowcrew zum Trotz hatte das Verhalten seiner Betreiber etwas Infantiles und geradezu Görenhaftes – was eigentlich nicht verwundert, waren doch die meisten von ihnen erst knapp unter oder knapp über zwanzig. Ihm fiel auf, dass CarderPlanet von echten Verbrechern eingerichtet und weiterentwickelt worden war, während viele Teammitglieder von Shadowcrew eigentlich Dilettanten waren, deren grenzenlose Überheblichkeit von den unvorstellbaren Geldmengen, die sie verdienten, genährt wurde.

Je weiter sich RedBrigade von diesen Gestalten fernhielt, desto geringer war die Wahrscheinlichkeit, dass die Behörden ihn ausfindig machten. Von einer winzigen Minderheit abgesehen, hatten die Shadowcrew-Mitglieder keine Ahnung, dass der Secret Service bereits tief in die Website vorgedrungen war.

Im April 2003 hatte man Albert Gonzales, einen jungen US-Amerikaner mit kubanischen Wurzeln und eines der leitenden Mitglieder von Shadowcrew, verhaftet. Unter den Cardern war er als CumbaJohnny bekannt. Was sie nicht wussten: Nach seiner Festnahme hatte man ihn zum Informanten gemacht, und das war für den Secret Service der entscheidende Durchbruch. Gonzales betrieb ein sogenanntes Virtual Private Network (VPN), über das die leitenden Akteure der Website untereinander kommunizierten. Ein anständig gewartetes VPN machte die Entdeckung durch die Behörden schwierig oder unmöglich – es sei denn, derjenige, der den Kontakt zu den Administratoren hält, hält auch Kontakt zur Polizei. Diese Person war Gonzales.

Am 26. Oktober 2004 führte der Secret Service in den gesamten Vereinigten Staaten eine Reihe von Razzien durch. Dies führte zur erstmaligen Festnahme von 19 Personen, die wegen ihrer Mitwirkung bei *shadowcrew.com* angeklagt wurden. Später griff man noch einige weitere auf.

In der Anklage wegen Bildung einer kriminellen Vereinigung hieß es: »Shadowcrew war eine internationale Organisation mit ungefähr 4000 Mitgliedern, die ein breites Spektrum krimineller Tätigkeiten förderte und erleichterte.« Es war die bis dahin größte Aktion der jungen Cyberpolizisten-Truppe des Secret Service. Die Anklage vor einem Distriktsgericht in New Jersey klang dramatisch: »Die Administratoren«, so hieß es dort weiter, »bestimmten gemeinsam über die Ausrichtung der Organisation, trafen im Tagesgeschäft die Verwaltungsentscheidungen und betrieben langfristige strategische Planungen für den Weiterbestand … Die Administratoren hatten vollständigen Zugang zu den Computerservern, auf denen die Shadowcrew-Website lief, und trugen damit entsprechend die letzte Verantwortung für die physische Verwaltung, Instandhaltung und Sicherheit dieser Computer sowie für den Inhalt der Website.«

In den Medien herrschte nach der Verhaftung der Shadowcrew-Mitglieder große Begeisterung. Einige gingen so weit und bezeichneten den Coup als die virtuelle Entsprechung zur Zerschlagung des Corleone-Clans in Sizilien. Der Berichterstattung kam es zugute, dass eine der Angeklagten eine Frau namens Karin Andersson alias Kafka war; der Secret Service hatte allerdings nicht herausgefunden, dass es sich bei dem eigentlichen Kriminellen um ihren Freund handelte, der einfach ihren Computer und ihre IP-Adresse für seine Verbrechen benutzte. Was kaum verwunderlich ist angesichts der Tatsache, dass 96 Prozent aller Hacker Männer sind.

Die Festnahmen waren zweifellos gerechtfertigt. Aber waren die »Administratoren« auch diejenigen, die mit Shadowcrew das große Geld verdienen? Nein. Allerdings waren unter ihnen einige sogenannte »monetiser« (der wichtigste war Gonzales, der trotz seiner engen Verbindungen zum Secret Service später mit einem anderen Verbrechen noch berühmter wurde: mit dem Eindringen in die Kreditkarten-Datenbank der Kaufhauskette T. J. Maxx).

Die Polizei stand aber vor einem Problem, das noch häufig auftauchen sollte: Hacker sind keine typischen Verbrecher. Ihre Fähigkeiten werden zwar von echten Kriminellen ausgenutzt, die damit echte Verbrechen an echten Menschen begehen. Die Hacker selbst lassen aber diesen Aspekt ihrer Tätigkeit häufig außer Acht. Sie sind die »einsamen Wölfe«, wie Script sie nannte, und haben häufig kein Interesse daran, ein Vermögen anzuhäufen. Ihnen geht es mehr darum, unter ihresgleichen in den Rang eines Meisters aufzusteigen. »Man muss verstehen«, erklärte JiLsi im Rückblick auf seine Erlebnisse als Carder, »dass es ein Spiel war. Es war, als würde man Grand Theft Auto spielen, nur tut man es wirklich. Man tritt gegen lebende, atmende Polizisten an. Das macht den Nervenkitzel nur umso größer! Es geht um Respekt. Es geht um ...« JiLsi machte eine Kunstpause, »... deinen *Ruf*.«

In einer Hinsicht jedoch ähnelte die Festnahme der Shadow-crew-Kriminellen, die im Internet tätig waren, den Auswirkungen einer größeren Verhaftungswelle bei einer Mafiaorganisation in der realen Welt. Sie schuf ein Vakuum und löste bei der nächsten Generation der Carder einen gewaltigen Kampf um die Vorherrschaft aus. Diese Personen sammelten sich rund um zwei neue Websites, die im folgenden Jahr auf der Bildfläche erschienen: CardersMarket und DarkMarket.

Teil IV

14 Der Eismann kommt

Santa Clara, Kalifornien, Oktober 1998

Max Vision war überrascht, als Chris und Mike, seine beiden Kontaktleute vom FBI-Büro in San Francisco, plötzlich bei ihm in Santa Clara vor der Tür standen. Den dritten Mann kannte er nicht, später erfuhr er jedoch, dass es sich um den FBI-Abteilungsleiter für Computerkriminalität handelte. Demnach war es kein Freundschaftsbesuch. »Wir tragen Beweismaterial gegen dich zusammen, Max«, sagten sie. »Dieses Mal hast du es wirklich vermasselt.«

Leicht geschockt übergab Vision seinen Computer und alles andere – er wollte nicht den Anschein erwecken, als würde er die Justiz behindern, gleichzeitig wusste er aber auch nicht ganz genau, wo das Problem lag.

Er führte ein gutes, ja sogar ein großartiges Leben. Nachdem eine schwierige Jugend hinter ihm lag, war er von Iowa in eine Region gezogen, wo weder Technikfreaks noch ungekämmte lange Haare und Pferdeschwänze als ungewöhnlich oder unelegant galten. Ebenso fand es niemand seltsam, dass er seinen Namen von Vision in das prosaischere Butler geändert hatte. Er hatte sich schnell an die lässige Lebensweise der Westküste gewöhnt, und als Sahnehäubchen war er auch noch glühend in seine zukünftige Braut Kimi verliebt.

Max Vision war Mitte zwanzig, ein genialer Fachmann für Computersicherheit und einer der angesehensten, am höchsten geschätzten Berater in der Region von San Francisco. Außerdem besaß er Bürgersinn: Er hatte die Website *whitehats.com* eingerichtet, die Einzelpersonen und Unternehmen dabei helfen sollte, sich gegen bösartige Cyberattacken zu schützen. Mr. Vision veröffent-

lichte die neuesten »Sicherheitslücken«, die populäre Softwarepro-
dukte aufwiesen, und erklärte, wie man sie schließen konnte.

Sicherheitslücken sind für Hacker das tägliche Brot: Sie ebnen
Wege in fremde Computer. Es sind digitale Löcher im Schutzwall
von Software und Computersystemen, die der Hersteller nicht
bemerkt hat. Wenn ein Unternehmen wie Microsoft oder Adobe
merkt, dass ein Hacker unter Ausnutzung einer bestimmten
Sicherheitslücke in Windows oder eine allgegenwärtige Anwendung wie den PDF Reader eingedrungen ist, schreibt es eine
gezielte Programmergänzung – einen »Patch«, wie man es nennt –
und schließt damit die Lücke. Als Nächstes macht das Unternehmen dann seine Kunden darauf aufmerksam und fordert sie auf,
den Patch herunterzuladen und zu installieren. Damit ist dieser
Weg in den Computer des Kunden verschlossen. Versäumt der
Nutzer es aber, sein System zu aktualisieren, kann der Computer
einem Virus zum Opfer fallen, das gerade diese Sicherheitslücke
ausnutzt.

Sicherheitshacker wie Vision machten Sicherheitslücken häufig
schon vor allen anderen aus, und im Geist der guten Nachbarschaft
bot er den Nutzern praktische Ratschläge zum Selbstschutz an.

Seine guten Taten gingen aber noch weiter. Er stellte seine
Dienste auch der FBI-Dienststelle in San Francisco kostenlos zur
Verfügung, und die Bundespolizisten nahmen die Hilfe nur allzu
gern in Anspruch.

Für Max Vision war keine Herausforderung im Web zu
groß, und keine Sicherheitslücke war so klein, dass er sie nicht
bemerkt hätte. Aber um solche Sicherheitslücken zu finden,
musste er natürlich ständig in Computersysteme eindringen. Er
wusste, dass er damit in den Mittelpunkt eines weitreichenden
Dilemmas rückte, das die Computerindustrie ganz allgemein
betrifft und schwerwiegende Auswirkungen hat. Um sich vor
kriminellen »Blackhat«-Hackern zu schützen, ist es manchmal
notwendig, sich als »Whitehat«-Hacker davon zu überzeugen,
wie man in Systeme einbricht – eine Tat, die eigentlich schon für
sich betrachtet illegal ist.

Dass »Whitehats« genau wie die »Blackhats« im Umfeld großer öffentlicher Computersysteme herumschnüffeln, lässt sich fast
nicht vermeiden. Der Unterschied besteht darin, dass »Whitehats«
die Schwachstellen, die sie finden, nicht zum persönlichen Vorteil
ausnutzen. Die »Blackhats« tun das in der Regel.

Vision arbeitete von dem kleinen Haus aus, das er zusammen
mit Kimi bewohnte. Jedes Mal, wenn er in einem Netzwerk auf
eine Anomalie oder ein Problem stieß, konnte er dem Drang, es
in Ordnung zu bringen, nicht widerstehen. Im Jahr 1998 entdeckte
er in den Netzwerken, die von einer Reihe staatlicher Behörden
einschließlich einiger Teile des Pentagon genutzt wurden, eine
gefährliche Sicherheitslücke. Es handelte sich um ein Loch in ihren
Abwehrmechanismen, durch das sich alle möglichen boshaften
Würmer schlängeln konnten. Qualifizierte Hacker, die irgendwo
auf der Welt arbeiteten, hätten auf diese Weise buchstäblich Hunderttausende von Behördencomputern schädigen können. Vision
stellte wieder einmal sein patriotisches Engagement unter Beweis
und füllte die Löcher mit digitalem Zement. Damit diente er der
Sicherheit seines Landes: Niemand würde jetzt noch in der Lage
sein, irgendwann einmal diese Schwachstelle bei diesen staatlichen Behörden auszunutzen.

Dann kam ein Wendepunkt.

Sowohl zu jener Zeit als auch im Rückblick schien es unbedeu-
tend zu sein. Es war eine geringfügige, derart flüchtige Tat, dass
sie kaum eine Spur hinterließ: ein elektronischer Impuls, der sich
fast nicht in Begriffe fassen lässt; die Drehung eines Schlüssels; ein
Buchstabe in vielen Seiten Computercode, nichts als das pawlow-
sche Zucken eines geborenen Hackers. In allen Behördencomputern ließ Max Vision eine winzige Lücke offen, durch die nur er
kriechen konnte; wenig später bemerkte ein Cyberermittler der
US-Airforce mit Adleraugen das Loch und verfolgte es zu seinem
Konstrukteur zurück.

Das war der Grund, warum seine Freunde vom FBI in Santa
Clara an seine Tür klopften und ihm klarmachten, dass sich
dunkle Wolken sammelten. »Du hast alle möglichen Probleme

verursacht, Max«, sagten sie. »Es geht um die nationale Sicherheit – deshalb ist die Airforce hier.«

Vision war verärgert und empört. Er hatte den Behörden im Vorfeld E-Mails geschrieben, sie auf seinen Verdacht im Zusammenhang mit der Sicherheitslücke aufmerksam gemacht und erklärt, wie er sie zur Probe ausforschen wollte.

Wie schwer war sein Verbrechen? Das Motiv für seine Taten war weder Geld noch irgendein anderer Vorteil. Im Gegenteil: Er hatte den betroffenen Behörden einen großen Gefallen getan. Neben anderen Dienstleistungen hatte Vision die Computersysteme von Militärstützpunkten und Atomforschungseinrichtungen sicherer gemacht, darunter die in den nationalen Laboratorien von Brookhaven und Livermore. Andererseits hatte er nur einen geringfügigen Schaden angerichtet und nichts gestohlen – wie klug war es also, einen der talentiertesten Computerfachleute Amerikas wegen eines solchen Vergehens zu verfolgen?

Die Entdeckung des Luftwaffenoffiziers führte nicht nur dazu, dass Max Vision wegen Verbreitung eines bösartigen Computerwurmes festgenommen wurde. Die Folgen waren noch schlimmer: Das winzige Loch, das er in die Eingangstore der Computernetzwerke gebohrt hatte, wuchs und wuchs, bis es sich in einen unheiligen Abgrund verwandelt hatte: die Taft Correctional Institution, ein Bundesgefängnis in der Wüste nördlich von Los Angeles. Als Vision ins Gefängnis kam, war er kein Verbrecher, sondern ein gereifter, qualifizierter Hacker. Kriminelle Profis hatte er nur dann kennengelernt, wenn seine Kontaktleute beim FBI aus dem Nähkästchen plauderten. Das änderte sich natürlich, als Max (und seine Hackerfähigkeiten) in einem Gefängnis mit niedriger Sicherheitsstufe untergebracht wurde. Dort waren viele Insassen wegen Betrug und anderer Finanzvergehen inhaftiert.

Für Max sah es nicht gut aus. Aber dann wurde alles noch schlimmer. Er war nicht nur zu zwei Jahren Haft in Taft verurteilt worden, sondern einen Monat nachdem er ins Gefängnis gekommen war, teilte Kimi ihm mit, sie werde ihn verlassen.

Von der Frau wegen eines anderen Mannes verlassen und bei seinen früheren Freunden beim FBI in Ungnade gefallen, torkelte Max Vision in den Abgrund. Dort unten lag eine tiefe Depression. Er landete neben einem Mitinsassen, einem gewissen Jeffrey Normington, und der streckte ihm die Hand der Freundschaft entgegen, als es kein anderer tat.

Nach seiner Haftentlassung fand Vision keine feste Stelle, auf der er mehr als den Mindestlohn verdient hätte. Er bewarb sich, und man bot ihm leitende Stellungen bei Sicherheitsunternehmen im Ausland an, aber da man ihn auf Bewährung freigelassen hatte, bekam er keinen Pass. Im Silicon Valley wollte niemand einen Mitarbeiter einstellen, dessen Lebenslauf eine Verurteilung wegen Computerverbrechen enthielt.

Während seine Verzweiflung immer tiefer wurde, gingen seine Schulden in die Höhe. Eines Tages tauchte dann sein Freund Normington wieder auf und versprach ihm einen Weg aus dem Abgrund zurück in die Sonne Kaliforniens. Dieser Weg war mit Annehmlichkeiten gepflastert. Normington versprach ihm ein Laptop-Spitzenmodell von Alienware, ein unentbehrliches, aber teures Hilfsmittel für Hacker. Und das war nur der Anfang. Er erklärte, er werde für Vision eine Wohnung finden und bezahlen. Normington wollte alles arrangieren.

Als Gegenleistung für ein paar Gefälligkeiten.

Verbrechen waren für Vision nicht die einzige Möglichkeit. Es hätte auch andere Wege gegeben. Er hätte zu Freunden und Angehörigen gehen können. Aber er war erschöpft, fühlte sich verlassen, und Normington wirkte überzeugend. Wieder ein Wendepunkt; wieder eine falsche Wendung.

Max Vision, ein durch und durch guter Mensch, wurde erneut in den Abgrund gestoßen. An seiner Stelle kam Iceman heraus, ein durch und durch schlechter Mensch, aber einer mit einem Alter Ego namens Vision, der als Mitarbeiter der Bundespolizei Form annahm.

15 CardersMarket

Als der Secret Service die Köpfe hinter Shadowcrew überlistete, sah Iceman von der Seitenlinie aus zu. Er hatte mit den meisten aus dieser miesen Truppe, die arglose Menschen im Netz ausgeraubt hatten und gleichzeitig zuließ, dass das Team durch Informanten, Spitzel und Saboteure von innen heraus aufgefressen wurde, nichts gemein.

Jetzt war Shadowcrew am Ende, und eine ganze Reihe von Möchtegernen standen bereit, um an seine Stelle zu treten. Nun entschloss sich Iceman, der Welt zu zeigen, wie man das Gesetz besiegt. Und vor allem wollte er zeigen, wie gut er den Cyberspace und seine Benutzer beherrschte.

Für Iceman waren die Carding-Sites anarchistische Handelsplätze, auf denen Geld kaum eine Rolle spielte und die Handlungsfreiheit das höchste Gut war. Er war ehrlich überzeugt, die Schaffung besonderer Marktplätze wie seiner neuen Site CardersMarket, auf denen Menschen Informationen austauschen können, sei als solche keine kriminelle Handlung, auch wenn manche der Händler durch sie dazu angeregt wurden, Verbrechen zu begehen. Seine Site und andere, die ihr ähnelten, waren ein Signal, dass man sich im Web im Gegensatz zu anderen Lebensbereichen nicht durch schwerfällige staatliche Eingriffe eingeengt fühlen sollte. Auf der Homepage wandte er sich unmittelbar an Polizei und Internet-Administratoren:

> »An Ordnungsbehörden, Hostingunternehmen und
> Internetprovider:
> CardersMarket ist ein *legales* Forum und soll ein Ort
> sein, an dem die Mitglieder über die Themen ihrer

Wahl diskutieren können. Illegale Inhalte sind absolut nicht gestattet und jeder illegale Inhalt wird von Mitarbeitern sofort entfernt. Diskussionen sind kein Verbrechen. Der Betrieb eines Forums ist kein Verbrechen. Es gibt keine Kreditkartennummern, Bankkonten, Pornografie, Warez oder sonst irgendetwas, das in den Vereinigten Staaten oder in der internationalen Gemeinschaft als illegal betrachtet wird. Alle angeblichen Geschäfte, die zwischen unseren Mitgliedern ablaufen, sind nicht unsere Geschäfte, und wenn sie ablaufen, dann außerhalb unseres Forums. Wir billigen hier keinerlei illegale Handlungen und beteiligen uns nicht daran.«

Je tiefer er in die Welt des Carding eintauchte, desto enger wob er sein moralisches Netz. Als Iceman kaufte und verkaufte er nie Kreditkarten. Aber Vision schuf auch andere Online-Personen, und die handelten damit. Die Fähigkeit, Teile der eigenen Persönlichkeit abzuspalten, war unter Hackern weit verbreitet. Hin und wieder glaubte Vision offenbar sogar, seine virtuellen Gestalten seien in Denken und Handeln autonom und daher auch moralisch selbstständige Gebilde.

Als Iceman bemühte er sich darum, sowohl seine kriminellen Konkurrenten als auch die Polizei zu besiegen und sich so als unumstrittener Herrscher der Carding-Welt zu profilieren. Das erforderte ein zweigleisiges Vorgehen. Erstens musste er alle verdeckten Informanten und Polizisten, die sich in den Carding-Foren herumtrieben, identifizieren und enttarnen. Und zweitens musste er die Konkurrenz ausschalten – die anderen Carding-Foren, die um kriminellen Austausch wetteiferten.

Schon lange bevor der Secret Service die Schließung von Shadowcrew durchsetzen konnte, hatte Iceman erkannt, dass es sich bei mehreren wichtigen Mitgliedern des Forums entweder um Informanten US-amerikanischer oder kanadischer Polizeibehörden oder vielleicht sogar um richtiggehende Polizeibeamte handelte. Wer wie Iceman die Täuschung praktizierte, musste ebenso gut in der Lage sein, diese Kunst bei anderen zu durchschauen. Erfahrenen Cyberdieben und Cyberpolizisten war gleichermaßen klar, dass nichts der Verstellung und Heuchelei so stark Vorschub leistet wie das Internet. Iceman wusste ganz genau, dass die Enttarnung von Informanten ein unverzichtbarer Bestandteil seiner Tätigkeit war.

Wenn Iceman Informanten auffliegen ließ, schrieb er in den Foren berühmt bissige Kommentare über sie. Manche Mitglieder waren der Ansicht, Iceman empöre sich ein bisschen zu viel. War der führende Kopf von CardersMarket möglicherweise selbst ein Informant? So sah es sicherlich aus, als er seinen großen Plan zur Vernichtung der Konkurrenz in die Tat umsetzte: eine Reihe von Angriffen auf konkurrierende Carder-Foren, mit denen er darauf abzielte, sowohl die Foren auszuschalten als auch ihre umfangreichen Mitglieder-Datenbanken in seinen eigenen CardersMarket zu überführen. Seine Absichten tat Vision ganz offen kund: Mit seiner charakteristischen Arroganz erklärte er, seiner Ansicht nach hätten andere kriminelle Websites wie *scandinaviacarding.com* oder TalkCash »keinerlei Existenzberechtigung«.

Um seine Überlegenheit deutlich zu machen, legte er zunächst eine falsche digitale Spur, die es so aussehen ließ, als stehe der Server von CardersMarket im Iran, weit außerhalb der Reichweite von Polizeibehörden und anderen Cardern. In Wirklichkeit befand sich der Server in Kalifornien, aber mit seiner Fähigkeit zur Anwendung von Tricks überzeugte Iceman tatsächlich alle davon, dass die Website im Iran beheimatet war. Das trug natürlich zur Gerüchteküche bei: War Iceman vielleicht ein Agent des iranischen Geheimdienstes, der Verwirrung unter US-amerikanischen Ordnungsbehörden stiften und Geld für verdeckte Operationen beschaffen sollte?

Wer er auch war, eines war klar: Er meinte es ernst. Er hackte erfolgreich eine konkurrierende Carding-Site nach der anderen, übernahm deren Datenbanken inklusive aller E-Mail-Adressen und Passwörter ihrer Mitglieder sowie die Aufzeichnungen aller Postings. Zunächst baute er alle diese Informationen in Carders-Market ein, dann löschte er die gespeicherten Informationen der ursprünglichen Site.

Seine Angriffe waren erbarmungslos – selbst die Russen blieben nicht von seinem Zorn verschont. Er besaß die Frechheit, *mazafaka.ru* zu hacken, jene Kult-Site, die in der Zuneigung der russischen Hacker an die Stelle von CarderPlanet getreten war. Aber auch wenn sein Ego gelegentlich sein Urteilsvermögen vernebelte, wusste er ganz genau, dass es höchst unklug gewesen wäre, die russischen Sites auf die gleiche Weise zu zerstören wie die englischsprachigen. Unter den Russen waren einige der besten Hacker der Welt, und die wollte Iceman nicht provozieren. Außerdem hatten die Russen nach der Abschaltung von Shadowcrew die Carding-Party sofort verlassen. Das heißt, sie verließen – mehr oder weniger massenhaft – die englischsprachigen Foren. Auf den englischsprachigen Websites wurde der babylonische Austausch zwischen Verbrechern, Informanten, Spionen und Polizeibeamten zunehmend lästig und beklemmend: Er stand den Geschäften im Weg. Die Russen gingen kein nennenswertes Risiko ein, vorausgesetzt, sie hielten sich von Ländern fern, in denen amerikanische Ordnungsbehörden tätig werden konnten.

Deshalb richteten die russischen Hacker eine Reihe von Foren ein, in denen ausschließlich oder vorwiegend Russisch gesprochen wurde, und eines davon war *mazafaka.ru.* Sie zu unterwandern erwies sich für die US-Polizeibehörden als wesentlich schwieriger, und gleichzeitig war die Zusammenarbeit mit der russischen Polizei oder dem einflussreicheren KGB äußerst schwierig. Die erste Abwehrlinie für kriminelle Hacker in Russland oder der Ukraine ist immer der sich ständig ändernde lokale Slang. Manche westlichen Polizeibeamten konnten sich zwar auf Russisch unterhalten, viel schwieriger war es jedoch, sich über den dynamischen Sprachwandel auf dem Laufenden zu halten, der mit der Pop-Kultur verbunden war. Dies gelang in Washington oder London nur den wenigsten.

Während also die russischen Sites fröhlich weiterliefen, hatte Iceman im Sommer 2006 nahezu alle englischsprachigen Gegner vernichtet. Und wenn er merkte, dass einer von ihnen wiederaufzuerstehen versuchte, setzte er eine verheerende DDoS-Attacke in Gang.

Solche Attacken hatten sich zur am weitesten verbreiteten Waffe des Cyberspace entwickelt. Sie sind das Werk sogenannter Botnets, im Internet die Entsprechung zu dem Hollywoodklassiker *Invasion of the Body Snatchers* (dt. *Die Dämonischen*) aus den 1950er Jahren. Ein Virus »übernimmt« einen Computer, der damit unter dem Einfluss eines sogenannten Command-and-Control-Servers steht. Das Virus infiziert Tausende von Computern auf diese Weise. Solche Rechner werden dann als Zombies bezeichnet und haben die Stellung von Drohnen, die unter dem Kommando des mächtigen C-and-C-Servers stehen. Unter fast allen praktischen Gesichtspunkten funktionieren sie weiterhin als ganz gewöhnliche Computer. Der normale Nutzer bemerkt nicht, dass sein Rechner nun ein Soldat in einer riesigen Armee der Digitalen Toten ist. Wenn es sich um einen besonders aktiven Zombie handelt, fällt dem arglosen Opfer vielleicht auf, dass sein Computer ein wenig langsamer wird, was in der Regel daran liegt, dass er unbemerkt mit der Verteilung von Milliarden Spam-E-Mails beschäftigt ist; in diesen wird entweder Werbung für Penisvergrößerung und Paracetamol gemacht, oder sie enthalten eine neue Kopie des Virus, das damit weitere Computer infizieren kann.

Häufig erhalten Botnets jedoch die Anweisung, DDoS-Angriffe durchzuführen. Dazu wird allen Zombies befohlen, gleichzeitig eine bestimmte Website aufzurufen. Eine solche Website oder ein Server, der Ziel eines DDoS-Angriffs ist, bricht unter der Belastung, die durch den verstärkten Informationsverkehr entsteht, einfach zusammen. Die Seite friert ein. Ist der Angriff stark genug, stürzen ganze Systeme ab.

Mit seinen erbarmungslosen DDoS-Angriffen sorgte Iceman dafür, dass er in der Gemeinschaft der kriminellen Hacker wegen seiner Arroganz allgemein gehasst wurde. Seine Taktik weckte aber auch den Verdacht, dass er für die Polizei arbeitete – immerhin handelte es sich bei seinen Opfern häufig um Hacker und Kriminelle.

Seine Zahlen und sein Umsatz sprachen allerdings nicht gegen ihn: CardersMarket hatte jetzt mehrere tausend Mitglieder; sie alle waren aktiv, kauften und verkauften Kreditkarten, Bankkonten, Viren, Identitäten und anderes. Im August 2006 war er der Hahn im Cyberkorb.

Nur ein Stachel steckte noch in seinem Fleisch. Eine kriminelle Website wollte einfach nicht sterben. Jedes Mal, wenn er zuschlug, ganz gleich, ob er die Datenbank leerte und alle Dateien löschte oder seiner Armee von Zombies befahl, sie aus dem Web zu werfen – sie kam wie ein Stehaufmännchen immer wieder zurück.

Der Kampf mit DarkMarket hatte begonnen.

16 DarkMarket

Cyberspace, 2005–2008

Als der aufgemotzte Wagen am Westrand der Alpen abwärts rollte, spiegelte sich die Sonne im blauen Mittelmeer und verstärkte die Vorfreude auf ein großartiges Wochenende. Die Gruppe von etwas mehr als zwanzig skandinavischen Kumpels unter Führung von Recka, dem schwedischen Carderkönig, bog von der A8 ab auf die Route Grande Corniche und fuhr dann die Serpentinen hinunter nach Monaco.

Das Fürstentum, einer der kleinsten und am dichtesten besiedelten Staaten der Welt, verbreitete fast während des gesamten vorigen Jahrhunderts reichlich Glamour. Im Jahr 1956 setzte es den Maßstab für die Promi-Hysterie der Nachkriegszeit: Hollywood-Prinzessin Grace Kelly heiratete in eine echte Fürstenfamilie ein und wurde die Frau des Kronprinzen Rainier, des Anwärters auf den monegassischen Thron.

Jetzt, genau fünfzig Jahre nach der Jahrhunderthochzeit von Monaco, bereitete eine Gruppe von DarkMarket-Mitgliedern mit einem Schatz aus seltener Plastikbeute einen kurzen Überfall auf den Tempel der Dekadenz vor. Kurz nachdem sie die Grenze von Frankreich nach Monaco überschritten hatten, kamen die ersten Spielcasinos in Sicht. Diese Bargeldfabriken sorgen seit den 1860er Jahren für den Staatshaushalt des Fürstentums. Die Einheimischen bezeichnen sie als »Brieftasche von Monaco«, und sie sind der Grund, warum die Monegassen keine Steuern bezahlen. Warum sollten sie auch? Ein Einzelzimmer im Monte Carlo Bay Hotel kostet beispielsweise ab 550 Euro pro Nacht, und wenn die Gäste sich das leisten können, können sie natürlich auch ihr Geld in die Casinosäle tragen. Die Folge sind überall satte Gewinne.

Deshalb schwimmt die einheimische Bevölkerung bequem in einem See von Geld, das die Superreichen an den Blackjack- und Roulettetischen wegwerfen. Ausländischen Bewohnern sitzt das Geld häufig deshalb so locker, weil sie es unter anderen Umständen an die Finanzämter jener Staaten zahlen würden, in denen sie oder ihre Firmen die meiste Zeit tätig sind. Da Monaco eine Steueroase ist – und nach Angaben der angesehenen Organisation für wirtschaftliche Zusammenarbeit und Entwicklung (OECD) auch ein Zentrum der Geldwäsche –, sind die Behörden in dieser Felsbastion der fiskalischen Freiheit daran gewöhnt, keine Fragen nach den Besuchern ihres winzigen Landes oder der Herkunft ihres Geldes zu stellen.

Es war also der ideale Ort für eine Gruppe von DarkMarket-Mitgliedern, die mit zwölf American Express Centurions ausgestattet waren, jenen sagenumwobenen schwarzen Amex-Karten, den olympischen Göttern des Plastikzeitalters, die sich ihre Anhängerschaft durch besondere Einladung ausschließlich unter den Multimillionären aus dem Westen, Japan, Hongkong und dem Nahen Osten sichern. In den Vereinigten Staaten muss ein Centurion-Benutzer 5000 Dollar Aufnahmegebühr und eine Jahresgebühr von 2500 Dollar zahlen. Dafür erhält er kostenlose Flugtickets, einen besonderen Concierge-Service, spezielle Einkaufsmöglichkeiten und die Mitgliedschaft in Elite Clubs, die sich diskret über eine Welt verteilen, von der wir, die Bewohner des Malocherplaneten, keine Ahnung haben.

Haben wir schon über Geld geredet? Leg deine Centurion vor und schwelge in den Dollars, Euros, Pfund Sterling, Schweizer Franken oder Yen, die der Bankkassierer dir mit jenem diskreten Lächeln aushändigt, das jemandem von deinem Wert und Status vorbehalten ist. Mit einer einzigen Centurion kann man nahezu das Lösegeld für eine Geisel bezahlen, die von somalischen Piraten entführt wurde.

Dass eine Gruppe junger Leute mit mehr Geld, als für sie gut ist, in Monte Carlo einfällt und mit ihren Centurions herumprasst, ist nichts Ungewöhnliches – in diesem Umfeld sind verzogene

Halbwüchsige die Norm. Sie waren entschlossen, ihre zwölf magischen Gutscheine bis zum Gehtnichtmehr auszunutzen. Zuerst
ein Luxushotel, dann Cocktails und ein üppiges Abendessen, dann
fielen sie im Casino ein. »Es war eine irre Party«, erinnert einer
von ihnen sich träumerisch. »2006, das war die Zeit, als DarkMarket in den Himmel gewachsen ist.« Als die jungen Carder zwei
Tage später abreisten, hatten sie die schwarzen Amex-Karten mit
400 000 Dollar belastet. Selbst sie mussten einräumen, sie seien
erschrocken darüber gewesen, wie einfach es war. »Die haben
nicht mit der Wimper gezuckt. Niemand hat uns auch nur ein
einziges Mal gefragt, und man hatte den Eindruck, dass die Leute
ständig so etwas machen.«

Die Skandinavier waren nicht die Einzigen, die den Jackpot
geknackt hatten. Der berüchtigte ukrainische Carder Maksik
verdiente Hunderttausende von Dollars mit dem Weiterverkauf
von »Dumps and Fulls«, Kreditkartennummern mit zugehöriger
PIN und dem dreistelligen Sicherheitscode auf der Rückseite der
Karte. In der Türkei gründete Cha0 eine ansehnliche Fabrik der
kriminellen Aktivitäten: Er beschaffte Bargeld mit geklonten Kreditkarten und verkaufte »Skimmer« auf der ganzen Welt an andere
Diebe, damit diese selbst Kartendaten stehlen konnten.

Darkmarket.com wurde im Mai 2005 gegründet, aber in den
ersten Monaten seines Daseins war es eine recht müde Angelegenheit. Im Herbst des gleichen Jahres jedoch lockte die Site
einige bedeutende Gestalten von anderen Carding-Foren an. Am
energischsten war JiLsi, der Hacker aus Sri Lanka, der bereits
die Site »The Vouched« gegründet hatte und in der kleinen, aber
einflussreichen englischsprachigen Abteilung von mazafaka den
Rang eines Moderators bekleidete.

Wenig später hatte man JiLsi zum globalen Moderator von
DarkMarket ernannt, womit er nur eine Stufe unterhalb der
Spitzenstellung eines Administrators stand. Er machte sich daran,
das Profil von DarkMarket zu stärken. JiLsi verfolgte das gleiche
Ziel wie Iceman mit CardersMarket: Er wollte DarkMarket zur
anerkannt besten kriminellen Webseite der englischsprachigen

Welt machen. Unermüdlich arbeitete er im Java Bean Internet-café im Norden Londons, und bis Mai 2006 war es ihm gelungen, einige hundert neue Mitglieder anzulocken. Die meisten von ihnen sprachen Englisch, aber auch eine Reihe Russen kam und ging.

Gerade als die Site unter den Cardern auf der ganzen Welt an Beliebtheit gewann, entschlossen sich ihre ursprünglichen Gründer, DarkMarket zu schließen; sie fürchteten die Unterwanderung durch die Sicherheitsbehörden. Einer von ihnen machte sich sogar Sorgen, sie könne zu erfolgreich werden. JiLsi und seine Freunde dagegen wollten auf der wachsenden Bekanntheit aufbauen und registrierten die Site einfach neu als *darkmarket.ws* (der Länder-domain für Westsamoa).

Jetzt konnten sie ernsthaft an die Arbeit gehen. DarkMarket konnte sich rühmen, neben JiLsi einen angesehenen russischen Hacker als Sponsor gewonnen zu haben. Er war unter dem Namen Shtirlitz bekannt und ein Veteran von CarderPlanet; jetzt arbeitete er als Verbindungsmann zwischen den russischen Carding-Sites und DarkMarket.

Es gab noch andere. Auch Matrix001 sah sich auf DM um. Sein Ruf als Spezialist für Grafikdesign war gewachsen, seit er der International Association for the Advancement of Criminal Activity beigetreten war. Was er sah, beeindruckte ihn nicht: Das Forum war schwerfällig, die Sicherheitsvorkehrungen waren schlecht. Er schickte eine unverblümte Nachricht an den Administrator JiLsi und wies darauf hin, dass Feinde wie Iceman die Website aufgrund ihrer unzureichenden Software jeden Tag hackten. Matrix bot an, ein besseres System zu installieren, was JiLsi dankbar annahm. Damit begann Matrix' Aufstieg in der Hierarchie.

Es war noch mehr Hilfe unterwegs. JiLsi beeilte sich, einen gewissen Master Splyntr zu fördern, damit dieser in dem Forum den Posten eines Moderators annahm. Master Splyntr war der Nickname eines berüchtigten polnischen Spammers namens Pavel Kaminski. Der Aliasname war eine typische Anspielung von Halbwüchsigen: Er erinnerte an die Ratte, die in dem berühmten

Kindercomic die Teenage Mutant Ninja Turtles im Kampfsport ausbildet. In Anerkennung seines Helden und seiner Fähigkeiten war Master Splyntr in der Gemeinde der Spammer und Hacker auch als »Sensei« bekannt.

Die wahre Identität von Master Splyntr wurde von der geheimnisumwitterten britischen Anti-Spam-Organisation *spamhaus.org* offengelegt. Die Geschäftsleute, Technikfreaks, früheren Spione und Gott-weiß-wer-noch-alles, die dieses Team bildeten, führten einen wirksamen Kreuzzug mit dem Ziel, die führenden Gestalten aus den Welten von Spam, Carding und Kinderpornografie auf schwarze Listen zu setzen. Sie suchen in der digitalen Welt nach »bösartigen« Internerprovidern, die gegenüber den kriminellen Tätigkeiten ihrer Kunden ein Auge zudrücken. Kaminski, so berichtete Spamhaus auf seiner Website, sei einer der fünf größten Spammer der Welt und verschicke ungeheure Mengen unerwünschter Werbung für Penisvergrößerung, Paracetamol und vieles andere.

Nachdem Spamhaus sich für Master Splyntr interessierte, war er gebrandmarkt. Während fünf Polizeibehörden aus verschiedenen Ländern der Welt Ermittlungen gegen ihn aufnahmen, wechselte er in die Domäne der Carder. Außerdem war Kaminski in den Vertrieb von Malware, Viren und Trojanern verwickelt. Er war ein anerkannter Bösewicht, und JiLsi empfand klammheimliche Freude, dass er einen derart großen Fisch in die Gewässer von DarkMarket gelockt hatte. Sowohl zu Splyntr als auch zu Matrix001 pflegte er sorgfältig die Beziehungen. Daraus entwickelte sich ein richtiges Team, und als noch Cha0 hinzukam, der führende kriminelle Kopf aus der Türkei, war DarkMarket schließlich von einer unbezweifelbaren Aura des Erfolges umgeben.

Auf den ersten Blick hatte DarkMarket nichts Auffälliges. Es funktionierte genau wie die Diskussionsforen, in denen die Gefahren des Elterndaseins oder der Reiz der Bienenzucht erörtert werden. Der Zugang war schwieriger, weil die Mitglieder benannt und überprüft werden mussten, aber das war für diejenigen, die sich in der Carding-Szene auskannten und zur Mitgliedschaft entschlossen waren, nur selten ein Problem. Die eigentlichen Geschäfte – Kauf und Verkauf – wurden aus Sicherheitsgründen kaum einmal über das Forum abgewickelt. Es war vielmehr ein Ort, an dem Verkäufer und Käufer sich kennenlernten; hier fanden die Hersteller von Skimming-Apparaten ihren Markt, und die Besitzer von Kreditkarten-Datenbanken konnten Mitarbeiter für die eigentliche Bargeldbeschaffung rekrutieren (das heißt für die entscheidende Tätigkeit, von einem Geldautomaten zum anderen zu gehen und Bargeld von Konten abzuheben). Die Details der einzelnen Geschäfte wurden jedoch fast immer in privaten Nachrichten über verschlüsselte ICQ-Netze festgeklopft. Erst wenn ein Geschäft abgesprochen war, begab man sich wieder auf die Website und reichte einen Antrag auf den Treuhandservice ein, mit dem die Administratoren für eine faire Abwicklung sorgten.

Das Forum lockte immer mehr Mitglieder an, und die Geschäfte blühten. Einflussreiche Personen stellten die Verbindung zwischen russischen Verbrechern und westlichen Cardern her, gleichzeitig stellte JiLsi aber auch fest, dass der geographische Kreis sich erweiterte. Die Türkei wurde zu einer wichtigen Zone der Cyberkriminalität. Die Gemeinden in Spanien und Deutschland wuchsen sehr schnell, und selbst in Frankreich – wo die Carder sich wie die meisten Franzosen auch im Web in einem Französisch sprechenden Umfeld am wohlsten fühlen – polierten sie ihr Englisch auf, um an den Debatten teilzunehmen.

Das goldene Zeitalter von DarkMarket war angebrochen.

17 Das Büro

Das Büro von Renu Subramaniam war ein Terminal im Java Bean Internet Café. Während der letzten eineinhalb Jahre hatte Renu im Internet meist vor einer Kulisse mahlender und kreischender Geräusche gearbeitet: Das bescheidene Java Bean lag im Schatten des Wembley-Stadions, und die Fußballarena wurde gerade im großen Maßstab umgebaut. Mitte 2006 hatten die Arbeiten sowohl die Termine als auch den Kostenrahmen bereits überschritten.

Das Café glich in vielerlei Hinsicht Tausenden weiteren, die sich über die ganze Welt verteilen. Das Umfeld war alles andere als luxuriös. Eingequetscht zwischen der Bowling Nail Bar und einer recht schäbig aussehenden, gemieteten Wirtschaftsprüferpraxis, beherbergte es sperrige Bildschirme und klebrige Tastaturen, und die angeschlossenen, unzuverlässigen Computer trugen Pseudo-Markennamen, die sie als Billigprodukte aus Ostasien kennzeichneten. Nur der Himmel weiß, welche Aktivitäten sich hinter den klapprigen Holzwänden abspielten, die einen schmuddeligen Rechner vom anderen trennten.

Über die Bildschirme gebeugt, spielten Jugendliche stundenlang und oftmals mit beispielloser Konzentration Online-Spiele; Rucksacktouristen schrieben unterhaltsame E-Mails, in denen sie ihre Eindrücke aus neu entdeckten Ländern schilderten; neugierige Teenager und frustrierte Männer im mittleren Alter besuchten seltsame Pornoseiten; idealistische junge Leute planten politischen Protest und bildeten sich ein, sie hätten mit ihrem Ausflug in die Welt der Anonymität den Big Brother hinters Licht geführt; Drogendealer verabredeten sich an Übergabepunkten und planten Geldwäsche; und Cyberkriminelle loggten sich ein, um den Wert ihres neuesten Fischzuges zu ermitteln.

Neben seiner Lage im Schatten des unfertigen Wembley-Stadions hatte das Java Bean noch eine zweite Besonderheit. Gewöhnlich sind die Computer in Internetcafés nur in begrenztem Umfang vor Angriffen von außen geschützt. An solchen Orten wimmelt es von Viren, Trojanern und anderen digitalen Schädlingen – ganz ähnlich wie biologische Erreger etwa Krankenhäuser befallen, in denen man es mit der Hygiene nicht genau genug nimmt.

Renu nahm seine eigene Sicherheit jedoch ernst und überredete den Geschäftsführer des Java Bean, auf den Rechnern des Cafés ein besonderes Programm namens Deep Freeze zu installieren. Diese Software stellte auf den Festplatten immer wieder eine frühere Konfiguration her, und damit war gewährleistet, dass das Netzwerk alles, was im Laufe des Tages vielleicht heruntergeladen worden war, nicht mehr »sah«. Damit war das schlechte Zeug unwirksam, und Renu war besser geschützt.

Wenn das Java Bean Renus Büro war, dann bestand der Aktenschrank, der die Geheimnisse von DarkMarket beherbergte, aus einem kleinen Speicherstick. Renu trug ihn in der Regel buchstäblich dicht am Herzen. Wenn er in seinem Büro ankam, steckte er den Stick in eines der Computerterminals und fing an, auf DarkMarket zu arbeiten.

Nachdem er sich eingeloggt hatte, setzte Renu seine Piratenmaske auf und wurde zu JiLsi, einem der acht Administratoren, die DarkMarket in den drei Jahren seiner Existenz betrieben. Das Team, das zu jedem beliebigen Zeitpunkt immer nur aus vier Personen bestand, war eine der einflussreichsten Gruppen in der weltweiten Carding-Szene. Die leitende Position brachte ihnen kaum Gewinn in Form zusätzlicher Einnahmen, die privilegierte Stellung verschaffte ihnen aber bei Hackern und Crackern beträchtlichen Respekt. Außerdem erfreuten sie sich des Zugangs zu großen Informationsspeichern, und sie hielten den Schlüssel zum virtuellen Leben und Tod in der Hand – sie hatten die Macht, Mitglieder wegen tatsächlicher oder vermeintlicher Regelverstöße auszuschließen.

Die herausgehobene Position eines Administrators war aber auch mit zwei wichtigen Nachteilen verbunden. Erstens war es richtig harte Arbeit mit täglich 15 bis 17 Stunden vor der Tastatur. Ferien gab es für diese Menschen nicht – man erwartete von ihnen, dass sie ständig und an jedem Tag des Jahres in Aktion, zumindest aber in Bereitschaft waren. Master Splyntr zum Beispiel hatte immer ein Handy bei sich, das ihn benachrichtigte, wenn ein anderes Mitglied von DarkMarket ihn brauchte, und wenn es klingelte, nahm er den Anruf immer entgegen. JiLsi klagte, er logge sich um neun Uhr morgens ein und sitze abends um zehn immer noch vor dem Rechner. Zu einem großen Teil handelte es sich bei der Arbeit um Routine: Die Forumsnachrichten mussten überwacht werden, damit die Mitglieder sich an die Regeln des Forums hielten und ihre Nachrichten in der richtigen Rubrik veröffentlichten. Vieles davon war reine, triviale, nervtötende Bürokratie.

Und zweitens hatte das Administratorenteam ständig Zugang zum Innenleben der kriminellen Websites. Die digitalen Spuren, die sie im Web hinterließen, waren potenziell viel leichter zu erkennen als die Identität einfacher Mitglieder, und damit wurden sie zum wichtigsten Ziel für die Cyberpolizisten.

Das Paradoxe dabei war, dass die »gewöhnlichen« Mitglieder in der Regel mit DarkMarket das meiste Geld verdienten: Häufig nahmen die Administratoren das größte Risiko auf sich und erhielten den geringsten finanziellen Lohn. Im Lauf von drei Jahren verdienten JiLsi und Matrix nur einen erbärmlichen Geldbetrag.

Eine faszinierende Gestalt war Shtirlitz, der fast von Anfang an dabei war. Der Nickname war eine Anspielung auf den fiktiven Max Otto von Stirlitz. Dieser ist in den Romanen von Julian Semjonow ein hoher Offizier der Nazis, der während des Zweiten Weltkrieges für Moskau spioniert. Stirlitz, der auch als sowjetischer James Bond bezeichnet wurde, blieb in Russland durch eine Reihe populärer Filme im Gedächtnis, die in den 1970er Jahren auf der Grundlage der Bücher gedreht wurden. Der stille, gut aussehende Stirlitz ist mit seinem ungeheuren Mut, seiner Intelligenz und seinem unerschütterlichen Engagement für das Vaterland auch im postkommunistischen Russland ein eindrucksvolles patriotisches Symbol.

Den Sowjetspion Stirlitz kennen wir also, aber wer war Shtirlitz der Carder, der seinen Namen aus dem Russischen ins Englische transkribiert hatte, wodurch das zusätzliche h zustande kam? War auch er ein russischer Agent? Oder vielleicht ein Doppelagent, der für das FBI oder den Secret Service arbeitete? Oder ein meisterhafter Carder? Ein Mitglied von CarderPlanet, das ihn kennen gelernt hatte, beschrieb ihn als »arisch aussehend und Ende zwanzig«. Er kaufte regelmäßig gefälschte Pässe und wohnte irgendwann in Prag, der Hauptstadt der Tschechischen Republik. Auf CarderPlanet wurde er als »guter, zuverlässiger Bursche« bezeichnet, später jedoch wuchs bei anderen Cardern der Verdacht, er könne sein fiktives Vorbild auch dadurch nachgeahmt haben, dass er sich in einen der erfahrensten Polizeibeamten Amerikas verwandelte.

Welche Ziele er auch wirklich als leitendes Mitglied von DarkMarket verfolgen mochte, er war allgegenwärtig, schwieg aber und war vergleichsweise wenig aktiv. Auch Lord Cyric, der erst spät als Administrator hinzugekommen war, schien überhaupt nicht an Kauf oder Verkauf beteiligt zu sein. Alle waren zu sehr damit beschäftigt, das Ganze in Betrieb zu halten, und gleichzeitig genossen sie ihre Stellung als Legende innerhalb der Bruderschaft.

Außerdem hatte aber auch jeder von ihnen seine eigenen Geheimnisse, und manche waren alles andere als das, was sie zu sein schienen.

Paradoxerweise war derjenige, der seine persönliche Sicherheit besonders ernst nahm, in mancherlei Hinsicht auch am leichtesten zu durchschauen: Cha0. Der türkische Kriminelle war erst relativ spät zu den Carding-Foren gestoßen. Im Gegensatz zu den anderen war er kein Veteran von Shadowcrew oder IAACA, sondern er kam Anfang 2006 als Betreiber eines Forums namens *crimeenforcers.com* aus dem Nichts. Die Site war elegant gestaltet und bot angehenden Cyberkriminellen alle möglichen Dienstleistungen. Besonders bemerkenswert waren ihre animierten Tutorials: Darin trat eine Comicversion von Cha0 auf, die den Zuschauer durch die Feinheiten des Carding führte.

Cha0 nutzte DarkMarket, um Reklame für crimeenforcers zu machen (bezahlte Werbung war für die Foren eine wichtige Einnahmequelle), und seine Allgegenwart sowie seine unermüdlichen geschäftlichen Transaktionen verschafften ihm schon bald großen Einfluss. Er kam im Februar 2006 zu DarkMarket und wurde bereits sieben Monate später zu einem der Chefs ernannt.

Im Gegensatz zu seinen Kollegen gehörte er zur seltenen Spezies der Technikfreaks mit hochintelligentem Verbrecherverstand. Seine Motivation, die Führungsrolle anzunehmen, war einfach: Er konnte mit ihrer Hilfe sein Unternehmen als Verkäufer der Gerätschaften fördern, die man für Wirtschaftsverbrechen brauchte; dazu gehörten beispielsweise die »Skimmer«, Apparate, die fremde Kreditkartendaten lesen, speichern und übertragen können.

Aber wie bei den anderen Führungsgestalten von DarkMarket, so erwies sich auch Cha0s Geschichte am Ende als weitaus verwickelter.

Lässt man den Sonderfall Cha0 einmal beiseite, trugen die erfolgreichsten Diebe auf DarkMarket nicht dazu bei, die Site zu verwalten. Es waren Männer wie Freddybb und Recka, die Carder aus Scunthorpe und Schweden: Sie schauten nur gelegentlich vorbei, wickelten Geschäfte ab und verschwanden dann tage-, wochen- oder sogar monatelang. Die Polizeibehörden der ganzen Welt haben von den Technikfreaks einen wesentlich größeren Anteil festgenommen als von den hartgesottenen Kriminellen mit ihren Cybertaten.

Die vier leitenden Administratoren, die an ihren PCs schufteten, waren gemeinsam für vier Hauptaufgaben zuständig. Der Schutz und die allgemeine Instandhaltung der Website-Server fielen in das Aufgabengebiet von Master Splyntr und Matrix001. Die alltäglichen Gefahren für die Site gingen nicht von den Behörden aus, sondern von Konkurrenten und Feinden von DarkMarket, die sich wie Iceman anderswo im kriminellen Cyberspace herumtrieben. Splyntr, Matrix und JiLsi seufzten jedes Mal, wenn es eine Auseinandersetzung zwischen den Mitgliedern gab: Ein Carder warf einem anderen – vielleicht grundlos, vielleicht auch zu

Recht – eine Regelübertretung vor. Der Angeschuldigte reagierte beleidigt, und wenig später hatte die angegriffene Partei sich ein Botnet organisiert, um einen DDoS-Angriff auszulösen. Zehntausende von Computern verlangten auf Befehl eines einzigen Command-and-Control-Rechners plötzlich Zugang zu DarkMarket, woraufhin die Site in die Knie ging. Wäre so etwas in der handfesten Welt geschehen, so murmelte Splyntr zu sich selbst, würde man den Idioten einfach zusammenschlagen. Im Cyberspace dagegen hat man kaum eine andere Wahl, als die Site abzuschalten und zu warten, bis der Angreifer sich beruhigt hat, oder man handelt irgendein Abkommen aus.

Aus diesen Gründen mussten die Administratoren alle Konflikte überwachen, die sich zwischen den Mitgliedern zusammenbrauten, und dann mussten sie sich bemühen, den Streit zu entschärfen, bevor er eskalierte. Der durchschnittliche Cyberkriminelle hat die Manieren eines Schimpansen und die Zunge einer sizilianischen Fischverkäuferin. Anonymität führt überall im Internet zu einem Mangel an Vertrauen, und die Welt der Kriminalität ist dafür wegen der potenziellen Gefahr durch die Polizei und der vermeintlichen, durch die Anonymität des Nutzers begründete Unverletzlichkeit besonders anfällig. Deshalb eskalieren Beleidigungen in Foren wie DarkMarket sehr schnell zu einem offenen verbalen Schlagabtausch. Darin liegt übrigens eine der Trumpfkarten für Polizisten, die wegen Cyberkriminalität ermitteln: In einer Gemeinschaft, die durch alle möglichen Formen von Misstrauen gespalten ist, kann ein geschickter Leser die Diskussionen zu seinem eigenen Vorteil manipulieren.

Das Administratorenteam entschied natürlich auch über die Stellung der Mitglieder in der DM-Hierarchie. Die vier zogen sich in ein privates Konklave zurück – in ein Forum, zu dem nur sie Zugang hatten – und diskutierten beispielsweise darüber, ob ein Verkäufer gestohlener Kreditkarten sich als ausreichend zuverlässig erwiesen hatte und den begehrten Titel eines geprüften Verkäufers (Reviewed Vendor) erhalten solle. Dann konnte er Karten verkaufen, ohne den Einschränkungen durch DarkMarket zu unterliegen.

Natürlich suchten die Administratoren auch ständig nach Cyberpolizisten, ganz zu schweigen von »Scumbags« und »Rippers« – Verbrechern, die sich weigerten, sich an die Regeln der Unterwelt zu halten.

»Ripper« ausfindig zu machen war auch ein entscheidender Teil der dritten und wichtigsten Administratorentätigkeit: dem Betrieb des Treuhanddienstes, der im Bereich des Unfairen die Fairness gewährleisten sollte. Wie bei der ursprünglichen Carder-Website CarderPlanet war auch hier die erfolgreiche Verwaltung des Treuhandservice ein entscheidender Faktor, der dazu beitrug, DarkMarket zur beherrschenden kriminellen Website ihrer Zeit zu machen. Betrieben wurde der Treuhanddienst durch JiLsi; der wichtigste Schiedsmann in diesem Bereich war jedoch Cha0.

Und schließlich mussten die Administratoren mit scharfem Blick nach Personen Ausschau halten, die über die Website Kinderpornografie verbreiten oder Drogen und Waffen kaufen oder verkaufen wollten. Diese Vorsicht war nicht aus moralischer Empörung geboren, sondern aus der Überzeugung, dass die Polizei weniger energisch gegen die Site vorgehen würde, wenn sie sich auf Carding und Identitätsdelikte beschränkte.

Die erste Hälfte des Jahres 2006 war für Renu eine Zeit der Höhen und Tiefen. Das Pech hatte im Februar begonnen. Er hatte nach einem harten Arbeitstag das Java Bean Café verlassen und freute sich auf eine Nacht mit Martell und der Crack-Pfeife. Als er am nächsten Morgen aufwachte, befand sich sein unbezahlbarer Speicherstick nicht an seinem üblichen Platz unmittelbar vor seiner Brust. Er hatte das blöde Ding im Café vergessen!

Panik ergriff ihn. Als er in das Java Bean kam, ging er sofort zum Geschäftsführer und erkundigte sich, ob jemand den Stick abgegeben hatte. Der Manager schüttelte den Kopf. »Du hast mich um eine Viertelmillion Pfund erleichtert!«, schrie Renu, wobei er vorübergehend vergaß, dass er ganz allein für die Katastrophe verantwortlich war. Sorgen machte er sich weniger um seine eigenen begrenzten Mittel als um das Geld und die Daten, die man ihm als Treuhänder anvertraut hatte.

Während der nachfolgenden Wochen war JiLsi mit Schadensbegrenzung beschäftigt. Er musste DarkMarket-Mitglieder beruhigen, die ihr Vertrauen in ihn gesetzt hatten und davon ausgegangen waren, dass ihre Sicherheit dabei nicht gefährdet sei. In der realen Welt bemühte sich Renu zur gleichen Zeit darum, die Zahlungen für die Hypothekenkredite zu leisten, die er auf schäbige Anwesen überall im Norden Londons aufgenommen hatte. DarkMarket florierte, aber JiLsi selbst bereicherte sich nicht. Im Gegenteil: Er versank in Schulden und wandte sich mit der Bitte um Kredite an einige »Freunde«. Im Cyberspace auf der Flucht zu sein war keine gute Voraussetzung, wenn man mit dieser eher traditionellen »Unterwelt« zurechtkommen wollte.

Auch nach dem Verlust des Speichersticks engagierte sich Renu selbstlos für DarkMarket und seinen Fortschritt. Aber der Stress beim Betrieb der Website wuchs ihm allmählich über den Kopf. Vor allem erkannte er, dass DarkMarket und CardersMarket jetzt einen Kampf auf Leben und Tod führten. Die Website war angreifbar, aber noch stärker angreifbar war JiLsi selbst, und manchmal war er der ganzen Sache höchst überdrüssig.

Iceman verstärkte seine Angriffe, bombardierte die Website mit DDoS-Attacken und schoss auch mit jeder anderen digitalen Waffe, die er in die Hände bekam. Die Carder der ganzen Welt sammelten sich hinter der einen oder anderen Website und vertraten die Ansicht, der Gegner solle aufgeben und einer großen Site die Alleinherrschaft überlassen. Das war auch Icemans wichtigstes Argument: Konkurrenz belebte in diesem Fall nicht das Geschäft, sondern sie führte nur zu Verbitterung.

Im September 2006 trieben die erbarmungslosen Angriffe Renu zur Verzweiflung. Seine Crack-Abhängigkeit nahm in dieser Zeit zu, eine gefährliche Entwicklung sowohl für seine eigene Sicherheit – von seiner Gesundheit ganz zu schweigen – als auch für die Sicherheit von DarkMarket als Ganzem.

Er entschloss sich, über die Angriffe auf DarkMarket mit Master Splyntr zu sprechen, der zu jener Zeit Moderator war und damit zwei Hierarchiestufen unter JiLsi stand, dem Hauptadministrator.

Master Splyntr vertrat schon lange die Ansicht, JiLsi solle ihm, Kaminski, die Kontrolle über die Server übertragen. Er verfüge über viel bessere Sicherheitseinrichtungen, und wenn er die Server übernähme, könne das auch den Druck von JiLsi nehmen.

Master Splyntr war für JiLsi die zweite Wahl. Zuerst hatte er Cha0 gefragt, aber der Türke hatte das Angebot abgelehnt – er hatte zweifellos keine Ambitionen auf die undankbare Arbeit, die mit der Instandhaltung der Server verbunden war. Da sich niemand anderes engagieren wollte, glaubte JiLsi nun keine andere Wahl mehr zu haben, als Master Splyntr einzuladen.

Den Anruf erhielt Kaminski eines Abends Anfang Oktober 2006 gegen 23.30 Uhr. »Meine Server stehen bereit, JiLsi«, sagte er. JiLsi zögerte nicht länger: Er war froh, dass er die Verantwortung für seine angreifbaren Server loswurde. »Okay«, sagte er. »Ziehen wir um!«

Vielleicht aus Angst vor Irritationen hatte JiLsi die anderen Administratoren nicht gefragt, bevor er die Kontrolle über den Server an Splyntr übergab. Als es dann so weit war, hatte aber offenbar niemand Einwände. Sie ließen sich sehr schnell davon überzeugen, dass es eine kluge Entscheidung war – wie sich herausstellte, betrieb Splyntr die Server wesentlich effizienter als JiLsi.

Kaminski hielt Wort: Seine Server waren leistungsfähig und sicher. Und nicht nur das: Wenn andere Hacker, Polizeibehörden oder Geheimdienste herauszufinden versuchten, wo die DarkMarket-Server tatsächlich standen, konnten sie die Spur nie weiter zurückverfolgen als bis zu einem anonymen Server in Singapur.

Master Splyntr wurde zum Administrator ernannt. Der Traffic auf der Site nahm wieder zu. Jedes Mal, wenn Iceman bei DarkMarket eingedrungen war und die Datenbank zerstört hatte, spielte Master Splyntr eine Sicherungskopie ein, und innerhalb von 24 Stunden lief die Site wieder. Und obwohl Iceman ohne Frage der begabteste Techniker in dem ganzen Spiel war, stieß seine Arroganz Hunderte von Cardern ab. DarkMarket wurde immer stärker, und nichts, so schien es, konnte seinen Aufstieg an die Spitze verhindern. Aber Iceman hatte noch einen letzten Trumpf im Ärmel.

18 Bedenkenträger

Icemans äußere Ruhe täuschte über abgrundtiefe Wut hinweg. Er hatte das Zeitgefühl verloren. Es hätte drei Uhr morgens sein können oder auch drei Uhr nachmittags. Wenn er mit einem größeren Hackerangriff beschäftigt war, der oftmals viele Stunden dauerte, verlor er leicht die Orientierung. Für besonders besessene Hacker lösen sich Zeit und Ort auf. Wenn die Wut Iceman überkam, gab es keine Realität mehr – dann zählten nur die Anweisungen von Nemesis, der Göttin der Vergeltung.

Sie erschien ihm jetzt in mehreren Formen. Die erste war El Mariachi, ein verbitterter Carder, dem Iceman seine Website The Grifters zerstört hatte. El Mariachi rief von den digitalen Hügeln, er habe unbestreitbare Beweise dafür, dass Iceman in Wirklichkeit mit dem FBI kollaborierte. Der Vorwurf wurde von Lord Cyric wiederholt, El Mariachis Schoßhund, der ständig quer durch die Carderforen kläffte und heulte. Wie viele andere, so verabscheute auch Iceman Lord Cyric.

Hasserfüllte Anschuldigungen wurden von einer Carding-Site zur anderen geschleudert. Es war die Entsprechung zu einem Krieg zwischen verschiedenen Mafiaclans, nur mit dem Unterschied, dass niemand genau wusste, wer zu welcher Familie gehörte, wer ein Informant und wer ein Polizist war. Es war das reine Chaos.

Als Iceman dann aber etwas entdeckte, was er damals für die Wahrheit hielt, saß er wie vor den Kopf gestoßen in seiner komfortablen Wohnung im Zentrum von San Francisco. Die Wohnung wurde von Jeffrey Normington und einem anderen Partner bezahlt, die im Gegenzug regelmäßig gestohlene Kreditkartennummern erhielten. Hier, zwischen vertrockneten Pizzarändern und leeren Cola-Dosen, beschäftigte sich Iceman mit der Administration von CardersMarket und dem besessenen Hacken anderer Carder-Sites. Im Oktober war es ihm gelungen, bis ins Innerste der Server von DarkMarket vorzudringen.

Als er die gesamte Kommunikation der Administratoren überprüfte, fielen ihm einige seltsam aussehende IP-Adressen auf. IP-Adressen kann jeder nachschlagen, und dann sieht man, wo sie lokalisiert sind – welches Unternehmen oder welche Person sich mit ihnen verbindet und wie der zuständige Internetprovider heißt. Eine war für eine Firma namens Pembrooke Associates eingetragen. Iceman suchte kreuz und quer im Netz nach Informationen über das Unternehmen, aber er fand nichts außer einer Website mit einer Liste von Unternehmen. Dort stand der Name der Firma und eine Telefonnummer. Als Nächstes nahm er mit der Telefonnummer eine Rückwärtssuche vor, und nun fand er die zugehörige Adresse: 2000 Technology Drive, Pittsburgh, Pennsylvania.

Die Adresse reichte aus, damit selbst Iceman ins Zittern geriet. Er war erst wenige Wochen zuvor darauf gestoßen, nachdem einer seiner CardersMarket-Kollegen auf der Website eine Dokumentvorlage gefunden hatte, in der die Abkürzung NCFTA und die gleiche Adresse in Pittsburgh vorkamen. Iceman sah nach, worum es sich bei dieser Organisation handelte: Es war die National Cyber Forensic Training Alliance, eine halbstaatliche Einrichtung, die verschiedene US-Polizeibehörden bei der Bearbeitung eines breiten Spektrums von Fragen der Cybersicherheit unterstützt.

Jetzt spürte Iceman tief in seinem virtuellen Dasein den kalten Hauch der realen Welt. Er hatte immer den Verdacht gehabt, dass Polizeibehörden an jeder Ecke lauerten, aber das hier war eindeutig – er war überzeugt, dass es sich nicht um einen Irrtum handelte. Nachdem er viele Monate lang geglaubt hatte, er sei unantastbar, machte Max Vision sich jetzt plötzlich Sorgen.

Nach langwierigen Beratungen entschlossen sich drei von Icemans Kollegen bei CardersMarket – silo, c0rrupted0ne und dystopia –, Kontakt mit Matrix001 von DarkMarket aufzunehmen, ihm ihre Vermutungen über die IP-Adresse und das FBI mitzuteilen, und einen Plan für das weitere Vorgehen zu machen. Matrix001 war der einzige Administrator, dem keiner irgendeine Verbindung zu den Polizeibehörden unterstellte; deshalb schickten sie ihm die Indizien über die NCFTA und den Technology Drive in Pittsburgh; ihre schonungslose ICQ-Nachricht lautete:

> *dystopia*: wir wissen es schon lange, aber jetzt haben wir endlich den Beweis
> *dystopia:* Matrix, DM ist eine Site für verdeckte Ermittlungen
> *dystopia*: 100%
> *c0rrupted0ne:* wir haben uns große Mühe gegeben, Frieden zu schließen, und wenn wir an die Öffentlichkeit gehen, werden die Behörden uns das Leben sehr schwer machen, aber wenn wir nichts sagen, sind wir verantwortlich für alle, die hochgenommen werden
> *siloadmin:* na herzlichen Glückwunsch, du bist der Admin von einer Site für verdeckte Ermittler!
> *Siloadmin:* Pembrooke Associates 2000 Technology Dr Pittsburgh PA 15219. Kommt dir 2000 Technology Dr bekannt vor?

Matrix witterte Verrat. Er traute grundsätzlich niemandem, aber gegenüber c0rrupted0ne und silo war er ganz besonders misstrauisch. CardersMarket war lange mit unverhohlener Aggression gegen DarkMarket vorgegangen und hatte mit allen verfügbaren Mitteln versucht, die Site zu zerstören. Er prüfte das Dokument, und obwohl Englisch nicht seine Muttersprache war, merkte er sofort, dass es mit Fehlern gespickt war:

> *matrix001*: das Word-Dokument ist eine Fälschung
> *matrix001*: hat denn keiner von euch Typen die Tippfehler bemerkt?

matrix001: und in der obersten Zeile steht auch keine Firma und kein anderer Name
matrix001: da steht doch ncfta
matrix001: nur die Adresse
matrix001: ach, und um nur einen Tippfehler zu erwähnen: man schreibt available und nicht avaliable
matrix001: wollt ihr, dass ich weitermache?

Siloadmin reagierte abwehrend, als sei es ihm selbst peinlich, dass er die Tippfehler nicht bemerkt hatte:

siloadmin: hör mal zu, Matrix
siloadmin: ich weiß, das Zeug sieht nach Fälschung aus, mit Tippfehlern und so
siloadmin: aber so haben wir es rausgezogen
siloadmin: ich hab das Zeug nicht gefälscht

matrix001: keine Firma auf der ganzen Welt hätte so ein Dokument
matrix001: das ist völlig lächerlich

Es hätte tatsächlich ohne Weiteres eine Inszenierung sein können, und nach dem Gespräch war Matrix genau davon überzeugt. Konkurrenzforen vorzuwerfen, sie dienten nur der verdeckten Ermittlung durch die Behörden, war allgemein üblich: Man wollte Mitglieder abschrecken, damit sie sich stattdessen der Konkurrenz anschlossen. Wenn Mitglieder DarkMarket den Rücken kehren würden, davon war Matrix überzeugt, würden Iceman und CardersMarket sie sofort rekrutieren und damit die gesamte Existenz von DarkMarket bedrohen.

Außerdem schienen silo, dystopia und c0rrupted0ne erpicht – vielleicht allzu erpicht – darauf zu sein, das Matrix eine weitere Datei öffnete. Es handelte sich um eine komprimierte Zip-Datei, auch RAR genannt. Zip-Dateien sind als Überträger von Trojanerinfektionen besonders berüchtigt, und er war sicher, dass die

Mannschaft von CardersMarket diese hier dazu konstruiert hatte, die Geheimnisse von DarkMarket von seinem Computer auszulesen. Allmählich fragte er sich, ob Iceman und seine Anhänger jetzt bei der Phase zwei eines tollkühnen Planes angelangt waren, den das FBI ausgeheckt hatte, um DarkMarket auszulöschen.

In der Mitte Deutschlands war es jetzt ungefähr Viertel nach neun an einem eiskalten Novembermorgen, aber Matrix wusste, dass er schnell handeln musste. Sofort nahm er Kontakt zu seinen Administratorenkollegen bei DarkMarket auf und warnte sie, Iceman und seine Leute würden DarkMarket denunzieren:

> *matrix001*: Ich habe die Datei nicht runtergeladen und geöffnet, deshalb habe ich gesagt, mein RAR funktioniert nicht
> *matrix001*: ich wette, es war ein Trojaner
> *matrix001*: und wenn ihr die Informationen prüft, die sie gegeben haben, das ist ziemlicher Mist
> *matrix001*: Aber lest selbst ...

19 Donnie Brasco

Pittsburgh, Oktober 2006
Special Agent J. Keith Mularski von der FBI-Abteilung für Cyberkriminalität war bestürzt, und das lag nicht nur daran, dass die
Steelers nach ihrem sensationellen Sieg im Superbowl im letzten
Februar jetzt eine mittelmäßige Saison spielten. Als Dauerkar-
tenbesitzer für das Heinz Field, das Heimatstadion der Steelers,
hatte Mularski nie vergessen, dass Football keine Angelegenheit
auf Leben und Tod war – er war wichtiger. Aber jetzt auf einmal
waren seine Probleme sogar noch ernster als der Sport.

Monate über Monate hatte er im Cyberspace als Donnie Brasco
gearbeitet und war dabei immer tiefer in den sich ständig erwei-
ternden Sumpf der Internetkriminalität eingetaucht. Zwar war
sein Leben nie so in Gefahr gewesen wie das des Agenten Joe
Pistone, der in den Schlupfwinkeln der schlimmsten New Yorker Mafiafamilien die Identität von Brasco angenommen hatte.
Aber es hatte Mularski entsetzlich viel Arbeit gekostet, sich die
Zustimmung seiner Vorgesetzten für die beispiellose Operation
zu sichern und im Cyberspace verdeckt zu ermitteln. Die Durch-
führung war schwierig, und immer bestand die Gefahr, dass man
als Provokateur entlarvt wurde. Deshalb untersuchten die Bosse
beim FBI jede seiner Maßnahmen genau auf Anzeichen für einen
Ausrutscher. Aber was jetzt gerade geschehen war, war kein Ausrutscher. Es war ein Frontalzusammenstoß.

Der Zeitpunkt war entsetzlich. Mularski hatte sich schon weit
vorgearbeitet, ohne dass seine Tarnung aufgeflogen war. Gerade
stand er kurz davor, mehrere ausländische Polizeibehörden um
Mithilfe zu bitten, damit sie ihn bei ihrer langfristigen Strategie,
auf der ganzen Welt eine Reihe spektakulärer Verhaftungen vor-

zunehmen, unterstützten. Er hatte eine Identität erschaffen und aufgebaut, einen Namen und eine Hintergrundstory erfunden, und sein Fantasieprodukt war für viele global agierende Cyberkriminelle in bemerkenswert kurzer Zeit zur Realität geworden. Mularski war für einige seiner Zielpersonen ein enger Vertrauter.

Jetzt aber drohten durch die Unachtsamkeit eines Kollegen, der eine Datei mit einer Spur des Briefkopfes der National Cyber Forensics Training Alliance auf einem Computer hinterlassen hatte, seine Enttarnung und der Zusammenbruch einer ungeheuer komplizierten Operation.

Es war der erste größere Streifzug des FBI in den Bereich der Cyberkriminalität. Bisher hatten der Postal Inspection Service und vor allem der Secret Service bei Ermittlungen im Internet die führende Rolle gespielt. Bis 2004 war klar geworden, dass Cyberkriminalität weltweit einer der am schnellsten wachsenden Bereiche des organisierten Verbrechens war. Immer mehr Organisationen, Institutionen und Einzelpersonen wurden zum Opfer von Hackern. Kreditkarten waren allein wegen des Umfanges, in dem sie missbraucht oder gestohlen wurden, das größte Problem. Aber auch Unternehmen wurden jetzt zum Opfer von Industriespionage, weil ihre Geschäftsgeheimnisse in einigen Fällen von denselben Hackern, die auch am Kreditkartenbetrug beteiligt waren, gestohlen und an Konkurrenten verkauft wurden. Cisco Systems hat zugelassen, dass ein chinesischer Konkurrent die Pläne für einen ihrer am höchsten entwickelten Server stehlen und kopieren konnte – nicht einmal Konzerne, die sich angeblich mit Computern auskannten, waren also dagegen gefeit.

Die chaotischen Vorgehensweisen bei der Netzwerksicherheit der Regierungsbehörden wie auch der Privatindustrie bereiteten dem Weißen Haus, dem Kongress und dem Pentagon zunehmend Sorgen. Die meisten Behörden und Ministerien waren sich entweder nicht bewusst, dass sie angreifbar waren, oder sie wurden von der Anzahl der gegen sie gerichteten Angriffe derart überrollt, dass sie die Köpfe in den Sand steckten und einfach hofften, das Problem werde von selbst verschwinden.

Im Pentagon hatte man diese Möglichkeit natürlich nicht. Dort war man völlig damit überfordert, die Schäden in Grenzen zu halten, die Titan Rain angerichtet hatte, eine Reihe hartnäckiger Angriffe auf die Computersysteme des Ministeriums, die von China ausgingen und alle als geheim eingestuften Informationen aufdecken sollten, wenn diese in ungeschützten Dateien enthalten waren.

Die großen Banken litten immer noch unter der sogenannten pvv(pin verification value)-Gefährdung, die bei der Citibank und der Bank of America während der Shadowcrew-Phase einen Schaden von Zigmillionen Dollar an gestohlenem Bargeld verursacht hatte. Dieses Problem hatten sie zwar mittlerweile gelöst, aber Hunderte von anderen Banken spuckten mithilfe ihrer Geldautomaten nach wie vor Bargeld an die Carder aus.

Kurz gesagt, es herrschte Chaos.

Sich die Folgen auszumalen war nicht schwer. Über kurz oder lang würde man große Beträge an Steuergeld in die miteinander zusammenhängenden Probleme von Cyberkriminalität, Cyber-Industriespionage und Cyber-Kriegführung stecken müssen. Und jede Ordnungsbehörde, die etwas auf sich hielt, wollte einen Teil vom Kuchen abbekommen. Aus Sicht des FBI bestand die Gefahr, dass der Secret Service drei Viertel des großen Etatkuchens verschlingen würde. Dort saßen die Pioniere unter den Cyberpolizisten, und die sonnten sich immer noch im Ruhm der Shadowcrew-Schließung. Deshalb war der Secret Service natürlich erpicht darauf, sich die Führungsrolle in dem wachsenden neuen Fachgebiet zu sichern.

Beim FBI, der größten und mächtigsten Polizeibehörde der Vereinigten Staaten, hatte man andere Vorstellungen. Sein Direktor Robert Mueller wollte nicht nur wegen der Finanzmittel bei der Bekämpfung der Cyberkriminalität mitmischen, sondern auch weil es ein entscheidender Bestandteil seiner Bemühungen werden konnte, das FBI stärker von einer Polizeibehörde in einen Inlandsgeheimdienst zu verwandeln. Mularskis Pläne umfassten nicht nur die Festnahme von Verbrechern, sondern es ging auch um das Sammeln von Informationen. Dieser Richtungswechsel auf der obersten Führungsebene trug dazu bei, dass die Einwände einiger leitender Beamter ohne Wirkung blieben, und Mularski, der seinen Antrag auf Genehmigung der kühnen verdeckten Operation mit einer atemraubenden Präsentation begründet hatte, bekam grünes Licht. Als Iceman ihm auf die Schliche kam, stand also nicht nur die Operation DarkMarket kurz vor dem Scheitern. Wenn sie den Bach hinuntergingen, gingen die zukünftigen Steuerdollars und die Fähigkeit des FBI, Operationen im Cyberspace durchzuführen, mit. Auf Mularskis Schultern lag eine schwere Last.

Seine erste Reaktion war Verzweiflung. Er glaubte, das Spiel sei aus, und seine Mitarbeiter würden nach viel harter Arbeit eine erniedrigende Erklärung für die Vorgesetzten liefern müssen, von denen manche hinter vorgehaltener Hand murmelten: »Das haben wir euch doch gleich gesagt!« Aber das FBI hatte Mularski von Anfang an unter anderem deshalb für sein Agenten-Ausbildungsprogramm ausgewählt, weil er auch dann klar denken konnte, wenn es schwierig wurde. So dauerte es nur wenige Minuten, dann hatte er den Entschluss gefasst, nicht kampflos aufzugeben.

Das Schicksal von Mularskis Familie war eng mit der Geschichte Pittsburghs im 20. Jahrhundert verknüpft. Sein Ururgroßvater hatte 1892 die Seereise von Hamburg gemacht und war mit nur einem Dollar in der Tasche in Baltimore angekommen. Keith mochte durch und durch Amerikaner sein, aber viele europäische Gemeinschaften in der Stadt waren nach wie vor stark durch ethnische Identitäten geprägt – in Mularskis Fall durch die polnische.

Verstreut zwischen den bescheidenen Holzhäusern, Art-déco-Kinos und Tanzlokalen der heute so pittoresken South Side von Pittsburgh liegen die Kirchen und Gemeindezentren der vielen slawischen Gemeinden: der Tschechen, Polen, Serben, Slowaken, Ukrainer und anderer. Sie alle fühlten sich von dieser Stadt im Westen Pennsylvanias mit ihrer strategisch günstigen Lage angezogen. Andrij und Julia Warhola, ein ruthenisch-ukrainisches

Paar aus dem Nordosten der Slowakei, wanderten Anfang des 20. Jahrhunderts nach Pittsburgh aus, und nachdem sie das »a« am Ende des Nachnamens weggelassen hatten, brachten sie eine der einflussreichsten Persönlichkeiten in der Kunst des 20. Jahrhunderts zur Welt.

An Pittsburghs entscheidenden Beitrag zur weltweiten wirtschaftlichen Vorherrschaft der Vereinigten Staaten im 20. Jahrhundert erinnern noch heute gewaltige Stahlbrücken und Inschriften der Norfolk and Western Railway. Aus dem Stahl dieser Fabriken schmiedete man Kriegsschiffe, Flugzeuge, Autos und Industrieanlagen, die auf der ganzen Welt verbreitet waren. Mittlerweile sind Jahrzehnte vergangen, seit die schwarzen Wolken aus den Mäulern der Stahl produzierenden Hydra die Stadt zuletzt in Dunkelheit tauchten und giftige Partikel verteilten, die einst für die größte Häufigkeit von Lungenerkrankungen in den gesamten Vereinigten Staaten sorgten.

Heute hängt kein Smog mehr über der Stadt, und Pittsburgh gilt als einer der begehrtesten Wohnorte in ganz Nordamerika. Die Sonne scheint hell, und nach 15 Jahren der Armut und des Niedergangs erfand die Stadt sich in den 1990er Jahren als Zentrum der Hightech-Industrie an der Ostküste neu.

Mularski war einer von denen, die in den 1980er Jahren, nachdem er an der Duquesne University das Examen in Geschichte gemacht hatte, aus der Stadt geflüchtet war. Damals war nichts mehr übrig. Sein Vater hätte ein Doppelgänger von Willy Loman* sein können. Mularski senior gehörte zu den ersten, die den Abschwung der Riesenstadt zu spüren bekamen: Er wurde in den 1970er Jahren als Verkäufer entlassen und fand danach keine andere Stellung mehr. Seine Familie lebte mehr schlecht als recht von dem, was Keith' Mutter als Vorstandsassistentin verdiente.

Zu Keith' Lebzeiten war die Bevölkerung von Pittsburgh um ein Drittel geschrumpft. Der junge Mann hatte nicht die Absicht, dem

---

* Willy Loman ist die Hauptfigur in dem Schauspiel *Tod eines Handlungsreisenden* von Arthur Miller (Anm. d. Übers.).

Verfall weiter zuzusehen, und zog mit seiner frisch angetrauten Ehefrau nach Washington. Er fand Arbeit bei einem großen, landesweit tätigen Möbelhaus und bewies sowohl im Management als auch im Verkauf echte Fähigkeiten. Die Tätigkeit eines Verkaufsleiters scheint auf den ersten Blick kaum etwas mit Cyberkriminalität zu tun zu haben, aber die Methoden, die er bei dem Unternehmen lernte, bildeten später eine solide Grundlage für seine Arbeit als Cyberpolizist beim FBI.

Kernstück der Cyberkriminalität ist das »social engineering«, die Kunst, andere von etwas zu überzeugen, das objektiv nicht in ihrem Interesse ist. Wie, so überlegt der Bösewicht, kann ich meine Zielperson davon überzeugen, dass sie mir ihr Passwort offenbart? Dass sie eine E-Mail mit einem im Anhang verborgenen Trojaner öffnet? Dass sie überhaupt ihren Computer einschaltet?

Einem Cyberdieb stehen mehrere naheliegende Methoden offen. Die beiden bewährtesten sind kostenlose Musik-Downloads und Pornografie. Der Sexualtrieb ist einer der stärksten Triebe überhaupt; das muss auch so sein, denn in der Evolution hat sich die Partnersuche häufig als gefährliche Angelegenheit erwiesen. Wir nehmen große Risiken auf uns, um unsere sexuellen Wünsche zu befriedigen, und das begriffen die Hersteller von Computerviren sehr schnell. Oft reicht schon das Versprechen, einen Busen zu sehen, damit ein argloser Nutzer einen Hyperlink anklickt, mit dem eine zerstörerische Schadsoftware auf seinen Computer heruntergeladen wird. Wer Glück hat, wird dann tatsächlich zu dem Bild weitergeleitet, aber das ist nur eine klägliche Gegenleistung dafür, dass man alle Geheimnisse des eigenen Desktops einem weit entfernten, gesichtslosen Kontrolleur zugänglich macht. Nicht zufällig verbreitete sich einer der erfolgreichsten Viren aller Zeiten durch E-Mails mit der Betreffzeile »I Love You«.

Verkaufsleiter verbreiten zwar in der Regel keine Viren, sie sind aber wie Cyberdiebe versiert darin, Menschen zu manipulieren. Sie haben die Aufgabe, potenzielle Kunden zu Investitionen in unnötige oder unerwünschte Gegenstände zu veranlassen. »Etwas, das man hat, an jemanden zu verkaufen, der es haben will, ist kein Geschäft«, sagte der Gangsterkönig Meyer Lansky einmal. »Aber etwas, das man nicht hat, an jemanden zu verkaufen, der es nicht haben will – das nenne ich Geschäft.« Zumindest können Verkäufer die Kunden oftmals dazu bringen, dass sie teurere Gegenstände kaufen. Als der frischgebackene Agent Keith Mularski in die gerade gegründete Cyber Division des FBI aufgenommen wurde, brachte er also einen wertvollen Aktivposten mit: die Fähigkeit, zu beschwatzen, zu scherzen, Mitgefühl zu zeigen, zu mahnen, zu verführen und Anreize zu schaffen. Für einen Polizisten gab er einen höchst überzeugenden Verbrecher ab.

Während der 1990er Jahre hatte Pittsburgh sich gewandelt. Die Stadt hatte immer von großen mildtätigen Zuwendungen profitiert. Überall findet man die Spuren von Carnegie, Heinz und Mellon, den großen Gestalten des amerikanischen Industriezeitalters vor und nach der Wende vom 19. zum 20. Jahrhundert. Dass die Stadt sich nach dem Zusammenbruch des produzierenden Gewerbes neu erfinden konnte, lag unter anderem an ihren Investitionen in die Abteilung für Informatik und Computertechnik der Carnegie Mellon University (CMU), die zu den zwanzig besten Hochschulen der Welt gerechnet wird.

Die Universität wurde von dem überragenden, in Schottland geborenen Industriellen Andrew Carnegie gegründet. Sie war anfangs eine technische Hochschule und fusionierte 1967 mit dem Mellon Institute of Industrial Research. In der düsteren Zeit der 1980er und frühen 1990er Jahre untersuchte die CMU den Niedergang von Pittsburgh und Möglichkeiten zur Wiederbelebung. Außerdem war die Universität bekannt für ihre Arbeiten auf dem Gebiet der Computersicherheit. Neben dem Massachusetts Institute of Technology und dem Silicon Valley entwickelte sich in Pittsburgh eine der wenigen Bastionen für Technikfreaks in den Vereinigten Staaten, und ein besonderes Schwergewicht lag dabei auf Sicherheitsthemen.

Die an der CMU vorhandenen Fachkenntnisse sind eine Erklärung für viele Aspekte des neuen Pittsburgh, so auch für die Entstehung der National Cyber Forensics Training Alliance im Jahr 1997. Die gemeinnützige Organisation wird unter anderem von Banken und verschiedenen Großunternehmen finanziert; sie hat es sich zur Aufgabe gemacht, Fachleute aus Wissenschaft, Privatwirtschaft, Polizei und Geheimdienst an einen Tisch zu bringen, um gemeinsam etwas gegen die wachsende Unsicherheit im Netz zu unternehmen. Das war der Grund, warum Keith Mularski kurz nach der Jahrtausendwende zurückkehrte und hinter der Glasfront des unauffälligen Bürogebäudes mit der Adresse 2000 Technology Drive an die Arbeit ging.

Als er im vierten Stock aus dem Fenster blickte, war ihm bewusst, dass er nahezu allein die Verantwortung für diese gesamte FBI-Operation trug. Er arbeitete zwar mit einem großartigen Team zusammen, aber er war es gewesen, der die Vorgesetzten trotz tiefer Skepsis überzeugt hatte, so dass sie ihm grünes Licht gaben. Hier standen nicht nur der Ruf des FBI und die damit verbundenen finanziellen Erwägungen auf dem Spiel, sondern auch sein Arbeitsplatz.

Dann erinnerte er sich an das, was er gut konnte: verkaufen. Oder besser gesagt: Menschen beeinflussen.

Als in den kriminellen Diskussionsforen die Nachricht verbreitet wurde, DarkMarket gehöre dem FBI, beruhigte er sich und dachte daran, dass mit Selbstmitleid niemandem geholfen war. Er musste sofort einen Gegenangriff starten. Dazu wandte er sich an Grendel, das vielleicht geheimnisvollste Mitglied von DarkMarket. Im realen Leben arbeitete Grendel in Deutschland bei einem ganz und gar legalen, hoch qualifizierten Sicherheitsunternehmen, er bot seine Dienste aber gegen Bezahlung auch Cyberkriminellen an. DarkMarket war auf sein Virtual Private Network angewiesen, das nahezu völlige Anonymität gewährleistete – aber darüber hinaus hatte Grendel auch noch vier »Shells« gebaut, Software, mit der sich die Nutzer sehr wirksam unsichtbar machen können.

Grendel konnte auch die früheren, verifizierbaren Logins der Shells rekonstruieren, und dort tauchte nirgendwo der Name Pembrooke Associates auf. Stolz prahlte Mularski gegenüber allen

Mitgliedern von CardersMarket und DarkMarket, dies sei sein VPN-Service, und der Einzige, der das Pembrooke-Associates-Login benutzt haben könne, sei... Iceman. Mit seinem Verkäufertalent lenkte der Rachegott Mularski den Suchscheinwerfer von sich weg und richtete ihn geradewegs auf Icemans Augen.

Dabei waren die Tippfehler, die Matrix001 in dem Briefkopf entdeckt hatte, noch das Tüpfelchen auf dem i. Iceman war bekannt dafür, dass er wüste Anschuldigungen gegenüber jedem ausstieß, über den er sich ärgerte, und in seiner Zeit als Herr über CardersMarket hatte er sich fast über jeden irgendwann schon einmal geärgert. Er hatte da draußen kaum Freunde. Gleichzeitig fasste die Idee, dass Iceman als verdeckter Ermittler des FBI zu seinen alten Tricks zurückgekehrt war, erneut Fuß – eine These, die Mularski energisch unterstützte.

Iceman hatte also DarkMarket nicht zerstört, sondern genau das Gegenteil erreicht. Die Site war nach dem Konflikt stärker als zuvor und bei nahezu allen als wichtigste englischsprachige Site für kriminelles Carding anerkannt. Mularski hatte mit seiner Geistesgegenwart eine echte Katastrophe abgewendet.

20   Ein listiger Plan

JiLsi freute sich wie ein Schneekönig. CardersMarket und Iceman waren zwar noch auf den Beinen, taumelten aber nach den Gegenschlägen, die auf die Enthüllung, DarkMarket sei eine Spitzel-Site, gefolgt waren. Die Mehrzahl der Carder glaubte jetzt (fälschlicherweise), CardersMarket sei die Spitzel-Site, und DarkMarket sei koscher. Daraufhin wuchs DarkMarket wieder und erreichte schließlich eine Mitgliederzahl von etwa 2000.

Natürlich gab es immer noch Gerüchte, wonach bei den Administratoren von DarkMarket nicht alles das war, was es zu sein schien, aber in diesem Stadium war die Zahl der Rudeltiere unter den Cardern ebenso groß wie die der »einsamen Wölfe« aus der Frühzeit der Cyberkriminalität. Die Rudel hatten sich gegen Iceman gewandt und liefen mit DarkMarket.

Im Dezember 2006 leisteten die Betreiber von DarkMarket richtig gute Arbeit. JiLsi war stolz auf seine Leistungen – endlich war er ein angesehenes Mitglied der Familie, das wegen seiner Selbstlosigkeit und seiner effizienten Arbeit geschätzt wurde. Er hatte ein großartiges Team aufgebaut: Matrix, Master Splyntr und Cha0 waren erstklassige Administratoren, und alle Mitglieder hatten Vertrauen in ihren Treuhandservice. Zusätzliche Sicherheit und Glaubwürdigkeit lieferten Shtirlitz und Lord Cyric. Sie erkannten Betrüger und Schwindler schnell und machten mit solchen Kanalratten kurzen Prozess, sobald sie aus den Abwasserleitungen des Cyberspace auftauchten. Zwischen den Mitgliedern wurden immer mehr Geschäfte abgewickelt, und die Umsätze stiegen in den Bereich aus der goldenen Zeit von Shadowcrew und CarderPlanet.

Seit der Schließung von Shadowcrew waren mittlerweile mehr als zwei Jahre vergangen, und eine gewisse Selbstzufriedenheit machte sich breit. Die »einsamen Wölfe«, die jetzt in den Foren in der Minderheit waren, ließen mit ihrer Wachsamkeit nie nach. Sie achteten darauf, nicht selbst in Verdacht zu geraten. Recka, der Betrügerkönig aus Schweden, vermied strikt jeden Handel mit amerikanischen Kredit- oder Scheckkarten, denn der hätte ihn sofort zur Zielperson für US-amerikanische Behörden gemacht; mit den Schweden und anderen Europäern kam er zurecht, aber er achtete sorgfältig darauf, den Amerikanern nicht auf die Füße zu treten.

Viele andere Carder jedoch, insbesondere die jüngeren, hatten nur ein schwach ausgeprägtes Sicherheitsbewusstsein. Sie verzichteten in ihren ICQ-Chats auf Verschlüsselung und betrieben keine ordnungsgemäßen VPN- und Tunnelsysteme, um ihre IP-Adressen zu verbergen. Und in Pittsburgh baute Mularski mit einem von ihm selbst entwickelten Programm beharrlich eine Datenbank auf, mit der er Querverbindungen zwischen den Aktivitäten einzelner Carder herstellen konnte – er las ihre Nachrichten, zeichnete ihre ICQ- und IP-Adressen auf und brachte sie, wenn möglich, mit E-Gold-Konten in Verbindung.

Was die meisten Nutzer dieses digitalen Währungssystems nicht wussten: Die Behörden hatten seit Februar 2006 umfassenden Zugang zu den Aufzeichnungen von E-Gold, der beliebtesten Methode der Carder zum Geldtransfer untereinander. Dies wurde möglich, nachdem man den Gründer Douglas Jackson in Florida wegen des Verdachts, dass sein Unternehmen zur Geldwäsche benutzt wurde, festgenommen hatte. Was E-Gold anging, hatten nur die wenigsten Cyberkriminellen zwei und zwei zusammengezählt. Die Russen mieden solche im Westen ansässigen und in Belize registrierten Unternehmen; sie bevorzugten stattdessen das in Moskau ansässige Webmancy, das dem Zugriff westlicher Polizeibehörden entzogen war.

Ausgestattet mit dieser wachsenden Zahl von Indizien, wandte sich Mularski im Spätherbst 2006 an die Polizei mehrerer europäischer Staaten. Er sprach mit der Serious Organised Crime Agency (SOCA) in Großbritannien, dem deutschen Bundeskriminalamt und später dem Landeskriminalamt in Baden-Württemberg.

Ebenso wandte er sich an die OCLCTIC in Paris, die kurz zuvor gegründete Institution mit dem prosaischen Namen Zentrale Behörde im Kampf gegen Verbrechen im Zusammenhang mit Informations- und Kommunikationstechnologien (Office Central de Lutte contre la Criminalité liée aux Technologies de l'Information et de la Communication). Dort wurde er mit einer gewissen Kälte empfangen. Im Allgemeinen ist die französische Polizei erpicht darauf, insbesondere in den Bereichen von Terrorismus und Cyberkriminalität mit den Vereinigten Staaten zusammenzuarbeiten, aber ein gewisses Misstrauen gegenüber Amerika und seinen Absichten in Europa ist in der französischen Gesellschaft nach wie vor tief verwurzelt. Jede Regierung, die auf Schmusekurs mit den Vereinigten Staaten zu gehen scheint, läuft Gefahr, bei Wahlen wichtige Prozentpunkte zu verlieren; deshalb werden französische Behörden in ihrem Umgang mit Anfragen aus Washington zu besonderer Umsicht ermahnt.

Christian Aghroun, der Chef der OCLCTIC, hielt es für lächerlich, dass er und seine Beamten jedes Mal einen öffentlichen Aufschrei riskierten, wenn sie ein Unternehmen wie Microsoft um Unterstützung baten. Immer war mit Vorwürfen zu rechnen, die Polizei sei eine Marionette amerikanischer Großunternehmen. In Wirklichkeit, das wusste Aghroum ganz genau, konnte man mit der Bekämpfung von Cyberkriminalität nicht einmal beginnen, wenn man nicht in gewissem Umfang mit Unternehmen wie Microsoft zusammenarbeitete. Aghroum war wortgewandt und ein kluger Beobachter des politischen Minenfeldes, das die internationale Polizeiarbeit umgibt; er hatte sich damit abgefunden, dass weder die Politiker noch die Öffentlichkeit in Frankreich auch nur die geringste Ahnung hatten, was Cyberkriminalität ist und welche Voraussetzungen gegeben sein müssen, wenn man sie bekämpfen will. Die meisten Franzosen hatten offenbar nach wie vor die Illusion, man könne grenzüberschreitende Verbrechen vom eigenen Staatsgebiet aus bekämpfen und eindämmen, insbesondere wenn die fraglichen Verbrecher kein Französisch sprechen.

Aber auf Mularski wartete ein noch größerer Schock als nur der altbekannte gallische Antiamerikanismus. Wie er jetzt erfuhr, arbeitete die OCLCTIC schon seit mehreren Monaten gemeinsam mit dem amerikanischen Secret Service an einem Fall, der mit... DarkMarket zusammenhing. Hier liefen Parallelermittlungen, und er hatte nichts davon gewusst. Außerdem ließ der Secret Service keinerlei Neigungen erkennen, Informationen über seine Ermittlungen weiterzugeben. Wenige Monate zuvor hatte der Leiter der Criminal Investigation Division des Secret Service noch vor dem Kongress ausgesagt: »Aufgrund der engen Zusammenarbeit mit anderen Behörden des Bundes, der Bundesstaaten und der Regionen... können wir ein umfassendes Netzwerk für den Austausch von Geheimdienstinformationen, Ressourcen und Fachkenntnissen zur Verfügung stellen.« Er hatte nur vergessen, dies auch dem Team zu sagen, das sich mit DarkMarket beschäftigte: Dieses teilte dem FBI nicht einmal mit, was Gegenstand ihrer Ermittlungen war. Damit wurde die Sache sowohl für die Cyberpolizisten als auch für die Cyberkriminellen noch komplizierter.

Die meisten Mitglieder von DarkMarket (mit Ausnahme derer, die mit Mularski zusammenarbeiteten) richteten ihre Aufmerksamkeit zu jener Zeit nicht auf die Behörden. Sie wollten vielmehr die führende Stellung der Site sichern und zu diesem Zweck Iceman aus dem Weg räumen. JiLsi nahm es auf sich, den tödlichen Schlag zu führen. Wenn es gelang, würde dies zu seiner größten Stunde werden, und sein Ruf würde sich beträchtlich verbessern. Außerdem hatte er genug von Icemans wiederholten Angriffen, die ihm ungeheuer viel zusätzliche Arbeit machten; auch Icemans Markenzeichen, die giftige Rhetorik, ging ihm zunehmend auf die Nerven.

JiLsi hatte einen einfachen Plan. Er richtete eine anonyme E-Mail-Adresse ein, über die er Nachrichten an Icemans Internetprovider schickte. Darin warnte er das Unternehmen, die dort angesiedelte Site CardersMarket sei kriminell, und ihre Betreiber seien in großem Umfang an Kreditkartenbetrug beteiligt. Als Iceman merkte, von welchem Mailaccount die Denunziation kam, probierte er es mit JiLsis Passwort MSR206 (der Name des legendären Kreditkarten-Klonierungsapparats, den alle guten Carder benutzen), und siehe da, es funktionierte. Nun fand Iceman heraus, dass JiLsi ihn bei seinem eigenen Internetprovider anschwärzte. Das war unverzeihlich. JiLsi hatte eine Grenze überschritten, die kein (un)anständiger Carder jemals durchbrechen sollte, ganz gleich, wie schlecht die Beziehungen waren: Er hatte ein Mitglied der Bruderschaft verraten. Und was noch schlimmer war: Man hatte ihn dabei erwischt.

Iceman verbreitete die Nachricht überall. Es dauerte nicht lange, dann hatte sie auch Cha0 erreicht.

Im Gefolge der Anschuldigungen von Iceman waren alle ein wenig zittrig. War das FBI an dem Fall dran? Und wenn ja, »wer, verdammt noch mal, arbeitet mit denen zusammen?«, wie einer der DarkMarket-Administratoren es formulierte. Iceman, Splyntr, C0rrupted0ne oder silo von CardersMarket? Shtirlitz, der rätselhafte »Russe«? Oder vielleicht Lord Cyric, der neue Moderator von DarkMarket? Oder jemand anderes?

Zwei Personen, denen bisher niemand eine Zusammenarbeit mit der Polizei vorgeworfen hatte, waren Matrix001 und JiLsi. Letzterer war bisher nur hin und wieder (und nicht ohne Grund) der Inkompetenz beschuldigt worden. Aber Arbeit für die Polizei? Niemals. Iceman kannte durch seine Hackerangriffe schon lange JiLsis Passwort. Aber das wusste anscheinend niemand. Es gab den Verdacht, ein Dritter habe einen Trojaner auf JiLsis geliebten Speicherstick eingeschleust und überwache jetzt jeden seiner Tastaturanschläge, um sich so mit den innersten Geheimnissen von DarkMarket vertraut zu machen. Oder vielleicht war JiLsi auch nicht der, der er zu sein vorgab … stand er vielleicht in irgendeiner Verbindung zu Pembrooke Associates, dem geheimnisvollen Unternehmen von 2000 Technology Drive?

Wenige Tage vor Weihnachten 2006 loggte sich JiLsi wie gewöhnlich bei DarkMarket ein, um den Traffic zu überwachen. Er war noch nicht lange online, da loggte er sich wieder aus, um sich um seine Angelegenheiten im realen Leben zu kümmern.

Nachmittags war er wieder da. »*Username: JiLsi*«, tippte er ein. »*Password: MSR206*«. Im Handumdrehen gab der Rechner zurück: »*Incorrect Username or Password*«. Ganz automatisch versuchte JiLsi es noch einmal, denn er nahm an, er habe einen Tippfehler gemacht. Das Ergebnis war das Gleiche. Er versuchte es immer wieder.

Es gab keinen Zweifel: JiLsi, der geistige Vater und Hauptadministrator von DarkMarket, war von seiner eigenen Site ausgesperrt. Panisch versuchte er, sich bei *www.mazafaka.ru* einzuloggen. Keine Chance. The Vouched, eine weitere seiner Websites: kein Einlass.

Es dauerte nicht lange, dann setzten die Entzugserscheinungen ein. Einen solchen schmerzhaften Absturz hatte JiLsi noch nie erlebt. Man hatte ihm sein ganzes Leben weggenommen – oder zumindest das Einzige, was ihm wirklich etwas bedeutete. Er war wütend, verletzt und verärgert. Wer hatte das getan, und warum? Seine Reaktion bestand darin, dass er sich der betäubenden Wirkung von Cognac hingab, gefolgt von einer Pfeife voller Crack. Einen Abend und eine Nacht lang ließen die Schmerzen nach, aber als er am nächsten Morgen aufwachte, fühlte er sich noch elender als zuvor.

Schließlich gelang es JiLsi, per ICQ Kontakt mit Cha0 herzustellen. Der Chat wühlte ihn noch mehr auf. »Wir wissen, dass du für Scotland Yard und die High Tech Crime Unit gearbeitet hast«, erklärte ihm Cha0. »Deine Entscheidung, Iceman zu verpfeifen, war der letzte Beweis. Wir wissen, dass du mit der Polizei zusammenarbeitest. Du bist von allen Sites ausgeschlossen.«

JiLsi war sprachlos. Alles, wofür er gearbeitet hatte, war von einem Augenblick zum nächsten verschwunden, und jetzt war er der Sündenbock. Was nun? Wohin? Verzweiflung und Verbannung, JiLsi, Verzweiflung und Verbannung.

Teil V

21 Drons Vermächtnis

Calgary, Alberta, 2006

Seit der Frühzeit, als Dron auf Shadowcrew Werbung gemacht hatte, war seine Arbeit stets sehr freundlich beurteilt worden. »Ich habe gestern Nachmittag Drons Skimmer erhalten«, schrieb ein zufriedener Kunde auf DarkMarket. »Habe ihn den ganzen Abend getestet und bin sehr, sehr beeindruckt. Dron hat ein erstklassiges Produkt, das eure Zeit und euer Geld ganz und gar wert ist.«

Dron war so gut wie sein Ruf. »Versand ging schnell. Die Verpackung war diskret«, fuhr der Teilnehmer fort. Dass Dron so beliebt war, lag aber weniger am zügigen Versand seiner Produkte als vielmehr an seinem nachfolgenden Kundendienst: Damit sorgte er dafür, dass die Kunden immer wiederkamen. »Der Service, dadurch hebt sich Dron wirklich ab. Er hat regelmäßig Updates an seine Kunden geschickt, und wenn ich ihm in einer E-Mail meine Bedenken und Fragen geschickt habe, hatte ich immer innerhalb von 24 Stunden eine Antwort. Verdammt beeindruckend.«

Das Internet hat entscheidend dazu beigetragen, dass die Kultur der Verbraucherrechte und -erwartungen auch Eingang in die Welt der Kriminalität fand. Wenn ein Verbrecher im Internet von einem Verkäufer übers Ohr gehauen wurde, ist es kaum möglich, den Betrüger ausfindig zu machen und der Verärgerung über seine unseriösen Geschäftsmethoden auf dem traditionellen Weg – mit körperlicher Gewalt – Ausdruck zu verleihen. Stattdessen müssen Verbrecher, die illegale Waren über das Netz vertreiben, untereinander in Konkurrenz treten und den besten Service bieten.

In einer anderen Ära wäre Dron schnell bis ganz nach oben aufgestiegen. Er mochte die Schule mit 15 verlassen haben, aber er verband die Aura des Unternehmergeistes mit einer kreativen Neigung. Nachdem sein Vater ihm beigebracht hatte, wie man im Internet mit dem Aktienmarkt spielen kann, stieß er auf die kriminellen Foren, und mit 24, im Frühjahr 2004, meldete er sich bei Shadowcrew an, dem erfolgreichsten Vorgänger von DarkMarket.

Seine größte Geschicklichkeit entwickelte er jedoch mithilfe seiner angeborenen technischen Fähigkeiten. Er brachte sich selbst bei, wie man Skimmer entwirft und baut, die auf die beiden weltweit am weitesten verbreiteten Typen von Geldautomaten passen. Es waren komplizierte, hoch entwickelte Apparaturen, und sie waren jeden Cent der 5000 Dollar wert, die er für eine davon verlangte (wobei es natürlich Mengenrabatt gab). Er antwortete nicht nur auf Anfragen von Kunden, sondern lieferte auch jedes Produkt mit einer Gebrauchsanweisung, der passenden Software und einem kostenlosen USB-Kabel aus.

Auch an seiner Bibliothek kann man ablesen, wie ernst er seine Arbeit nahm. Neben *Document Fraud and Other Crimes of Deception* standen *Holograms and Holography* und *Secrets of a Back Alley ID Man*. Sein vielleicht wichtigstes Buch jedoch war *Methods of Disguise*. Wenn er in einem der vielen Internetcafés seiner Heimatstadt vorbeischaute, um Verkäufe und Marketing über das Web abzuwickeln, trug Dron in der Regel eine schwarze Baseballkappe und eine schwarze Jacke. Wenn er jedoch zur Post ging oder mit einer Kreditkarte das Geld für einen seiner Skimmer abhob, bevorzugte er eine rote Kappe und eine blaue Windjacke.

Dem Secret Service war Dron zum ersten Mal durch seine häufige Gegenwart auf Shadowcrew aufgefallen. Cumbajohnny, der Administrator von Shadowcrew, war natürlich ein Informant des Geheimdienstes. Aber Dron gehörte nicht zu Cumbajohnnys Virtual Private Network, dem wichtigsten Mittel, mit dem der Secret Service die Aktivitäten der Mitglieder überwachte. Er befand sich nicht in den Vereinigten Staaten und war auch keine einfache Zielperson. Deshalb genoss er keine Priorität. Aber der Secret Service vergaß Dron nicht. Die Agenten fingen vielmehr an, eine Beziehung zu ihm aufzubauen.

Im Vergleich zum US Postal Inspection Service ist der Secret Service zwar noch jung, er hat aber die längste Erfahrung in der Bekämpfung von Cyberkriminalität. Der Secret Service wurde 1865 gegründet, aber nicht um dem Präsidenten bewaffneten Schutz zu bieten – das war erst eine der wichtigsten Reaktionen des Kongresses auf die Ermordung des Präsidenten McKinley im Jahr 1901. Die Daueraufgabe der Behörde bestand ursprünglich darin, alle Personen aufzuspüren, zu überführen und zu verfolgen, die Falschgeld herstellten oder damit handelten. Schon bald nach seiner Gründung betraute der Kongress den Geheimdienst auch mit der Untersuchung finanzieller Betrügereien.

Nach dem Zweiten Weltkrieg wurden die Vereinigten Staaten mit den Abkommen von Bretton Woods zur unumstrittenen wirtschaftlichen Führungsmacht des Westens, und der Dollar war nun in der gesamten kapitalistischen Welt die Reservewährung. Die Sowjetunion und China lehnten zwar die Vormachtstellung der amerikanischen Währung ab, beide kommunistischen Supermächte waren aber dennoch erpicht darauf, so viele Dollars wie möglich zu horten. In einer Welt, in der die meisten Regierungen die Devisenströme über ihre Grenzen unter strenger Kontrolle hielten, machte die Allgegenwart des Dollars als Zahlungsmittel die Herstellung gefälschter US-Banknoten äußerst reizvoll.

Dies hatte zur Folge, dass die Operationen des Secret Service nun stärker international ausgerichtet waren. Ganoven und Regierungen auf der ganzen Welt druckten eigene Dollarnoten, um sich zu bereichern oder die Macht der Vereinigten Staaten zu untergraben. Auch während Sie dies lesen, können Sie mit ziemlicher Sicherheit davon ausgehen, dass irgendwo in Ihrer Nähe eine Operation des Secret Service läuft. Aber auch wenn die Behörde einen langen Arm hat, gibt es Ecken und Winkel, die nicht einmal sie erreichen kann. In den 1990er Jahren beispielsweise verbreitete sich der »Superdollar« auf der ganzen Welt. Nach Ansicht der US-Regierung stammten diese Chargen hervorragend nachgeahmter, aber falscher 100-Dollar-Noten von Druckpressen in Nordkorea, einer der wenigen Regionen, die für die Männer in Schwarz unzugänglich sind.

Den Präsidenten gegen Schüsse abzuschirmen und hinter falschen Dollars herzujagen sind schon schwierige Aufgaben, im Jahr 1984 jedoch forderte der Kongress den Secret Service auf, seinen Tätigkeitsbereich nochmals auszuweiten: Er sollte jetzt auch bei Kredit- und Scheckkartenbetrug, Urkundenfälschung und Computerbetrug ermitteln.

Während der nächsten beiden Jahrzehnte entwickelte die Organisation, die in gewisser Hinsicht die am stärksten geheimnisumwitterte Ordnungsbehörde der Vereinigten Staaten ist, spezialisierte Fachkenntnisse über Cyberkriminalität, was zu einer beispiellosen Handlungsfähigkeit führte. Aber beim Secret Service arbeiten nur rund 6500 Personen. Das FBI dagegen hat eine Personalstärke von fast 30 000. In jüngerer Zeit wurde der Secret Service in das Heimatschutzministerium integriert, was seinen Stolz verletzte. Zwischen den beiden Behörden besteht keine große Liebe. Ob das am Minderwertigkeitskomplex des Secret Service oder am Überlegenheitsgefühl des FBI liegt, lässt sich schwer sagen – vermutlich spielt beides eine Rolle. Jedenfalls kam es zwischen beiden immer wieder zu kleinlichen Auseinandersetzungen, was sich auch auf wichtige Operationen auswirkte.

Nach der Abschaltung von Shadowcrew entschloss man sich beim Secret Service, eine Beziehung zu Dron zu unterhalten. Er war Ende 2005 Mitglied von DarkMarket geworden, und dort erwarb er sich so schnell einen guten Ruf als Verkäufer von Skimming-Apparaten, dass er wenig später eine eigene Website namens *www.atmskimmers.com* einrichtete. Das Secret-Service-Büro in Buffalo bemühte sich monatelang darum, Drons nähere Lebensumstände zu erkunden. Der Verkäufer bediente sich des israelischen E-Mail-Services Safemail, weil er wusste, dass dieses Unternehmen die IP-Adresse des Absenders blockierte, so dass der Empfänger ihn nicht ausfindig machen konnte. Den Durchbruch erzielte der Secret Service schließlich im Januar 2006, als Safemail sich bereit erklärte, Drons IP-Adressen preiszugeben; zuvor hatte die Anfrage der amerikanischen Behörde ihren gewundenen Weg durch die schwerfällige israelische Strafjustiz genommen. Wie sich herausstellte, benutzte Dron mehrere Computer, die sich über die Region von Calgary in der kanadischen Ölprovinz Alberta verteilten.

Die nun folgenden eineinhalb Jahre erwiesen sich für Detective Spencer Frizzell von der Polizei in Calgary als schwierige Zeit. Die Büros des Secret Service in Buffalo und Vancouver lieferten ihm jeweils eine IP-Adresse, die sie von Safemail erhalten hatten, wenn der verdeckte Ermittler eine E-Mail mit Dron austauschte. Die Adressen gehörten immer zu diesem oder jenem Internetcafé. Und bis sie den Ort ausfindig gemacht hatten, war der Vogel natürlich ausgeflogen. Bevor Detective Frizzell mit der Arbeit an dem Fall begann, hatte er keine Ahnung, wie viele Internetcafés es in Calgary gab und wie beliebt sie waren. Das Ganze kam ihm zunehmend vor wie die Suche nach der Nadel im Heuhaufen.

Über Monate hinweg hatte es den Anschein, als suche Dron jeweils zufällig irgendein Internetcafé auf. Eines Tages erschien er am Punkt A, am nächsten Tag an Punkt B fünf Kilometer entfernt. Manchmal verschwand er ganz aus Calgary, und dann wuchs die Befürchtung, er könne ein für alle Mal weg sein. Aber er kam immer wieder zurück, und nach einigen Monaten gelang Frizzell ein wichtiger Durchbruch. Er hatte Fähnchen in einen Stadtplan gesteckt und stellte fest, dass alle Internetcafés, die Dron benutzte, in der Nähe von Haltestellen der Light Rail Transit lagen, und zwar an der Linie, die von Somerset nach Crowfoot führt. Auch fielen ihm zwei oder drei Läden auf, die Dron offenbar bevorzugte. Nun hatte er genügend Informationen, um ein Observationsteam anzufordern. Dabei stieß er auf die üblichen Einwände, die Cyberpolizisten auf der ganzen Welt begegnen. Gibt es Opfer in Calgary? Welche Indizien haben Sie für kriminell erzielte Umsätze?

Frizzell erhielt seine Genehmigung, allerdings nur für einen begrenzten Zeitraum und mit sehr wenig Personal. Wenn er vom Secret Service einen Hinweis bekam, dass Dron online war, schnappte er sich in der Regel irgendjemanden aus dem Büro und machte sich in Richtung Light Rail Transit auf den Weg.

Über ein Jahr lang leistete der Detective in Calgary helden-
hafte Arbeit. Dabei kreiste er die Verdächtigen immer mehr ein,
bis er schließlich überzeugt war, den Mann gefunden zu haben.
Was er nicht wusste: Er war nur eine von mehreren Speerspitzen
einer größeren Operation des Secret Service, die sich nicht nur
gegen Dron richtete, sondern auch gegen mehrere Zielpersonen
in Europa. Der US-amerikanische Secret Service hatte Kontakt
mit der SOCA in London und der OCLCTIC in Paris aufgenommen. »So arbeiten wir«, sagte Edwin Donovan, der Sprecher des
Secret Sercice. »Wir nehmen Zusammenarbeit wirklich ernst und
arbeiten mit den Polizeibehörden auf der ganzen Welt. Wir gehen
zu der Behörde, die sich mit derartigen Verbrechen beschäftigt,
und sagen, dass wir ihre Zielperson haben – und natürlich ist der
Informationsaustausch in solchen Fällen der Schlüssel zu allem.«

Der Secret Service tauschte also Informationen mit der Polizei
in Großbritannien, Kanada und Frankreich aus. Einer Gruppe
von Beamten sagten sie jedoch immer noch nichts: ihren Kollegen beim FBI. Der offenkundige Groll, der zwischen den beiden
amerikanischen Behörden herrschte, führte bei den Europäern zu
Verwirrung – am Ende arbeiteten die Franzosen mit dem Secret
Service und die Deutschen mit dem FBI zusammen, während die
Briten höflich auf das Gleichgewicht zwischen beiden achteten.
Das hatte etwas zutiefst Ironisches: Die einzigen Menschen auf
der Welt, die wussten, dass das FBI und der Secret Service hinter
derselben Zielperson, nämlich JiLsi, her waren, gehörten einer
ausländischen Polizeibehörde an: der Serious Organised Crime
Agency in London. Und es kam noch schlimmer: Den Beamten
bei der SOCA wurde klar, dass die konkurrierenden amerikanischen Polizeikräfte sogar gegen die verdeckten Ermittler des
jeweils anderen ermittelten und sie als Kriminelle verdächtig-
ten. Schließlich setzte ein leitender britischer Beamter vorsichtig
höhere Stellen in Washington in Kenntnis, dass das FBI und der
Secret Service vielleicht ihre Differenzen zumindest für die Dauer
der Ermittlungen beilegen sollten.

22 Mann, du hast es versaut

Es war ein angenehmer Abend Anfang Mai, aber Matrix001 hatte keine Frühlingsgefühle. Die Außenwelt schien zu verschwinden und sein Mund wurde trocken, als er den Blick noch einmal über die E-Mail wandern ließ.

> Deine Festnetzleitung ist angezapft.
> Die Bullen aus Großbritannien, Deutschland und
> Frankreich sind hinter dir her ... Verstecke die
> Beweise.
> Warne die anderen ... Die Bullen wissen, dass
> Matrix-001 Detlef Hartmann aus Eislingen ist ...
> Du hast nur noch ein paar Wochen, dann schlagen
> die Bullen in England und Frankreich zu ... Warne
> alle Carder, die du erreichen kannst.

Was hatte das zu bedeuten? Woher kam es? Er blickte noch einmal auf die Absenderadresse: *auto432221@hushmail.com*. Die war vermutlich von einem Zufallsgenerator erzeugt. Und es war unmöglich, irgendetwas über den Verfasser herauszufinden, außer dass er offenbar fließend Englisch sprach.

Matrix entschloss sich, mit seinen Administratorenkollegen von DarkMarket und einigen anderen Vertrauten zu beraten. Er erkundigte sich, was sie davon hielten. Die Antworten waren seltsam einsilbig und in manchen Fällen fast gleichgültig. Eigentlich rieten sie ihm nur, die Augen offen zu halten.

Keith Mularski in Pittsburgh war alles andere als gleichgültig. Die E-Mail-Auszüge, die er von Matrix und anderen erhalten hatte, konnten nur eines bedeuten: Die Operation war verraten worden. Und wenn sie an Matrix verraten worden war, wer hatte dann sonst noch einen Tipp bekommen? Der Zeitpunkt hätte schlechter kaum sein können: Das FBI plante schon seit einigen Monaten die erste Verhaftungswelle in Sachen DarkMarket. Dass man es mit einem Secret Service zu tun hatte, der nicht kooperierte, war schon schlimm genug. Die Beamten des Landeskriminalamts Baden-Württemberg hatten erfahren, dass ihre französischen Kollegen im Zusammenhang mit DarkMarket eine Razzia vorbereiteten, aber die französische Polizei hatte sie brüskiert und erklärt, es sei nicht notwendig, dass sie in Paris an einer Planungskonferenz mit der britischen SOCA und dem US-amerikanischen Secret Service teilnahmen.

Die anonyme Mail von Hushmail an Matrix001 weckte bei den ermittelnden Polizeikräften eine Befürchtung, die von nun an über viele Monate im Raum stehen sollte. Sie mussten wissen, ob die undichte Stelle auf Achtlosigkeit oder auf einen Insider zurückging, oder ob ein Hacker in das Computernetzwerk von einem der ermittelnden Teams eingedrungen war. Jedes Mal, wenn etwas schiefging, machte sich der Verdacht breit, dass es unter den Ermittlern einen Verräter gab. Darunter musste die Moral zwangsläufig leiden.

Mularskis Bemühungen, die ersten Festnahmen zu koordinieren, erwiesen sich als schwierig. Er hatte die gleichen Befürchtungen wie alle Cyberpolizisten: Wenn man nur einen Betrüger festnimmt und die anderen nicht, verbreitet sich die Nachricht, dass etwas nicht stimmt, in den Foren wie ein Lauffeuer, und die Zielpersonen verschwinden einfach. Deshalb war der Secret Service so versessen auf Geheimhaltung...

Moment mal, dachte Mularski, wahrscheinlich liegt dort die undichte Stelle – beim Secret Service! Sorgfälig überlegte er, wer als Schuldiger infrage kam: a) der Secret Service; b) jemand aus seiner eigenen Organisation, was er aber bezweifelte, da man die Sicherheitsmaßnahmen beim FBI verschärft hatte, nachdem Iceman auf die Beteiligung der Polizei aufmerksam geworden war;

c) bei der SOCA wusste man über Matrix Bescheid, aber die Briten waren immer die Verschwiegensten von allen; und d) natürlich die Deutschen – um sie einzuschätzen, fehlte ihm die Erfahrung, aber hatte er nicht eine unterschwellige Aggressivität zwischen den Landesbehörden in Stuttgart und dem wenige Autostunden weiter nördlich in Wiesbaden ansässigen Bundeskriminalamt bemerkt, die beide mit der Geschichte von DarkMarket vertraut waren. Er konnte es nicht mit Sicherheit sagen.

Fürs Erste musste er die Spekulationen auf Eis legen. Mularskis vordringliches Anliegen war es jetzt, Kontakt mit Frank Eißmann vom LKA in Stuttgart aufzunehmen und mit ihm über die Ermittlungen gegen Matrix zu sprechen, bevor der junge Deutsche das Weite suchte. In Stuttgart wurde entschieden, dass es an der Zeit war, Nägel mit Köpfen zu machen, und Eißmann nannte das geplante Datum für Matrix' Festnahme. Das wiederum bereitete der Polizei in London, Calgary und Paris Probleme, denn auf der Londoner Konferenz Anfang April hatte man sich endlich darauf geeinigt, bei allen Verdächtigen am gleichen Tag zuzuschlagen, dem 12. Juni. Bei der SOCA hatte man immer noch leicht ungute Gefühle, weil der Secret Service JiLsi schon seit der Shadowcrew-Zeit beobachtete. Sowohl das FBI als auch der Secret Service wollten seiner habhaft werden.

Aber Matrix suchte nicht das Weite. Seine von der deutschen Polizei angezapften Chats und E-Mails ließen vielmehr darauf schließen, dass er durch die Hushmail keineswegs kaltgestellt worden war. Vielleicht war die Entscheidung, den Fall Matrix zu beschleunigen, voreilig gewesen?

Am 10. Mai, genau eine Woche nach der ersten E-Mail, erhielt Matrix eine zweite. Dieses Mal kam sie von *auto496064@hushmail.com*. auto496064 war ein wenig verärgert:

Mann, du hast es versaut.
Unser Netzwerk hat euch deutschen Cardern eine ehrliche Warnung geschickt, und was macht ihr? Redet mit dem Scheiß-FBI!

Ihr seid so bescheuert, ihr habt es verdient, in den Knast zu kommen.

Aber wir haben die Kommunikation zwischen dem FBI und einem deutschen Typen abgehört, der sich »Iceman« nennt. Die haben einen Spitzel, der legt Köder für dich aus und wartet, bis du irgendwas kaufst oder verkaufst. Den Namen haben wir noch nicht. Aber du könntest uns helfen, ihn auffliegen zu lassen.

Und tu dir selbst einen verdammten Gefallen. Kauf nichts von den Typen, bis wir wissen, wer die Ratte ist.

Weil du so verdammt klug warst und dem FBI gesagt hast, dass wir hinter ihnen her sind, schlagen sie vielleicht früher zu! Lösch zu Hause auf deinem Computer alles, auch wenn es verschlüsselt ist, und geh *nur* in Internetläden.

Matrix steckte den Kopf in den Sand und ignorierte die Mail. Er tat sie als weiteres Spiel ab, das jemand mit ihm spielte, ganz ähnlich wie er es noch von der Iceman-Affäre im Gedächtnis hatte. Matrix konnte es damals natürlich nicht verstehen, aber aus der Sache ergaben sich dramatische Folgerungen: Waren die gesamten Ermittlungen gegen DarkMarket gehackt oder auf andere Weise untergraben worden?

Was Matrix sicher nicht aufgefallen war: Der Verfasser der anonymen E-Mail sprach fließend Englisch, war aber kein Amerikaner – er schrieb »favour« mit »ou«. Wer also war er?

23 Matrix am Boden

29. Mai 2007. In Eislingen beginnt der Dienstag. Der Ort in der Region Stuttgart ist eine jener unzähligen deutschen Gemeinden, in denen eine defekte Verkehrsampel oder eine Kuh, die Reißaus genommen hat, über Monate die größte Neuigkeit ist. Die Routine wird nur selten unterbrochen. In Deutschland beginnt das Leben morgens eine oder zwei Stunden früher als in Großbritannien oder den Vereinigten Staaten. Um halb sieben ist bereits ein Strom von Menschen auf dem Weg zur Arbeit, und manche machen am örtlichen Tchibo-Laden Station. Hier tauschen sie bei einem Kaffee, das bisschen neuen Tratsch aus, das es gibt.

Aber heute sollte es in Eislingen ein besonderer Tag sein: Das 21. Jahrhundert hielt Einzug. In einem Haus auf halber Strecke der Hauptstraße wälzte sich Detlef Hartmann aus dem Bett. Ganz schwach dämmerte ihm, dass er irgendetwas Wichtiges zu tun hatte. Während der Nebel in seinem Gehirn sich langsam lichtete, prüfte er seinen Hushmail-Account auf verschlüsselte Nachrichten, dann ging er seine Website durch und sah nach, ob sie gewartet werden musste. Er fand nichts Ungewöhnliches.

Plötzlich fiel es ihm wieder ein. Seine Eltern wollten aus dem Österreichurlaub zurückkommen. Alarmstufe Rot! Er und sein Bruder hatten gerade noch einen Tag zum Aufräumen. Getrocknete Spaghetti klebten wie Beton an den Tellern, Aschenbecher mit kleinen Bergen von Zigarettenkippen standen wild verstreut zwischen leeren Bierdosen, Flaschen und undefinierbaren Kleidungsstücken – die typische Hinterlassenschaft halbwüchsiger Jungen, die sich selbst überlassen sind. Detlef entschloss sich, vor dem Aufräumen schnell ein Bad zu nehmen; er trocknete sich gerade ab, da klingelte es an der Tür. Die Treppe hinunter rief er seinem Bruder zu, er solle aufmachen.

Detlefs Verärgerung, dass man ihn morgens um halb zehn gestört hatte, steigerte sich noch, als sein Bruder etwas von einem Paket rief, für das er unterschreiben müsse. Auf dem Weg nach unten überlegte er, dem Postboten an den Kopf zu werfen, dass dies die falsche Adresse sei. »Na los«, rief sein Bruder ungeduldig, als Detlef die Diele entlangkam.

»Das Auto ist falsch geparkt«, dachte er mit dem ihm eigenen Sinn für Details, als er auf der Straße einen schwarzen Kleinbus sah. Davor stand eine Postbotin in Uniform. Die Krawatte war zu einem kleinen, festen Knoten gebunden, und auf dem Kopf trug die Frau eine Mütze. Sie blickte sehr ernst drein.

Die Postbotin verbeugte sich fast, als sie Detlef mit der einen Hand einen Umschlag und mit der anderen einen Kugelschreiber reichte. Als er nach dem Stift griff, trat sie theatralisch einen Schritt zurück. »Was ist denn …?« Noch bevor Detlef mit dem Gedanken zu Ende war, sprangen vier Männer auf ihn zu; im nächsten Augenblick lag er, die Hände auf dem Rücken, auf dem Boden. »Sie sind festgenommen«, schrie einer von ihnen, während weitere Beamte an ihnen vorbei ins Haus drängten. Detlef lag, nur mit der Pyjamahose bekleidet, auf der Erde. Es regnete und war kühl – etwa zehn Grad. Ein Stiefel drückte seinen Hals auf den kalten Boden, und der Kabelbinder um seine Hände schnitt in die Haut. »Was um Himmels willen ist denn los?«, murmelte er immer wieder. Er fühlte sich, als sei er in den Dreh eines zweitklassigen Films geraten.

Zehn Minuten später saß er Kommissar Frank Eißmann vom LKA Baden-Württemberg gegenüber. Der Beamte starrte düster auf das Durcheinander in der Küche, dem Epizentrum des Teenager-Chaos. »Du lieber Gott, hier sieht es ja aus«, sagte der Polizist.

Detlef erklärte, seine Eltern seien in Urlaub. »Das ist nicht zu übersehen«, murmelte Eißmann vor sich hin.

Dann verfielen der Polizist und seine Untergebenen für zehn Minuten in tiefes Schweigen. Das einzige Geräusch kam von Detlefs klappernden Zähnen. Die Haustür stand immer noch offen, und nach seinem kurzen Ausflug in den Regen sank seine Körpertemperatur. Von oben kam ein aufgeregter Ausruf: »Die Computer laufen noch!«

Endlich dämmerte Detlef, worum es hier ging. Geistesgegenwärtig fragte er den Beamten, ob er sich etwas anziehen dürfe. Es war keine ausschließlich arglistige Frage – er fror entsetzlich. Eißmann zögerte. In Ordnung, stimmte er zu, es sei zwar gegen die Vorschriften, aber der junge Mann könne sich anziehen.

Als er nach oben ging, hatte Detlef nur einen Gedanken im Kopf: »Den Computer ausschalten! Ausschalten! Ausschalten!« Detlef wusste, dass die Polizei sein Passwort nicht kannte; wenn er also den Computer außer Betrieb setzte, gab es keine Beweise. So lange sie sein Passwort nicht hatten, dachte er, hatten sie gar nichts.

In Detlefs Zimmer stand Eißmanns Kollege vor dem Computer, die Hände erhoben wie ein Torwart, um den Rechner vor jedem Zugriff zu schützen. Als Detlef sich in ein T-Shirt zwängte, stolperte er. Er bekam das Netzkabel zu fassen und riss es aus der Steckdose. Das Summen erstarb. »Scheiße, Scheiße!«, schrie der Beamte. »Der Computer ist aus!« Eißmann stürmte ins Zimmer. »Okay, das war's«, sagte er. »Es reicht – das was für lange Zeit das Letzte, was du getan hast.« Er zerrte Detlef die Treppe hinunter in die Küche und hielt ihm ein Blatt Papier mit einer Menge Amtsdeutsch hin. Das Einzige, woran Detlef sich heute noch erinnert, ist eine handgeschriebene Notiz: »*Verdacht auf Gründung einer kriminellen Vereinigung*«.

Obwohl Eißmann wütend war, erlaubte er Detlef, kurz mit seinem Bruder zu sprechen. Detlef sagte ihm, er solle sich keine Sorgen machen, alles werde gut. Sein Bruder erwiderte nichts, sah ihn aber an, als sei er völlig meschugge. Bevor Eißmann ihn aus dem Haus stieß, fragte er Detlef noch, ob er irgendetwas mitnehmen wolle. »Können Sie mir eine Empfehlung geben, was ich brauchen könnte?«, fragte Detlef ein wenig benommen zurück. »So etwas ist mir noch nie passiert.«

Während er auf dem Weg zum Polizeirevier aus dem Autofenster blickte, gingen seine Gedanken wieder zu den beiden E-Mails, die er vor ein paar Wochen erhalten hatte. Was hatte er sich denn gedacht? Warum hatte er darauf nicht reagiert? Aber sosehr er sich auch das Gehirn zermarterte, ihm war eigentlich nicht ganz klar, was er verbrochen haben könnte. Er war kein hartgesottener Krimineller, dem Verstecke und ein Mafia-Netzwerk zur Verfügung standen. Er war nur ein junger und ziemlich naiver Schüler. Was eine kriminelle Vereinigung ist, begriff er nur undeutlich, ganz zu schweigen davon, dass er zu einer gehören sollte.

Über all das grübelte Detlef immer noch, als der Polizeiwagen vor einem großen weißen Gebäude hielt. Es stand am Ende der Asperger Straße im Stuttgarter Stadtteil Stammheim. Hätte er zu einem der oberen Fenster hinaufgeblickt, hätte er die Zelle gesehen, in der Ulrike Meinhof, in den 1970er Jahren die Anführerin der linksterroristischen RAF, sich 1976 erhängt hatte.

Später wurde die Justizvollzugsanstalt in Stammheim zu einem reinen Männergefängnis umgebaut. Aber Detlef wurde von einer Beamtin dorthin gebracht. Als die Häftlinge sie sahen, schrien sie aus ihren Zellen Obszönitäten darüber, was sie am liebsten mit ihr machen würden.

Detlefs Angst vor seinen neuen Lebensumständen wuchs mit jedem Schritt. Wie konnte ein anständiger Junge aus der Mittelschicht in eine solche Situation kommen? Er hatte das Gymnasium mit ausgezeichneten Noten abgeschlossen und bereitete sich gerade auf die Universität vor. Seine Eltern liebten ihn über alles und waren dankbar, weil er bei der Versorgung seiner drei jüngeren Geschwister half. Und jetzt saß der harmlose Junge aus Eislingen in Stammheim, in der berüchtigtsten Justizvollzugsanstalt Deutschlands. Nachdem die Wärter ihn ausgezogen und durchsucht hatten, gaben sie ihm zu große Gefängniskleidung, aber keine Schuhe. Sein neuer Pyjama war so groß, dass er ihn an eine Anglerhose erinnerte. Er bekam auch etwas zu essen, aber er hatte immer noch nicht ganz begriffen, dass er hierbleiben musste. Er befand sich im Schockzustand. Erst allmählich wurde ihm klar, dass dies die letzte Station der kleinen Reise war, auf die er sich fünf Jahre zuvor begeben hatte. Es war ein Tag nach seinem zwanzigsten Geburtstag.

24 Die Frankreich-Connection

Da die beiden US-Behörden praktisch nicht mehr miteinander sprachen, führten sie ihre getrennten Razzien gegen DarkMarket parallel durch. Vier Tage vor der vom FBI unterstützten Operation gegen Matrix in Süddeutschland hatte Detective Spencer Frizzell in Calgary unter Federführung des Secret Service Dron festgenommen.

Vier Wochen lang hatte Frizzell den Kreis der »üblichen Verdächtigen« immer weiter eingeengt und die unzähligen Internetcafés aufgesucht, in denen Dron gearbeitet hatte. Schließlich hatte er den durchschnittlich aussehenden Sechsundzwanzigjährigen identifiziert, der bei seinen Geschäften zwischen seinen drei »Freizeituniformen« wechselte. Die Zielperson wohnte in einem hübschen Apartment in der Innenstadt von Calgary, natürlich in angenehmer Nähe zur Light Rail Transit.

Aber weder Frizzell noch der Secret Service waren in vollem Umfang auf das vorbereitet, was sie jetzt erwartete. Der Verdächtige, Nicholas Joehle, hatte gerade 100 Skimmingapparate in der Produktion. Hätte er sie alle verkauft, hätte ihm das 500 000 Dollar eingebracht. Außerdem fand man mehrere hundert klonierungsbereite Blanko-Plastikkarten und Hologramme, die zur Fälschung bereitstanden. Der Besitz der Apparate als solcher war natürlich kein Verbrechen, aber Frizzell hatte mit Sicherheit feststellen können, dass Joehle mit dem Verkauf der Skimmer während der Ermittlungen, also in weniger als zwölf Monaten, etwa 100 000 Dollar verdient hatte.

Einen Verdächtigen wegen krimineller Aktivitäten im Netz festzunehmen, ist das eine; ganz etwas anderes ist es aber, die für eine Anklageerhebung notwendigen Indizien zu sammeln. Da es sich um virtuelle, grenzüberschreitende Verbrechen handelt, ist es äußerst schwierig, einen Staatsanwalt zu Ermittlungen zu veranlassen, und noch schwieriger ist es, ein Gericht zu überzeugen. Außerhalb der Vereinigten Staaten führen Verurteilungen in diesem jungen Fachgebiet der Justiz oftmals zu milderen Strafen als herkömmliche Verbrechen, das heißt, die Strafverfolgungsbehörden müssen hohe Mittel investieren und erzielen nur unspektakuläre Ergebnisse. Bei Dron jedoch war die Sache klar: Je mehr Erfolg er hatte, desto größere Schäden richteten seine Produkte in der lokalen und globalen Wirtschaft an. Ein qualifizierter Techniker wie Dron konnte gewaltige Verluste herbeiführen. Aber insgesamt gibt es im Cyberspace Zehntausende von Kriminellen, und nur einen winzigen Bruchteil von ihnen wird man jemals fassen.

Joehle war zwar schweigsam und ungebildet, aber mit Sicherheit begabt. Mit seiner Kombination aus unternehmerischen und technischen Fähigkeiten wäre ihm nach Strafprozess und Haft sicher ein Comeback gelungen. Sein Know-how hatte er bereits an andere Mitglieder von DarkMarket weitergegeben, und einer davon baute auf der anderen Seite des Globus eine große Fabrik für Skimmer auf. Aber dafür war letztlich weder Dron noch Frizzell zuständig – die Tatsache, dass Kenntnisse in den dunklen Regionen des Web so schnell weitergegeben werden, ist ein weiterer überzeugender Grund, warum die Polizeikräfte der einzelnen Staaten ihre Kommunikation untereinander verstärken sollten.

Nachdem Dron und Matrix aus dem Verkehr gezogen waren, musste die Polizei schnell gegen die nächsten Zielpersonen vorgehen, bevor die DarkMarket-Mitglieder das plötzliche und mehr oder weniger unerklärliche Verschwinden ihrer wichtigsten Kontaktpersonen aus dem Netz bemerkten. Der Secret Service war in dieser Hinsicht gut dran, denn Cha0 hatte seine Befugnisse als Administrator von DarkMarket genutzt und Dron bereits vor dem Zugriff aus dem Forum ausgeschlossen.

Als Dron noch im Forum postete, hatte Cha0 mittels seiner Autorität die Geheimnisse aus dem Gewerbe des jungen Technikers in Erfahrung gebracht. Sobald er und sein Team (Cha0 hatte mehrere Komplizen) den Trick kannten, beendete er Drons Mitgliedschaft, genau wie er es im Dezember 2006 mit JiLsi getan hatte. Jetzt konnte Dron auf DarkMarket keine Werbung mehr machen, und da die meisten anderen Foren im Kampf zwischen den Titanen DarkMarket und CardersMarket zerrieben worden waren, stand der junge Kanadier mit seiner Marketingstrategie vor einem ernsten Hindernis. Nachdem Dron aus dem Weg geräumt war, bemühte Cha0 sich eifrig darum, ein eigenes Beinahe-Monopol für den Verkauf von Skimmerapparaten durchzusetzen.

Da Dron aus DarkMarket ausgeschlossen war, fiel seinen drei französischen Partnern – Theeeel bei Paris, Lord Kaisersose und Kalouche in Marseille – nicht auf, dass Spencer Frizzell ihn aus dem Verkehr gezogen hatte. Andererseits wusste der Secret Service aber nicht, wann Matrix, der fleißigste DarkMarket-Administrator, von der deutschen Polizei mit Unterstützung des FBI verhaftet werden sollte. Sein überraschendes Verschwinden aus dem Forum würde die verbliebenen DarkMarket-Mitglieder wahrscheinlich in Panik versetzen.

In Schweden wusste Recka sofort, dass die Polizei unterwegs war. Er hatte täglich freundliche Nachrichten mit Matrix ausgetauscht und glaubte nicht an das seltsame Posting, das Matrix Anfang Juni 2007 ins Forum gestellt hatte. Darin hatte er erklärt, seine Mutter habe einen schweren Unfall gehabt, und er werde einige Zeit abwesend sein. Jeder erfahrene Cyberdieb hätte daraus sofort den Schluss gezogen, dass die Polizei sein Pseudonym übernommen hatte (was stimmte) und dass dies nur eine Finte war.

Bei Lord Kaisersose, Theeeel und ihren Kumpanen lagen die Dinge anders – sie waren Franzosen. Frankreich leistete zu jener Zeit einen eigenartigen Beitrag zur Cyberkriminalität. Französische Verbrecher waren ebenso versessen darauf, ihre Muttersprache zu sprechen, wie ihre gesetzestreuen Landsleute. Die französische Sprachpolizei, die Académie Française, hatte voller Unmut beobachtet, wie sich das Englische in den 1990er Jahren mit rasantem Tempo zur Weltsprache entwickelte. Gleichzeitig stellte sie aber erfreut fest, dass die meisten französischen Hacker und Technikfreaks sich im Kampf gegen das Englische engagierten, die wichtigste Quelle der Sprachverunreinigung.

Das bedeutete zweierlei: Cyberkriminalität war in Frankreich von ihrem Wesen her national und nicht annähernd so grenzüberschreitend wie in der übrigen Welt. In dem Land hatte man das Internet schon 1982 mit der Einführung des Minitel vorweggenommen, einer sehr leistungsfähigen Informationstechnologie, bei der Text über gewöhnliche Telefonleitungen auf einen Bildschirm übertragen wurde. Deshalb waren die Kenntnisse über Informationstechnologie in Frankreich viel weiter entwickelt als im größten Teil der übrigen Welt. Das Minitel-System, dessen Kunden Telefonnummern nachsehen, ihre Bankkonten verwalten oder über *messageries roses* erotische Gespräche führen konnten, war erheblich besser gegen Hacker gesichert als das Internet. Das ist einer der Gründe, warum das Web erst heute in Frankreich beliebter wird als Minitel. Die Franzosen waren also in der Frühzeit auch wesentlich weniger durch Viren gefährdet, die sich über das Internet verbreiteten. Außerdem waren nur relativ wenige französische Hacker in Foren wie CarderPlanet, Shadowcrew und DarkMarket unterwegs.

Zweitens verbreitete sich auch das E-Mail-Spamming in Frankreich nur langsam. Die Profite waren viel weniger verlockend als jene, die auf englische, spanische und in jüngster Zeit chinesische Massen-E-Mails folgten. Der Markt ist einfach zu klein. Und bis vor kurzer Zeit machten sich die rund achtzig Beamten bei OCLCTIC nicht die Mühe, Bedrohungen aus dem Ausland zu überwachen (anders verhielten sich allerdings das französische Militär und der Geheimdienst, die im Cyberspace sehr leistungsfähig sind). Die Operation Lord Kaisersose (gegen die Gruppe in Marseille) und die Operation Hard Drive (Dron und Theeeel) halfen den OCLCTIC-Beamten bis zu einem gewissen Grad dabei, ihren politischen Vorgesetzten klarzumachen, dass die Polizei sich in der internationalen Strafverfolgung stärker engagieren müsse. Was vielleicht am erstaunlichsten war: Wenn die OCLCTIC jemanden festnahm – wobei Dutzende von bewaffneten Beamten bestimmte Adressen in Marseille oder im Umland von Paris stürmten –, wurde in der französischen Presse kein einziges Mal darüber berichtet.

Die Polizisten, die Theeeel festnahmen, waren ein wenig erschrocken, dass er erst achtzehn war. Damit war er das jüngste Mitglied von DarkMarket, das irgendwo auf der Welt verhaftet wurde. Er hatte mit dem Carding angefangen, um einen Beitrag zur Finanzierung seines Studiums zu leisten. Wenn junge Frauen feststellen, dass sie den Weg durch die Hochschule finanziell nur dadurch bewältigen können, dass sie hin und wieder ihren Körper verkaufen, kann man durchaus damit rechnen, dass auch junge männliche Computerfreaks versucht sind, ihr Einkommen aufzubessern. Und eines merkte Theeeel ganz genau: Wenn der Rubel erst einmal rollt, ist es schwierig, die Gewohnheit aufzugeben.

Zuerst glaubten die französischen Polizisten, Lord Kaisersose müsse zu einer jener Banden von Kleinkriminellen gehören, die Marseille bevölkern, das französische Odessa. Auch die Stadt am Mittelmeer ist ein faszinierender Hafen mit einem einzigartigen Gemisch der Kulturen, zu dem in Marseille noch eine fantastische Küche hinzukommt. Während ihrer Überwachungsarbeit hatten die Polizisten erfahren, dass Dustin, einer von Kaisersoses Komplizen, eine Autostunde von Marseille entfernt ein Restaurant besaß und mit kleineren Betrügereien aufgefallen war.

Als aber die Beamten des OCLCTIC zusammen mit Polizisten aus Marseille das Apartment des Verdächtigen Hakim B. im Zentrum von Marseille durchsuchten, wurde ihnen klar, dass Lord Kaisersose in einer höheren Liga spielte. Von der großen Sammlung von Computerzubehör abgesehen, war die Wohnung geschmackvoll und elegant eingerichtet. Hakim war kein Straßenganove. Er war ein begabter Hacker, und sein Bruder Ali B. arbeitete zufällig bei DHL. Kaum eine andere Branche ist für Hacker so wertvoll wie die der internationalen Logistikunternehmen. Mit Ali als DHL-Insider verfügte Hakim über eine Fülle von Möglichkeiten, Waren und Geld von und nach Marseille zu verschieben, ohne dass es jemandem auffiel. Das war wichtig: Hakim war einer der größten Wiederverkäufer für Dumps des ukrainischen Carderkönigs Maksik.

Im Lauf von zwei Jahren hatte Maksik an Hakim die Daten von 28 000 Kreditkarten verkauft, was einem »Bargeldwert« von rund zehn Millionen Dollar entsprach. Mithilfe seines Teams – Ali, Dustin und ein paar andere – schickte Hakim die Karten zu Geldautomaten in ganz Südfrankreich. Dabei achtete er genau darauf, niemals französische Kreditkarten zu verwenden, sondern ausschließlich amerikanische. Hätte der Secret Service sich in diesem Fall nicht an die OCLCTIC gewandt, Lord Kaisersose wäre bis heute nicht zu fassen gewesen – und er wäre viel reicher.

25 Der Unsichtbare

Renukanth glaubte, er könne ein neues Leben anfangen. Nachdem man ihn aus DarkMarket ausgeschlossen hatte, war er in eine Depression verfallen, die drei Wochen angehalten hatte. Die Site, die er aus dem Nichts aufgebaut hatte, war das Einzige, das ihm etwas bedeutete – und ausgerechnet das hatte man ihm nun weggenommen. Als der Winter 2006 in den Frühling 2007 überging und der anfängliche Schock nachließ, überfiel ihn allmählich ein seltsames Gefühl der Befreiung. Er stellte fest, dass er jetzt das Crackrauchen und das Trinken aufgeben konnte. Der Nebel in seinem Gehirn lichtete sich, und er ging wieder ins Fitnessstudio, um einen Teil der zusätzlichen Kilos loszuwerden, die er in seiner Zeit als besessener Administrator von DarkMarket angesetzt hatte. JiLsi war klein, und von spindeldürr bis fett war es nur ein kurzer Weg.

Nach ein paar Wochen schickte er eine Anfrage an die Administratoren von DarkMarket und bat darum, wieder zugelassen zu werden. Sie kamen dem Wunsch nach, lehnten aber seine Bitte, wieder als Administrator tätig zu sein, ab. Stattdessen verliehen sie ihm den einzigartigen, allerdings auch bedeutungslosen Ehrentitel eines »Angesehenen Mitglieds«.

Er konnte also gegenüber den Mitgliedern der Website keine Macht auf Leben und Tod mehr ausüben, aber er trug weiterhin dazu bei, dass alles reibungslos funktionierte. Ein Mitglied hatte an einer Texaco-Tankstelle in Portsmouth an der englischen Südküste einen Kreditkartenbetrug begangen. Jemand hatte in der Decke über dem Kassenterminal eine Minikamera angebracht. Nun wurden nicht nur die Karten geskimmt, sondern ihre Eigentümer wurden auch dabei gefilmt, wie sie ihre Geheimzahlen eingaben. JiLsi hatte das Pech, dass er sich aus reiner Gefälligkeit gegenüber dem anderen Mitglied bereit erklärte, als Treuhänder zu fungieren. Schlimmer war aber noch, dass er ein anderes Mitglied namens Sockaddr beauftragte, die Karten in den Vereinigten Staaten zu Bargeld zu machen. Sockaddr war auf DarkMarket der wichtigste verdeckte Ermittler des Secret Service.

Aber JiLsi war jetzt nicht mehr so häufig im Forum präsent – seine Zeit als Carder ging zu Ende. Zwar wusste er noch nicht genau, was er in Zukunft anfangen sollte, er war sich aber ziemlich sicher, dass es an der Zeit war, von nun an sauber zu bleiben. Er musste sich aus dem Morast befreien, in dem er steckte.

Sein sechster Sinn sagte Renu auch, dass etwas Seltsames vorging. Wie ein Hirsch beim Sichern beobachtete, lauschte und schnupperte er nach dem leisesten Rascheln. Es war, als hätte er ein paar Tiere bemerkt, die hinter ihm her waren. Aus dem Augenwinkel glaubte er ein Rudel Löwen zu sehen, die um das Java Bean Café strichen. Und den Himmel suchte er nach kreisenden Geiern ab.

War es nur Verfolgungswahn, oder bestand die Gefahr einer Kollision zwischen seinen beiden Leben als Renu und JiLsi? Wie dem auch sei, am besten war es, auf alle Eventualitäten vorbereitet zu sein. Er konnte die offenkundigen Anzeichen nicht mehr unbekümmert ignorieren: den Wagen, der über längere Zeit in der Nähe des Cafés geparkt war; Fremde, die in den Laden kamen und dort einfach nicht hinpassten – falsche Bevölkerungsgruppe, falsche Kleidung. Nach ein paar Wochen wechselte Renu den Weg zum und vom Java Bean. Eines war klar: Er hatte Gesellschaft. Das waren die Löwen.

Die Geier waren Angehörige einer weniger gut organisierten, aber ebenso bedrohlichen Mannschaft, die Warnungen wegen bestimmter finanzieller Verpflichtungen ausgestoßen hatten – Verpflichtungen, die Renu vor mehr als einem Jahr nach der katastrophalen Episode mit dem verloren gegangenen Speicherstick übernommen hatte. Jetzt verlangten sie ihre Fleischbrocken. Ob eine der beiden Gruppen verhandlungsbereit war? Oder würde er vor beiden fliehen müssen?

Ein paar Monate zuvor, im März, hatte Mick Jameson die Funktion als Chefermittler im Fall JiLsi übernommen. Seine Behörde, die Serious Organised Crime Agency, war JiLsi nach einem Tipp von Keith Mularski schon seit mehr als einem halben Jahr auf der Spur. Sowohl der Secret Service als auch das FBI hatten JiLsi auf Grund seiner überaktiven Postings auf praktisch allen kriminellen Websites schon seit Langem als Zielperson ausgemacht (es ging so weit, dass eine Website fast als nicht koscher galt, wenn JiLsi dort nicht präsent war). Sein charakteristischer, munterer Avatar, der Pirat mit Augenklappe und Dreispitz, war allgegenwärtig.

Die Serious Organised Crime Agency war die einzige Polizeibehörde, die mit den Operationen von FBI und Secret Service in Sachen DarkMarket gleichermaßen vertraut war; bis zu einem gewissen Grade wirkte die britische Behörde zur Bekämpfung des organisierten Verbrechens als passiver Friedensstifter: Sie sorgte zumindest dafür, dass Lord Kaisersose und Theeeel in Frankreich zum gleichen Zeitpunkt festgenommen würden wie Matrix in Deutschland und JiLsi in England.

Schon seit Februar hatte ein Observationsteam seine Kameras und Lauschmikrofone auf das Java Bean gerichtet. Die Beamten hatten Renu beschattet. Sie hatten mitbekommen, wie er sich mit einigen Personen traf, wobei häufig Tamilisch gesprochen wurde. Sie hatten gesehen, wie er anderen, die mit Autos ankamen und anschließend sofort wieder davonfuhren, Bargeld und Speichersticks übergab. Sie waren sogar auf einen zweiten Nutzer von DarkMarket gestoßen, der ebenfalls häufig das Java Bean aufsuchte. Aber sie waren hinter Renu her. Mit dem Teleobjektiv hatten sie Aufnahmen von seinem Bildschirm gemacht. Einer von Jamesons Kollegen hatte DarkMarket als gewöhnliches Mitglied unterwandert, so dass sie einen großen Teil von JiLsis Postings überwachen konnten. Außerdem fütterte Mularski sie mit unschätzbar wertvollen Geheimdienstinformationen. Dennoch hatten sie bisher keinen schlüssigen Beweis, dass Renukanth Subramaniam mit JiLsi identisch war. Dazu mussten sie ihn festnehmen.

Die verschiedenen Polizeikräfte waren übereingekommen, in der zweiten Juniwoche zuzugreifen. Zwischen Secret Service und FBI war es schließlich zu einem gewissen Einvernehmen gekommen, und der 12. Juni sollte der entscheidende Tag sein. Dieser Plan wurde dann durch die anonymen E-Mails, die an Matrix001 geschickt wurden, zunichtegemacht. Wenn JiLsis Festnahme schiefging, bestanden gute Aussichten, dass die Nachricht sich innerhalb weniger Minuten auf DarkMarket verbreitete, und damit wären jahrelange, mühsame Vorbereitungsarbeiten umsonst gewesen.

Dann wurden Jamesons schlimmste Befürchtungen Wirklichkeit: Ein paar Tage nach Matrix' Festnahme war JiLsi verschwunden. Er war morgens nicht zum Java Bean gegangen, sondern zur nahe gelegenen Station Wembley Park, um in die Londoner Innenstadt zu fahren. Als er auf der North Circular, der chronisch verstopften inneren Ringstraße der Stadt, bei Ikea vorübergekommen war, hatte er einen seltsam aussehenden Mann bemerkt. Oder war es eine Frau? Er konnte es nicht entscheiden. »Mannweib« war vielleicht die beste Beschreibung. Er ging weiter in Richtung Wembley Park. Gerade als er zu der Unterführung an der U-Bahn-Station kam, fiel ihm über sich auf der Brücke ein langhaariger Mann auf, der ihn beobachtete und in sein Telefon sprach.

Nachdem er mit der Jubilee Line ein Stück in Richtung Innenstadt gefahren war, stieg er in Green Park in die Piccadilly Line um, und am Leicester Square stieg er wieder aus. Aber wie so viele Fahrgäste an dieser Station, so nahm auch er den falschen Ausgang. Er musste umkehren und in Richtung des eigentlichen Platzes gehen.

Plötzlich stockte ihm das Herz: Mr. Mannweib war wieder da. Und als Renu den von Touristen und Straßenkünstlern bevölkerten Leicester Square überquerte, stieß er fast mit Mr. Langhaar zusammen. Jetzt gab es keinen Zweifel mehr: Er wurde streng observiert.

Er schlüpfte in ein chinesisches Restaurant, schlang ein Mittagessen hinunter und überlegte, welche Möglichkeiten ihm blieben. Nachdem er wieder ins Freie getreten war, lief er die St. Martin's Street hinunter, eine Gasse, die sich neben der Nationalgalerie zu einem Durchgang verengt, bevor sie auf den Trafalgar Square mündet.

Die Besucher umkreisten die Nelson-Säule und bewunderten die außergewöhnliche, mehr als dreieinhalb Meter hohe Statue auf der vierten Plinthe in der Nordwestecke des Platzes, wo die Ausstellungsstücke ungefähr alle eineinhalb Jahre gewechselt werden. *Alison Lapper Pregnant* stellte die namengebende britische Künstlerin nackt und hochschwanger dar. Ms. Lapper war ohne Arme zur Welt gekommen, und die Entscheidung, die Statue aufzustellen, hatte für viel Wirbel gesorgt. Sie zog die Menschenmassen an, und als Renu sich seinen Weg durch eine Horde von Touristen bahnte, hatten seine Aufpasser hinter ihm zu kämpfen. Er sprang in den ersten vorüberfahrenden Bus und stieg in die obere Etage. Als sie in die Duncannon Street einbogen, blickte er vom Oberdeck nach unten und sah sowohl Mr. Mannweib als auch Mr. Langhaar, die sich verzweifelt umsahen und nach ihrem verschwundenen Opfer suchten.

Renu verschwand. Aber er war nicht der Einzige: JiLsi hatte für alle Zeiten sein letztes Posting im Internet veröffentlicht.

Ein paar Wochen später war Renukanth auf dem Weg zu einem jener Anwesen, die ihm zwar nicht gehörten, auf die er aber Hypothekenkredite aufgenommen hatte. Das Haus lag genau in der Einflugschneise des Flughafens Heathrow. Er hatte es fast erreicht, da klingelte sein Handy. Es war sein Kumpel, der dort wohnte. Er warnte Renu, er solle wegbleiben. Die Polizei hatte gerade das Haus durchsucht und eine Belohnung für seine Festnahme ausgesetzt.

Mick Jameson, bei der SOCA der Leiter der Ermittlungen gegen JiLsi, hatte Renus Hauptwohnsitz in Coniston Gardens und auch einige andere seiner Wohnungen aufgesucht. Neben seiner Arbeit als JiLsi auf DarkMarket war der Srilanker auch ein gefährlicher Kreditbetrüger. Er hatte wiederholt falsche Angaben über seine beruflichen und finanziellen Verhältnisse gemacht, um so Hypothekendarlehen auf verschiedene Anwesen im Norden, Westen und Süden von London zu ergattern. In Großbritannien herrschte nicht dieselbe Hektik mit schlecht besicherten Immobilienkrediten wie in den Vereinigten Staaten, aber das berüchtigte System der Selbstbeglaubigung, bei dem eigene Angaben als ausreichender Beweis für ein festes Einkommen galten, führte in Verbindung mit der Praxis, einen Kredit bis zum Fünffachen des Einkommens eines Antragstellers zu vergeben (in eher nüchternen Zeiten lag der Faktor nie höher als 3) dazu, dass Hypothekenbetrug in Großbritannien relativ einfach war. Der Markt war so von Konkurrenz geprägt, dass es im Bankgewerbe allgemein üblich war, zwei Augen zuzudrücken.

Als der Anruf kam, ging es Renu allerdings weniger um die Feinheiten seiner verschiedenen Betrügereien als vielmehr darum, aus den tiefen Gewässern herauszukommen, in die er geraten war. Augenblicklich entschloss er sich, unterzutauchen. Drei Wochen lang schlief er sehr ungemütlich und mied alle Adressen, von denen er annahm, dass sie in irgendeiner Form überwacht wurden. Als er den Tipp wegen der Polizeirazzia bekam, hatte er ungefähr 500 Pfund bei sich.

Sein Leben war schon vorher hektisch und riskant gewesen, aber Renu hatte an seinem ein wenig gespenstischen Dasein immer Spaß gehabt: Er hielt sich nie lange an einer Adresse auf, gab immer wieder Speichersticks an schattenhafte Kontaktpersonen weiter und wurde natürlich als Meister der Carding-Sites gefeiert, ohne dass irgendjemand wusste, wer er war. Anfangs glaubte er, es würde zu diesem Mythos beitragen, wenn er in Pappkartons zwischen den Alkoholikern unter den Brücken schlief. Als ihm aber das Geld ausging und er praktisch nur noch von der Hand in den Mund leben konnte, gelangte Renukanth Subramaniam – ungewaschen, ungekämmt und ungesund – zu dem Schluss, dass Weglaufen und Verstecken eine Sackgasse waren.

Am 3. Juli 2007 betrat er die Polizeiwache von Wembley Park und stellte sich. Der einfache Teil der Operation DarkMarket war abgeschlossen.

Zwischenspiel
Das Land Ich-weiß-nicht-was
und Ich-weiß-nicht-wo

Tallinn, Estland

Im Frühjahr 2007, vier Tage vor dem Termin der Parlaments-
wahl, machte die winzige baltische Republik Estland, ein Land
mit 1,25 Millionen Einwohnern, ihren Wählern ein weltweit bei-
spielloses Angebot: Sie konnten ihre Stimme abgeben, ohne auch
nur vom PC aufzustehen. Wenn das Experiment klappte, so das
Ziel, sollte vier Jahre später, also 2011, eine »vollständig virtuelle«
Wahl stattfinden.

Wenn Estland diesen bedeutenden Sprung in die digitale
Zukunft vollzog, stand viel auf dem Spiel: Die Systeme mussten
nicht nur funktionieren, sie mussten auch gegen Angriffe von
außen gesichert sein. Ein Jahr zuvor hatte man in Estland offiziell
das Computer Emergency Response Team (CERT) gegründet; die
Hauptaufgabe dieser Einheit war der Umgang mit allen (zufälligen
oder bösartigen) Verletzungen der Internet-Domain, die das Lan-
deskennzeichen.ee trägt. Dazu musste der Internetverkehr in das
Land, aus ihm heraus und um es herum ständig auf Auffälligkeiten
hin beobachtet werden.

Der Mann, der für die Computersicherheit des ganzen Landes zuständig ist, heißt Hillar Aarelaid. Er spricht leise und sieht
aus wie jemand, der gerade aus dem Bett gepurzelt ist. Aarelaid mag geistesabwesend wirken, in Wirklichkeit machte er
aber mit seiner Zielstrebigkeit bei der estnischen Polizei, wo er
in der tiefsten Provinz als einfacher Verkehrspolizist angefangen hatte, schnell Karriere. »Ich liebe Computer. Deshalb habe
ich mich zuerst nach Tallinn versetzen lassen, und dann wurde

ich zum Leiter der Datenverarbeitung für die Polizei im ganzen Land ernannt«, sagt er. Kein Wunder – er sieht eindeutig wie ein Computerfreak aus. Und ebenso eindeutig sieht er nicht wie ein Polizist aus – oder allenfalls wie ein verdeckter Drogenermittler aus den 1980er Jahren. Vielleicht lag es also zumindest teilweise auch an der Kleidung, dass er die Polizei verließ und nun das CERT leitete.

Am Tag der virtuellen Wahl 2007 herrschte für Hillar und seine früheren Kollegen bei der Polizei Alarmstufe Rot. »Und natürlich haben wir gemerkt, dass jemand einen Botscan auf das Wahlsystem losgelassen hat.« Anscheinend hatte jemand eine automatische Sonde in Gang gesetzt und ihr die Anweisung erteilt, auf den Wahlservern nach Ports zu suchen, die vielleicht irrtümlich offen geblieben waren. »Das war keine ernste Sache, denn Botscans bemerkt man leicht«, fuhr Hillar fort, »aber es war dennoch eine echte Bedrohung für die Sicherheit.«

Dann plusterte er sich auf – soweit ein derart lässiger Mensch wie Hillar dazu überhaupt in der Lage ist – und gab stolz bekannt: »Eine Viertelstunde nachdem wir den Botscan zum ersten Mal bemerkt hatten, klopfte ein Polizist bei einer Adresse in Rapla, fünfzig Kilometer südlich von Tallinn, an die Tür und fragte den Bewohner: »Warum lassen Sie einen Botscan gegen die Wahlcomputer laufen?«

In der Welt der Cybersicherheit ist ein Zeitraum von 15 Minuten von der Entdeckung eines Vergehens bis zur Ankunft eines Beamten bei dem Computer, von dem die Attacke ausgeht, nicht nur beeindruckend – es ist hervorragend. »Wir hatten Glück, dass wir es so gut gemacht haben«, sagte Hillar, »denn als dann Ende April der erste große Angriff kam, waren wir vorbereitet.«

Der »große Angriff« fand zwei Monate nach der Wahl statt und war für Estland ebenfalls ein digitales »erstes Mal«: Das Land war einem dauerhaften Angriff auf seine Netzwerke ausgesetzt und musste am Ende seine Internetverbindungen zur übrigen Welt unterbrechen. Nach Ansicht mancher Fachleute handelte es sich hier um den ersten Fall von Cyber-Kriegführung.

Ich besuchte Hillar einen Monat nachdem ich bei Google im Silicon Valley gewesen war. Meine Reise in den Osten führte mich nach Tallinn, in die pittoreske Hauptstadt des nördlichsten baltischen Staates. Die alte Stadtmauer umschließt eine reichhaltige Mischung aus skandinavischer, germanischer und slawischer Architektur. Die Gebäude zeigen, wie die früheren imperialen Ambitionen der nördlichen, östlichen und westlichen Nachbarstaaten vor etwas mehr als zwanzig Jahren, nach dem Zusammenbruch des Kommunismus, zum ersten Mal einer eigenständigen estnischen Kultur Platz machen – wobei Russen allerdings noch heute knapp ein Viertel der Bevölkerung ausmachen.

In enger Nachbarschaft zu den orthodoxen, lutherischen und katholischen Kirchen liegen pseudorustikale Touristenlokale, und nach einer herzhaften Mahlzeit kann man den Abend beim Tanzen in eleganten Nachtclubs ausklingen lassen. Herrenabende betrunkener junger Engländer finden in Estland nicht so häufig statt wie im benachbarten Lettland, aber auch dieses Land hat seine halbseidene Seite. Einer der Clubs ist die Depeche Mode Bar, die ausschließlich Lieder der namengebenden Achtziger-Jahre-Band aus Essex spielt und sich als Tempel für das kulturelle Erbe Großbritanniens aus der Frühzeit von Margaret Thatcher herausgeputzt hat.

Bei meiner Ankunft wurde Tallinns seltsame, aber aufgeschlossene Atmosphäre noch dadurch verstärkt, dass ich nur eine Woche vor der Sommersonnenwende und dem Anbruch der sagenumwobenen weißen Nächte eintraf. Um diese Zeit wird es erst nach Mitternacht dunkel, und eineinhalb Stunden später dämmert bereits der Morgen. Eine Woche später ist es rund um die Uhr hell.

Die chaotische Drehscheibe aus imperialen Ambitionen, eigenartigen modernen Kultursinnbildern und träumerischem Licht bildet die ideale Kulisse für die Jahrestagung des Cooperative Cyber Defence Centre of Excellence (CCDOE), einer von der NATO finanzierten Institution, die alle Aspekte der Cyber-Kriegführung erforscht. Unter den Konferenzteilnehmern befinden sich Menschen mit Pferdeschwänzen und Nickelbrillen, die mit uniformierten Militärexperten voller Ernst Informationen über »SQL-Injektionsgefährdungen« austauschen, während beamtete Anzugträger mit jungen Männern in Jeans und T-Shirt fachsimpeln, die ihnen die Ungesetzlichkeit von »Man-in-the-middle-Angriffen« erläutern.

Um die Vielgestaltigkeit im Wunderland der Cybersicherheit auch nur ansatzweise verstehen zu können, muss man bereit sein, unzählige neue Begriffe zu erlernen. Anderenfalls wird man unter Umständen Zeuge einer Unterhaltung, die zwar, was Grundwortschatz und Grammatik angeht, zweifellos auf Englisch geführt wird, sich aber für jeden, der das Fachchinesisch nicht versteht, völlig sinnlos anhört. Natürlich ist es peinlich, wenn man bei denen, die diese Sprache beherrschen, nachfragen muss, warum ein »Pufferüberlauf« beunruhigende Folgen für die Sicherheit eines Netzwerks haben kann, aber Computerfreaks sind meistens eher locker drauf und geben gern Auskunft.

Estland ist zwar klein, aber dennoch das am dichtesten verkabelte Land Europas und hinsichtlich seines digitalen Standards einer der weltweit führenden Staaten. Dort wurde unter anderem der Internettelefondienst Skype erfunden. An den meisten Stellen findet man kostenlose WLAN-Zugangspunkte, und der Internetzugang gilt nicht als Privileg, sondern als Grundrecht. In Estland findet man kein Hotel, das dem Gast für die Verbindung zum Web ins Portemonnaie greift.

Mit Hillar Aarelaid unterhielt ich mich allerdings nicht über Estlands fortschrittliche Lebensweise, sondern über seine sagenumwobene Stellung in der schnell wachsenden Geschichte der digitalen Konflikte.

Anfang 2007 erklärte die estnische Regierung, sie wolle das Denkmal für die Gefallenen der Roten Armee während der Großen Patriotischen Krieges (wie der Zweite Weltkrieg in Russland genannt wird) von seinem Standort im Herzen Tallinns auf den Hauptfriedhof verlegen, der ebenfalls nicht weit vom Stadtzentrum entfernt ist. Russland und seine politische Führung sahen darin eine unerträgliche Beleidigung, ja sogar einen Beweis für das Wiederaufleben des faschistischen estnischen Nationalismus (bei allen 750 000 Esten) und einen Affront gegenüber den Soldaten der Roten Armee, die ihr Leben geopfert hatten, um Estland vom Joch der Naziherrschaft zu befreien.

Der Streit um den Bronzesoldaten eskalierte. Russische Medien befeuerten die Befürchtungen der russischen Minderheit im Land, und es dauerte nicht lange, dann war die Belastungsgrenze erreicht. Am Nachmittag des 27. April versammelten sich mehrere hundert junge, russischstämmige estnische Staatsbürger in der Innenstadt von Tallinn. Der Protest gegen die Entfernung des Denkmals blieb friedlich und gutmütig, bis eine Gruppe einen Polizeikordon durchbrechen wollte, der die Statue schützte. Es kam zu Gewaltausbrüchen, die sich schnell ausbreiteten, und am Abend stand die Altstadt, die zum UNESCO-Weltkulturerbe gehört, in Flammen: Autos brannten, Schaufensterscheiben wurden zertrümmert, Läden geplündert.

Als die Unruhen sich auszubreiten drohten, sprach Moskau Warnungen vor der angeblichen Brutalität der estnischen Polizei aus, und in dem Land, das erst knapp zwei Jahrzehnte zuvor von der Sowjetunion unabhängig geworden war, machten sich Angst und Unsicherheit breit. Dass Russland »brüderliche Hilfe« anbieten würde, um den sowjetischen Euphemismus für die Entsendung von Panzern zu verwenden, war höchst unwahrscheinlich. Immerhin war Estland jetzt Mitglied der NATO, und dass Russland wegen einer albernen Statue den NATO-Bündnisfall – alle für einen, einer für alle – strapazieren würde, erschien unvorstellbar.

Zum Glück für uns alle ließ der Kreml tatsächlich keinerlei Neigung zur brüderlichen Hilfeleistung erkennen, aber während es im Zentrum Tallinns von Aufständischen wimmelte und Fahnen brannten, eröffneten die Hacker in diesem seltsamen Konflikt eine neue Front.

An jedem Abend gingen auf den Websites des estnischen Präsidenten und mehrerer Ministerien ungeheure Mengen von Spam-

E-Mails ein, und das Foto des Premierministers auf der Website seiner Partei wurde entstellt. In russischsprachigen Chatrooms wurden Hacker aufgefordert, estnische Websites anzugreifen, und auch die erforderliche Software wurde gleich mitgeliefert. Glaubt man Quellen, die in einem Telegramm der US-Botschaft an Washington (c/o WikiLeaks) zitiert werden, waren die Angriffe anfangs technisch einfach gestrickt und »wirkten nicht wie ein Cyberkrieg, sondern eher wie ein Cyberaufstand«.

Im Laufe des Wochenendes jedoch eskalierten die Angriffe: Aus Spamwellen wurden DDoD-Attacken. Hacker hatten Dutzende von lästigen Botnets geschaffen, so dass sie infizierte Zombierechner auf der ganzen Welt dazu veranlassen konnten, ständig estnische Websites aufzurufen. Es waren gewaltige Angriffe: Die Website des Präsidenten, »die normalerweise über eine Kapazität von zwei Millionen Megabits pro Sekunde verfügt, wurde mit Traffic von fast 200 Millionen Megabits pro Sekunde überschwemmt«, berichtet ein Telegramm der US-Botschaft. Auch das war noch beherrschbar, aber am 3. Mai »griffen die Cyberattacken von den Sites der estnischen Regierung auf private Sites über«.

Am Abend des gleichen Tages gegen 22 Uhr erhielt Jaan Priisalu in seiner Wohnung am Stadtrand von Tallinn einen Anruf. »Sie haben mir gesagt, dass im Büro alle Kanäle runtergefahren wurden«, erinnerte er sich. Als IT-Sicherheitschef der Hansabank, des größten estnischen Geldinstituts, war Priisalu sofort hellwach. »Dann wurde mir in einer SMS mitgeteilt, dass unser Internetbanking nicht mehr funktionierte.«

Überall herrschte Alarmstufe Rot: Zehntausende von Computern überschwemmten die Systeme der Hansabank mit Informationsanfragen. Priisalu begann sofort, die hektische elektronische Aktivität genauer zu untersuchen, und stellte sehr bald fest, dass die Hansabank von einem Botnet aus rund 80 000 Computern angegriffen wurde. Er verfolgte die Attacken zu ihrem Ausgangspunkt zurück: Sie kamen von einem Server in Malaysia. Das hatte allerdings überhaupt nichts zu sagen: Ihren wahren Standort jenseits von Malaysia hatten die Angreifer erfolgreich verschleiert.

Priisalu erkannte aber sofort, dass er es mit einem sehr ernsten Angriff zu tun hatte. »Es war massiv«, sagte er. Ein Botnet aus 80 000 Computern ist ein Monster, das die gesamten Computersysteme eines Unternehmens innerhalb weniger Minuten lahmlegen kann.

Dank Priisalus Vorsichtsmaßnahmen war die Hansabank mit leistungsfähigen Servern gut gerüstet. Es gab andere Websites, die ihren Inhalt spiegelten (was die Erfolgsaussichten von DDoS-Angriffen verminderte). Die Website der Hansabank blieb zwar online, aber nach einem Bericht der wichtigsten estnischen Quelle der US-Botschaft kostete die Attacke das Unternehmen »mindestens zehn Millionen Euro«.

Die nächsten Ziele waren estnische Medien, darunter die Tageszeitung mit der meistfrequentierten Nachrichten-Website. »Versuchen Sie einmal, sich die psychologischen Auswirkungen auszumalen«, sagt ein Beobachter. »Ein Este versucht vergeblich, seine Rechnungen zu bezahlen, oder er will online die Nachrichten lesen, und es geht nicht.« Die Regierung war höchst beunruhigt und machte sich große Sorgen, die eskalierenden Angriffe könnten »eine beängstigende Bedrohung für die wirtschaftliche und gesellschaftliche Infrastruktur darstellen«.

Zur gleichen Zeit hatten Hillar Aarelaid und sein Team bereits vollständig mobilgemacht. Die estnische CERT reagierte mit einer Erweiterung der Breitband-»Pipeline« des Landes, wobei Freunde im Ausland, insbesondere in Finnland und Schweden, behilflich waren. »Wir hatten damit gerechnet, dass so etwas geschehen könnte, und waren in Alarmbereitschaft«, erinnert sich Hillar. »An dieser Stelle haben die Russen einen Fehler gemacht. Wenn man mit so einem Angriff Erfolg haben will, muss man den Feind sehr gut kennen und ganz in seiner Nähe sein.« Wie er weiter erklärte, hatten die Russen nicht vorausgesehen, wie gut Estland vorbereitet sein würde. »Wenn sie genau darüber nachgedacht hätten«, so fuhr er fort, »dann hätten sie wissen müssen, dass wir wegen der kurz zuvor abgehaltenen Wahlen in Alarmbereitschaft waren.«

Dank der guten Koordination von Regierung, Polizei, Banken und CERT hielten sich die Folgen der Angriffe für die Normalbürger in erträglichen Grenzen. Die Hansabank konnte ihr Onlinebanking aufrechterhalten, der zweit- und der drittgrößten Bank gelang dies aber nicht. Stattdessen kamen die Kunden einfach in die Filialen. Das Handynetz war gestört, und nachdem die Regierung angeordnet hatte, die Verbindungen Estlands zur Außenwelt zu unterbrechen, war die Kommunikation innerhalb des Landes noch einige Tage lang schwierig. Anders als in ersten Berichten behauptet wurde, waren die Verkehrsampeln in Tallinn nicht außer Betrieb, gewisse Unterbrechungen gab es aber bei der Arbeit von Regierung und Medien.

Die Angriffe setzten sich mit wechselnder Intensität über zwei Wochen fort. Ihren Höhepunkt erreichten sie mit einer massiven Attacke am 9. Mai, dem Datum, an dem die Rote Armee in Europa die Nazis besiegt hatte. An diesem Tag war die estnische Regierung der pausenlosen DDoS-Angriffe überdrüssig und entschloss sich, das Internetsystem des Landes von der übrigen Welt zu trennen. Daraufhin flauten die DDoS-Angriffe stark ab, und am 19. Mai waren sie schließlich zu Ende.

Die Vorgänge in Estland hatten schwerwiegende Folgen. Aus politischer Sicht war völlig klar, dass die Angriffe aus Russland kamen, aber wie nicht anders zu erwarten, leugnete die Regierung in Moskau jede Verantwortung. Dass offizielle Stellen nicht beteiligt waren, ist durchaus möglich. Den Ermittlern gelang es nicht, den genauen Ausgangspunkt der Angriffe ausfindig zu machen. Geht man aber davon aus, dass sie aus Russland kamen, musste die Regierung durch ihr allwissendes Überwachungssystem SORM-2 davon erfahren haben. Allerdings herrschte im russischen Internet zu jener Zeit so außergewöhnlich viel Betrieb, dass selbst SORM-2 es vermutlich schwer hatte, alles mitzubekommen. Wer weiß? Eines machte der Angriff auf Estland ganz deutlich: Man kann zwar schlaue Vermutungen darüber anstellen, wer solche Ereignisse in Gang gesetzt hat, aber ganz sicher sein kann man nie.

Wie alle Regierungen, so entwickelte auch die russische eine eigene, besondere Haltung gegenüber dem Internet, seiner Funktion und dem Verhältnis zwischen Staat und Nutzer. In Moskau hatte man schon in den 1990er Jahren erkannt, dass das Internet für Politik und Sicherheit von überragender Bedeutung war, so dass es die volle Aufmerksamkeit einer der beständigsten und erfolgreichsten Institutionen des Landes verdiente: der Geheimpolizei. Kurz gesagt, entwickelte der FSB (die unmittelbare Nachfolgeorganisation des KGB) die Fähigkeit, jedes Datenpaket zu überwachen, das ins Land, aus dem Land oder innerhalb des Landes unterwegs war. Das System läuft unter der düsteren Abkürzung SORM-2, dem Система Оперативно-Розыскных Мероприятий oder System für Operative Ermittlungsaktivitäten.

SORM-2 kann einem wirklich Angst machen. Wenn ein Computernutzer in Wladiwostok oder Krasnodar Informationen aus dem Netz anfordert und diese beim Internetprovider eintreffen, landet eine Kopie stets bei der FSB-Zentrale in Moskau, wo sie je nach Lust und Laune des Geheimdienstes gelesen, ausgewertet, ausgelacht oder (wer weiß?) als Indiz gegen den Nutzer verwendet werden kann. Zumindest aber wird sie gespeichert.

SORM-2 schreibt nicht nur vor, dass alle russischen Internetprovider ihren gesamten Datenverkehr an die FSB-Zentrale weiterleiten müssen; es kommt noch schlimmer: Die Internetprovider müssen auch die erforderliche Technik kaufen (was Kosten von mehr als 10 000 Dollar verursacht) und den Betrieb finanzieren. Diese Kosten werden natürlich an die Verbraucher weitergegeben; diese bezahlen also indirekt ein riesiges Unterdrückungsinstrumentarium, dessen wichtigste Opfer sie selbst sind.

Der russische Staat kann also wissen, wer wann wem was im Netz antut, und oftmals auch, warum. Natürlich könnte ein gewitzter russischer Computernutzer einen Plan aushecken, um das allwissende SORM-2 auszuhebeln: Dazu braucht man nur Daten und Browseraktivitäten zu verschlüsseln. Aber wie bereits erwähnt, ist Verschlüsselung in Russland verboten, und eine einzige Datei mit einem digitalen Schloss reicht aus, um jemandem ein Einwegticket nach Sibirien zu verschaffen.

Damit soll nicht gesagt sein, dass der Umgang westlicher Staaten mit dem Internet ein Musterbeispiel für Meinungsfreiheit ist. Im Gegenteil: Mit unserer Abhängigkeit vom Internet wachsen auch die Bestrebungen, die Fähigkeiten und der Wille der Regierungen, es zu kontrollieren. Trotz der üblichen Beteuerungen von Beamten und Politikern, es gebe keine solchen Entwicklungen, ist der qualvolle, langsame Tod des Internet-Datenschutzes insbesondere in Großbritannien und den Vereinigten Staaten eine traurige und deutlich sichtbare Realität, und vermutlich ist er unvermeidlich.

Nach den Anschlägen vom 11. September 2001 wurde der Schutz vor staatlichen Eingriffen ins Web im Namen der Terrorismusbekämpfung stark eingeschränkt. Das wichtigste Hilfsmittel war in den Vereinigten Staaten das Programm Total Information Awareness (TIA), aber selbst die Bush-Regierung mit ihren traditionell tauben Ohren musste irgendwann erkennen, welche Orwell'schen Assoziationen der Name weckte, und so wurde das Programm in Terrorism Information Awareness (TIA) umbenannt.

Es verschaffte der DARPA, der Forschungs- und Ermittlungsabteilung des Pentagon, in großem Umfang Zugang zu Daten aus der privaten Kommunikation. Das Programm wurde zwar letztlich beendet, aber viele Befugnisse blieben bestehen und wurden auf verschiedene US-amerikanische Behörden verteilt.

Darüber hinaus gestattete der Oberste Gerichtshof dem FBI in einem Musterprozess, Keylogger-Trojaner in die Computer von Verdächtigen einzuschleusen, allerdings nur unter richterlicher Aufsicht. Auf diese Weise konnte das FBI alles aufzeichnen, was der Verdächtige mit seinem Computer tat, genau wie ein Cyberverbrecher, der den Rechner eines anderen mit einem Keylogger infiziert. Das Europäische Parlament bestätigte zur Jahrtausendwende die Existenz von Echelon, eines weltweiten Spionageprogramms der Vereinigten Staaten, das sich angeblich überall auf der Welt in die digitale Kommunikation einklinken kann.

Nach einer EU-Richtlinie, die unter der britischen Ratspräsidentschaft erlassen wurde, sind Internetprovider in Europa verpflichtet, den gesamten Datenverkehr und auch Handygespräche sechs Monate bis zwei Jahre lang zu speichern – Daten, auf die verschiedene staatliche Behörden dann je nach den nationalen Gesetzen zugreifen können. Wenn sich diese Entwicklung in Richtung einer digitalen Überwachung fortsetzt, können die westlichen Regierungen (in der Regel im Namen von Terrorabwehr und Polizeiarbeit) die Bewegungen und Gewohnheiten ihrer Bürger nach und nach immer besser überwachen.

Am besten beschrieben Wissenschaftler der London School of Economics den eingeschlagenen Weg. Im Juni 2009 forderten sie die Öffentlichkeit auf, sich Folgendes vorzustellen:

> Die Regierung hat einen tauben Sicherheitsbeamten, der jede einzelne Person auf allen ihren Wegen verfolgt. Der Beamte kann den Inhalt von Unterhaltungen nicht belauschen, ansonsten aber jedes noch so kleine Detail im Leben eines Menschen beobachten: wann er aufwacht, wie er zur Arbeit fährt, mit wem er wie lange spricht und wie seine Geschäfte laufen, wie es um seine Gesundheit steht, wen er auf der Straße trifft, mit wem er soziale Beziehungen pflegt, welche politischen Ansichten er hat, welche Zeitungen und welche Zeitungsartikel er liest und wie er darauf reagiert, welche Lebensmittel er im Einkaufswagen hat, ob er sich gesund ernährt, wie gut die Ehe funktioniert, welche außerehelichen Affären jemand hat, mit wem er sich verabredet und welche intimen Beziehungen er pflegt. Da die meisten derartigen Interaktionen heute auf irgendeiner Ebene durch Telekommunikationsdienstleistungen vermittelt oder durch mobile Geräte erleichtert werden, liegen alle diese Informationen nun bei unseren Internetprovidern, wo sie nur darauf warten, dass die Behörden darauf zugreifen.

Zumindest im Westen haben wir noch die Chance, einen Teil der drakonischen Maßnahmen zu verhindern, die verschiedene staatliche Behörden anwenden wollen, um den Internetverkehr ihrer Bürger zu überwachen.

Angesichts des starken Bürgerrechtsbewusstseins im Westen und der umfassenden Internetüberwachung des KGB könnte man annehmen, dass Russland für Cyberkriminelle ein unerbittlich feindseliges Umfeld darstellt. Dennoch ist die Russische Föderation zu einem der großen Zentren der weltweiten Cyberkriminalität geworden. Die Aufklärungsrate der Polizei ist beklagenswert gering, und die Zahl der Verurteilten erreicht kaum den zweistelligen Bereich. Der Grund wird zwar nicht ausgesprochen, ist aber allgemein bekannt: Russische Cyberkriminelle dürfen ungehindert so viele Kreditkarten klonen, so viele Bankkonten hacken und so viel Spam verschicken, wie sie wollen, vorausgesetzt, die Ziele der Angriffe liegen in Westeuropa und den Vereinigten Staaten. Ein russischer Hacker, der Russen betrügen wollte, würde zusammengeschnürt im Kofferraum eines unauffälligen Fahrzeugs liegen, bevor er überhaupt nur »KGB« sagen kann.

Natürlich gilt auch das Umgekehrte: Sollte der russische Staat die Dienste eines Hackers in Anspruch nehmen wollen, um einen verheerenden Cyberangriff auf einen vermeintlichen Feind zu starten, ist es für den Hacker vermutlich am besten, wenn er mitmacht.

Das Jahr 2007 war die Blütezeit einer lockeren, in Sankt Petersburg ansässigen Organisation von Unternehmen, die sich Russian Business Network oder RBN nannte. Die rätselhafte Institution bot an, Websites für Einzelpersonen und Unternehmen zu betreiben, und war als König der »kugelsicheren Hoster« bekannt. Firmen, die einen solchen Service anbieten, lassen ihre Kunden damit unausgesprochen auch wissen, dass sie sich für Inhalt oder Funktion einer Website nicht interessieren, und als Gegenleistung für wesentlich höhere Gebühren leisten sie Widerstand gegen alle juristischen oder digitalen Versuche, die Sites funktionsunfähig zu machen.

Nicht alle kugelsicheren Provider sind dazu da, die Gesetze zu umgehen, aber Verbrecher und Piraten bedienen sich häufig ihrer Dienstleistungen. Nahezu unentbehrlich sind sie beispielsweise für Personen und Gruppen, die Kinderpornografie verbreiten; das RBN hatte nach den Befunden der Forschungsabteilungen mehrerer Sicherheitsunternehmen auch solche Klienten unter seinen Kunden.

Ebenso sind kugelsichere Provider von unschätzbarem Wert für Leute, die Spam-E-Mails verbreiten: Solche Unternehmungen erfordern eine gewaltige, gesicherte Kapazität, damit Milliarden zweifelhafte Werbesendungen und Viren verschickt werden können. Die nigerianischen 419-Betrügereien, gefälschte Arzneimittel, Methoden zur Penisvergrößerung und viele andere dubiose Angebote werden von kugelsicheren Providern über die ganze Welt verbreitet. Viele Spam-Nachrichten dienen als Tarnung für Viren oder enthalten Links zu infizierten Websites, und wenn man sie anklickt, wird der betroffene Computer zum Fußsoldaten in einer Botnet-Armee.

In den Jahren 2006 und 2007, während der Blütezeit des Russian Business Network, führte das geheimnisumwitterte Anti-Spam-Unternehmen Spamhaus aus Cardiff insgesamt 2048 Internetadressen auf, die unter Kontrolle des RBN standen; dieses wurde als »einer der schlimmsten Spammer der Welt« bezeichnet, aber auch als Heimstatt riesiger »Netzwerke für Kinderpornografie, Schadsoftware, Phishing und Cyberkriminalität«.

Die größte Bedeutung des RBN liegt in den Gewinnen, die solche kugelsicheren Providerfirmen abwerfen: Sie können ihren Kunden pro Monat 600 Dollar oder mehr berechnen. Für legale Websites liegen die Kosten bei einem Zehntel dieses Betrages.

Seine zweite Rolle ist jedoch in vielerlei Hinsicht die interessantere: Die Angriffe auf Estland begannen mit Millionen Spam-E-Mails, die auf die Computernetzwerke der estnischen Regierung einströmten. François Paget, der bei dem US-amerikanischen Computersicherheitskonzern McAffee arbeitet, analysierte später den Inhalt der Spam-Mails und stellte dabei fest, dass sie mit den üblichen RBN-Mails identisch waren. Außerdem berichtete Andy Auld, der Leiter der Cyberaufklärung bei der britischen Serious Organised Crime Agency, die britische Polizei habe während ihrer kurzen Beobachtung des RBN in Sankt Petersburg nachgewiesen, dass die Organisation unter anderem deshalb arbeiten konnte, weil sie die lokalen Polizeibehörden und die Justiz bestach.

Dass das RBN die Angriffe gegen Estland in Auftrag gab, ist zwar möglich, aber höchst unwahrscheinlich. Vermutlich wurde es entweder selbst dafür bezahlt, oder die Behörden setzten es unter Druck, damit es sich an diesem patriotischen Akt beteiligte. Der Zusammenhang zwischen einem Komplex von Internetprovidern aus Sankt Petersburg, die sich auf kriminelle Aktivitäten spezialisiert hatten, und dem Cyberangriff auf Estland wirft ein Schlaglicht auf eines der größten Dilemmas im Zusammenhang mit Computerkriminalität und Computersicherheit.

Im Internet gibt es drei wichtige Bedrohungen, von denen jede in unterschiedlichem Gewand in Erscheinung treten kann. Die erste ist die Cyberkriminalität. In ihrer einfachsten Form besteht sie aus dem »Carding«, dem Diebstahl und Klonen von Kreditkartendaten zum Erzielen finanzieller Gewinne. Darüber hinaus gibt es alle möglichen weiteren Betrügereien. Besonders lukrativ ist beispielsweise die »Scareware« – der Begriff setzt sich aus *scare* (Schrecken) und *Software* zusammen –, die von einer ukrainischen Firma namens Innovative Marketing (IM) perfektioniert wurde. Sie beschäftigte in der ukrainischen Hauptstadt Kiew mehrere Dutzend junge Leute, von denen die meisten glaubten, sie arbeiteten für ein junges Unternehmen, das legale Sicherheitsprodukte verkaufte. Nur war das nicht der Fall.

Das Unternehmen verschickte eine bösartige Software, die nach der Installation auf einem Computer ein Fenster öffnete. Darin wurde der Nutzer gewarnt, sein Rechner sei von einem Virus befallen. Diesen elektronischen Schädling, der jetzt überall auf der Festplatte und im Arbeitsspeicher herumkroch, so erklärte die Werbung, könne man nur auf einem Weg wieder loswerden:

indem man auf einen Link klickte und den »Malware Destroyer 2009« kaufte, um nur den Namen eines von unzähligen Produkten zu nennen.

Wenn man den Malware Destroyer für 40 Euro heruntergeladen hatte, erhielt man von IM die Anweisung, die vorhandene Anti-Viren-Software (beispielsweise Norton) zu entfernen und stattdessen ihr Produkt zu installieren. Dieses jedoch tat nach der Installation gar nichts – es war eine leere Software, aber der Rechner konnte nun natürlich von jedem Virus befallen werden, und für dieses zweifelhafte Privileg hatte der Nutzer auch noch bezahlt.

Dirk Kolberg, Wissenschaftler bei McAffee in Hamburg, überwachte das Unternehmen. Er verfolgte die Scareware zurück zu ihrer Quelle in Ostasien und stellte fest, dass der Administrator der IM-Server einige Ports weit offen gelassen hatte. Deshalb konnte Kolberg sich nach Belieben in dem Server umsehen und ihn benutzen. Was er dabei entdeckte, war verblüffend. Innovative Marketing verdiente so viel Geld, dass das Unternehmen drei Callcenter eingerichtet hat – eines für englischsprachige Kunden, eines für deutsche und eines für Franzosen; dort wurden verblüffte Kunden beraten, die ihre nicht funktionierenden Produkte installieren wollten. Aus den Quittungen, die er ebenfalls auf dem Server gefunden hatte, konnte Kolberg entnehmen, dass der Scareware-Betrug dem Management Zigmillionen Dollar eingebracht hatte. Es war einer der krassesten Fälle von Internetkriminalität.

Neben der Scareware gibt es die Methode des »Pump and Dump«: Hacker dringen in Börsen-Websites ein und blasen digital die Aktienkurse auf, verkaufen dann ihre Papiere und lassen den Kurs anschließend zusammenbrechen. Beim Betrug mit Gehaltsabrechnungen hacken sich Kriminelle in die Computer eines Unternehmens und fügen in der Personal-Datenbank nicht existierende Mitarbeiter hinzu. Diesen Mitarbeitern überweisen die Hacker aber echte Gehälter, die jeden Monat an sogenannte »Money Mules« ausgezahlt werden. Die »Maultiere« erhalten einen kleinen Anteil und werden angewiesen, das Geld an eine

Bank, die weit vom Ort des Verbrechens entfernt ist, weiterzuleiten.

Das Web bietet also nicht nur kreativen Geistern in der legalen Welt grenzenlose Möglichkeiten, sondern auch Kriminelle können ihrer Fantasie im Internet freien Lauf lassen.

Der zweite große Bereich strafbarer Handlungen im Web ist die Industriespionage. Nach dem Jahres-Gefährdungsbericht des amerikanischen Telekommunikationskonzerns Verizon fallen ungefähr 34 Prozent der kriminellen Aktivitäten im Web unter diese Rubrik, und sie ist mit ziemlicher Sicherheit diejenige, die den größten Gewinn bringt. Durch die Kommunikationstechnologie ist der Diebstahl von Industriegeheimnissen heute viel einfacher als früher. Bevor Computer allgemein verbreitet waren, konnte man Material nur stehlen, wenn man physisch in ein Unternehmen einbrach oder – falls der Täter ein Insider war – wenn man Wege fand, um die gesuchten Daten tatsächlich mitzunehmen und weiterzugeben.

Solche Schwierigkeiten gibt es heute nicht mehr: Industriespione können sich in das Computersystem eines Unternehmens hacken und dort nach Bauplänen, Marketingstrategien, Gehaltslisten oder jeder anderen gewünschten Information suchen und sie herunterladen. Als Max Vision noch nicht der sagenumwobene Iceman war, arbeitete er an der gesamten US-Westküste als Penetrationstester: Die Unternehmen bezahlten ihn dafür, dass er versuchte, bei ihnen digital einzubrechen. Als er sich im orangefarbenen Overall seiner Gefängnisuniform mit mir unterhielt, sagte er: »Damals ist es mir nur bei einem Unternehmen nicht gelungen, einzubrechen, und das war ein großer amerikanischer Pharmakonzern.« Was auch verständlich ist: Für Pharmaunternehmen liegt der eigentliche Wert in ihren Forschungsergebnissen, und der Diebstahl von Formeln für neue Arzneimittel kann den Verlust von vielen hundert Millionen Dollar sowie den Zusammenbruch der Aktienkurse nach sich ziehen.

Vision ärgerte sich enorm darüber, dass es ihm nicht gelungen war, dieses eine System zu knacken. »Ich habe dann natürlich einen Phishingangriff gestartet, und nach fünf Minuten war ich drin, aber das ist nicht das Gleiche.« Damit meint er, dass er infizierte E-Mails an Firmen-E-Mail-Adressen schickte, und schon nach wenigen Minuten war einer der vielen tausend Mitarbeiter in die Falle gegangen. Selbst wenn man also eine uneinnehmbare digitale Festung besitzt, hat man damit nur einen von mehreren wichtigen Sicherheitsmängeln beseitigt.

Ebenso ist es heutzutage viel einfacher, innerhalb einer Firma Spionage zu begehen, weil man Daten so leicht sammeln und speichern kann. Heute wissen wir, was Bradley Manning gelang – dem Mann, der die US-Diplomatentelegramme entwendet haben soll, die später auf der Website von WikiLeaks veröffentlicht wurden: Er lud das gesamte Material auf eine CD herunter, die als Lady-Gaga-Album beschriftet war.

Wir wissen auch, dass Stuxnet, das bis heute raffinierteste Virus der Welt, an seinem mutmaßlichen Ziel in den iranischen Nuklearanlagen eingeschleust worden sein muss, und dazu musste jemand (wissentlich oder unwissentlich) die Computersysteme mit einem Speicherstick oder einer CD infiziert haben. Die Betriebssysteme der iranischen Nuklearanlagen sind nicht mit dem Internet verbunden. Aber auch sie sind Netzwerke, und die Infektion durch Stuxnet beweist, dass sie sich in Reichweite eines professionellen Geheimdienstes befanden.

Stuxnet repräsentiert eine beträchtliche Eskalation der dritten großen Gefahr: der Cyber-Kriegführung. Dieses Schadprogramm war so kompliziert, dass seine Entwicklung nach Schätzungen von Fachleuten mehrere Mann-Jahre in Anspruch genommen haben muss; demnach muss ein engagiertes Team von Programmierern über längere Zeit daran gearbeitet haben. So funktioniert organisiertes Verbrechen nicht. Stuxnet kann nur von einer Organisation entwickelt worden sein: einem Staat, der größere Mittel in die Entwicklung und Herstellung defensiver und offensiver Cyberwaffen investiert. Aber wer auch Stuxnet entwickelt hat, er übernahm in großem Umfang Computercode und Methoden von den Zehntausenden bösartigen oder halb bösartigen Hackern aus dem Cyberspace. Kriminelle Hacker sind überall eine große Triebkraft für die Kreativität. Militär, Privatwirtschaft, Polizei und Geheimdienste übernehmen stets schnell die Hilfsmittel, die von Crackern und Hackern entwickelt werden.

Nachdem das Stuxnet-Schadprogramm erfolgreich in die Steuerungssysteme mehrerer iranischer Nuklearanlagen eingeschleust worden war, mussten die Behörden einräumen, dass es im Betrieb einer höchst sensiblen Anlage eine größere Störung gegeben hatte. Dies hätte zu einer Explosion führen können. Die Existenz des Virus beweist, dass die Weltuntergangsszenarien, die von sogenannten Cyberkriegern gezeichnet werden, nicht mehr nur theoretische Möglichkeiten darstellen. Der Angriff auf Estland war zu jener Zeit zwar schwerwiegend, aber im Vergleich zu dem, was Stuxnet voraussehen lässt, entsprach er nur dem Aufwärmkicken vor einem Fußballmatch.

Die Cyberkrieger werden auch als Cyber-Securokraten bezeichnet – sie sind die Propheten, die uns davor warnen, der Himmel werde uns auf den Kopf fallen. Zu den wortgewandtesten Vertretern dieser Gruppe gehört Richard Clarke. In seinem Buch *World Wide War: Angriff aus dem Internet* beschreibt er folgendes Szenario:

> Der Staatssekretär für Heimatschutz, der nicht weiß, was auf der anderen Seite des Flusses im Pentagon geschieht, ruft im Weißen Haus an und verlangt Sie sofort zu sprechen. Die FEMA, die Bundesbehörde für Katastrophenhilfe, hat ihn darüber informiert, dass ihre Regionalbüros in Philadelphia und Denton (Texas) Feuer in Raffinerien und Explosionen in Houston und Philadelphia gemeldet haben; aus mehreren Chemiefabriken in New Jersey und Delaware steigen tödliche Chlorgaswolken auf...
> Im nationalen Luftraumkontrollzentrum sind sämtliche Systeme ausgefallen...

Die meisten Securokraten vertreten überdies die Ansicht, man könne ein digitales Pearl Harbour oder Cybergeddon nur dadurch verhindern, dass man Geld in ihre Denkfabriken und Unternehmen steckt, um die wissenschaftliche Erforschung der Gefahren zu beschleunigen.

Tatsächlich geschieht das bereits. Nach den Ereignissen in Estland verstärkten sich die Bestrebungen zur Militarisierung des Cyberspace. In der NATO einigte man sich 2005 zunächst darauf, in Tallinn das hochtrabend benannte Cooperative Cyber Defence Centre of Excellence einzurichten. Der Gedanke an ein Institut zur Erforschung des Cyberkrieges wurde in den Mitgliedsstaaten zwar begeistert aufgenommen, aber Geld legten sie (mit der verständlichen Ausnahme des Gastgeberlandes Estland) nur zögernd auf den Tisch. Das Projekt wurde zwar nicht eingemottet, aber es kostete große Mühe, es über das Stadium von Absichtserklärungen voranzutreiben.

»Sobald sich der Angriff ereignet hatte, änderte sich aber die Atmosphäre, und wir bekamen sowohl aus Brüssel als auch aus Washington echte Unterstützung«, stellt Peeter Lorents fest, ein angesehener estnischer Mathematiker und Mitbegründer des Zentrums. »Als ich von dem Angriff hörte, habe ich sogar als Erstes in Frankreich angerufen und zwei Kisten Cristal-Champagner an Herrn Putin liefern lassen. Dadurch dass die Russen diesen Angriff gestartet haben, haben sie die Zukunft unseres Zentrums gesichert.«

In Washington läuteten mit Sicherheit die Alarmglocken. Unmittelbar vor und nach den Vorgängen in Estland ereigneten sich mehrere Vorfälle, und all dies überzeugte Anfang 2009 die neue Obama-Regierung, dass die Cyber-Abwehr um jeden Preis gestärkt werden musste. Insbesondere bei der National Security Agency (NSA), der gewaltigen US-amerikanischen Organisation für weltweite Überwachung, wurde wenige Monate nach den Vorgängen in Estland klar, wie schlimm ein Ereignis aus dem April 2001 in Wirklichkeit gewesen war: Damals hatte man ein Aufklärungsflugzeug des Typs EP-3E Aries an die chinesische Luftwaffe verloren. Dem Piloten war es zwar gelungen, vor dem Absturz noch die Software zu zerstören, die Hardware aber war intakt, und nachdem sie den Chinesen in die Hände gefallen war, ging man dort sofort daran, die aktuelle Technik zu analysieren und mit ihrer Hilfe verschlüsselte Kommunikation zu überwachen und zu entschlüsseln. Kurz nachdem Obama zum Präsidenten gewählt worden war, testeten die Chinesen zum ersten Mal ihr neues Spielzeug, und die NSA beobachtete, dass sie nun in der Lage waren, in die Kommunikation einzugreifen. Es schien, als wollten die Chinesen Washington klarmachen, dass sie die Rätsel der neuen Technologie gelöst hatten.

Die Regierung der Vereinigten Staaten ließ es nicht bei ihrer Unterstützung des Zentrums für Cyberabwehr in Tallinn bewenden, wo seit 2008 wichtige Forschungsarbeiten laufen, darunter auch komplizierte Cyber-Militärmanöver. Computernetzwerke waren zu einem so lebenswichtigen Bestandteil für die Infrastruktur des Verteidigungsministeriums wie auch für seine Fähigkeit zu Offensiv- und Defensivoperationen geworden, dass der Verteidigungsminister Robert Gates eine weitreichende Entscheidung traf: Er definierte einen neuen Bereich für militärische Einsätze – den Cyberspace.

Dieser fünfte Einsatzbereich neben Land, Meer, Luft und Weltraum ist der erste von Menschen gemachte Raum für militärische Operationen, und die Regeln, nach denen darin gekämpft wird, sind nahezu völlig undurchsichtig. Neben dem Einsatzbereich richtete das Pentagon das US Cyber Command ein, das feindselige Aktivitäten im Cyberspace überwacht und gegebenenfalls den Einsatz von Angriffswaffen wie Stuxnet plant. Derzeit sind die Vereinigten Staaten anerkanntermaßen führend, was die Fähigkeiten zu Cyberangriffen angeht.

Die Fähigkeit zu Cyberangriffen sollte man nicht mit der Fähigkeit verwechseln, konventionelle, mit von Computersystemen leistungsfähiger gemachte Waffen einzusetzen. Die besten Beispiele für dieses zuletzt genannte Arsenal sind die sogenannten Drohnen, die von den Vereinigten Staaten regelmäßig in Afghanistan

und Pakistan eingesetzt werden und Aufklärungs- oder Kampf-
einsätze durchführen können, aber von einem Computerfach-
mann in Nevada gesteuert werden.

Cyberwaffen dagegen sind Hackerwerkzeuge, mit denen ein
Cybersoldat in die Computersysteme der feindlichen CNI (kritische nationale Infrastruktur) eindringen kann, beispielsweise in die
Energie- und Wasserversorgungsnetze. Wenn ein Cyberkomman-
dant die Kontrolle über ein solches System übernommen hat, kann
er der militärischen Doktrin zufolge dessen Stilllegung veranlassen (oder, wie wir von Stuxnet wissen, eine höchst zerstörerische
Explosion auslösen), so dass die betroffene Gesellschaft innerhalb
weniger Tage in die technologische Steinzeit zurückgeworfen wird.

Das zumindest ist die Idee. Derzeit stehen die Vereinigten Staaten, was die Entwicklung von Cyber-Offensivwaffen angeht, an
erster Stelle. Chinesen, Franzosen und Israelis sind ihnen aber
dicht auf den Fersen, und auch Indien und Großbritannien liegen
nicht weit zurück.

Die Militarisierung des Cyberspace war vorhersehbar. Wohin
sie uns aber führen wird, weiß niemand. Der stets aufmerksame
Seymour Hersh spielte in einem Artikel im *New Yorker* die Folgen durch, die sich daraus ergeben, dass die Chinesen der Festplatte des amerikanischen Aufklärungsflugzeugs ihre Geheimnisse entlockt haben:

> Das Debakel mit der EP-3E befeuerte eine schon seit
> Langem laufende Diskussion innerhalb des Militärs
> und der Obama-Regierung. Viele hochrangige Mili-
> tärs sehen in der Tatsache, dass die Chinesen in das
> Computersystem eingedrungen sind, eine Warnung
> vor gegenwärtigen und zukünftigen Schwachpunk-
> ten – vor der Möglichkeit, dass China oder ein ande-
> rer Staat seine stetig wachsenden Fähigkeiten im
> Cyberspace nutzen könnte, um die zivile Infrastruk-
> tur und den militärischen Komplex der Vereinigten
> Staaten anzugreifen. Die Vertreter der anderen Seite

setzen sich für eine zivile Reaktion auf die Gefahr ein; im Mittelpunkt steht dabei eine umfassendere Verwendung der Verschlüsselungstechnik. Sie fürchten, ein übermäßiger Rückgriff auf militärische Mittel werde unerwünschte Folgen für den Datenschutz und die bürgerlichen Freiheiten haben.

Der Drang des Militärs, sich als Schiedsrichter der Cybersicherheit aufzuspielen, scheint allgemein verbreitet zu sein. Im Oktober 2010 beauftragte Präsident Obama die National Security Agency, die dem Pentagon untersteht, das Heimatschutzministerium und die Privatwirtschaft im Hinblick auf die Cybersicherheit im Inland zu unterstützen. In China ist die Volksbefreiungsarmee die wichtigste Institution, die über die Cybersicherheit im In- und Ausland wacht, und im Nahen Osten lieferte die israelische Armee die Anregung, große Forschungsanstrengungen in die Computer-Kriegführung zu investieren, was Israel im Verhältnis zu seiner Größe ein hohes Gewicht verschafft.

Nun kann man aber zu Recht fragen: Was hat das alles mit Cyberkriminalität zu tun?

Im Cyberspace lauern echte, gefährliche Bedrohungen. Ein demokratischer Staat würde im Idealfall dafür sorgen, dass diese entscheidende Technologie dem Leben seiner Bürger nicht schadet, sondern nützt. Ebenso sollte der Staat der Versuchung widerstehen, unsere Rechte und die Privatsphäre zu verletzen. Dem Militär die Führungsrolle beim Schutz ziviler Netzwerke zu überlassen ist höchst unklug. Aber angesichts der Tatsache, dass Cyberwaffen das Potenzial haben, die lebenswichtige nationale Infrastruktur eines Landes (und damit auch das Leben der Menschen) zugrunde zu richten, müssen Vorkehrungen getroffen werden, damit das Militär in Extremsituationen eingreifen kann. Dies sollte sich aber auf außergewöhnliche, überprüfbare Situationen beschränken.

Für die drei Einzelbedrohungen – Cyberkriminalität, Cyber-Industriespionage und Cyber-Kriegführung – sollten getrennte

Behörden verantwortlich sein. Die Zuständigkeit für Cyberkriminalität sollte bei anerkannten Polizeibehörden wie dem FBI oder dem Secret Service liegen. Konzerne und Unternehmen sollten entweder eigene Sicherheitssysteme für ihre Netzwerke entwickeln oder ein Unternehmen, das sich auf Cybersicherheit spezialisiert hat, dafür bezahlen. Zivile Behörden sollten ebenfalls eine eigene Netzwerk-Abwehr entwickeln, und das Militär sollte seine Systeme selbst schützen.

Das alles scheint auf den ersten Blick einfach zu sein. In Wirklichkeit sind die Grenzen aber schon jetzt verschwommen, eine Entwicklung, die durch die engen Verflechtungen des Web begünstigt wird. Und dann gibt es das bisher unlösbare, zweiteilige Rätsel, das den Kern der Cybersicherheit bildet: Wie sieht ein Cyberangriff aus?

Um diese Frage zu beantworten, muss ein Cyberverteidiger zweierlei wissen: Woher kommt der Angriff? Und welche Motive hat der Angreifer? Wenn man es mit einem geschickten Cyberangreifer zu tun hat, kann auch der beste Verteidiger diese Fragen nicht beantworten. Man kann nur Berechnungen anstellen, und da man dabei auf Vermutungen angewiesen ist, stehen am Ende unter Umständen falsche Entscheidungen, Missverständnisse und Konflikte.

Nehmen wir einmal an, unsere Polizeibehörde, die Privatwirtschaft und das Militär bleiben pflichtschuldigst bei ihren Aufgaben, den Staat vor den Gefahren zu schützen, für die sie zuständig sind. Es gibt aber zwei Akteure, die im ganzen Gefahrenspektrum gegenwärtig sind: Spione und Hacker. Spione bemühen sich darum, das Rätsel zu lösen (wobei sie allerdings nicht zwangsläufig die dabei gewonnenen Kenntnisse weitergeben); Aufgabe der Hacker ist es, das Rätsel genau so zu formulieren, dass es unlösbar wird.

Die Geheimdienste schnuppern im Web herum wie eine schwarze Katze in einem dunklen Zimmer. Sie verursachen nie ein Geräusch und schließen nur dann Kontakte, wenn die Ermittler täuschen, rekrutieren oder verwirren wollen. Dieses phantomartige Verhalten liegt dem Spion im Blut, es lässt sich aber auch damit erklären, dass Geheimdienste von ihren wichtigsten Gegnern im Cyberspace, den Hackern, fasziniert sind und sie sogar bewundern.

Wenn ein Angriff im Gang war, konnten die Netzwerk-Verteidiger bis vor kurzer Zeit davon ausgehen, dass die Planung eines Hackers dahinterstand. Das hat sich in den letzten fünf Jahren mit dem Auftauchen der »Fertig-Schadsoftware« geändert. Viele kriminelle Hacker verdienen ihr Geld heute nicht mehr damit, dass sie fremde Kreditkarten nutzen, in Bankkonten eindringen oder ähnliche Betrügereien begehen, sondern einfach indem sie selbst entwickelte Trojaner, Viren und Würmer verkaufen. Es handelt sich dabei um nutzerfreundliche Programme, deren Einsatz keine Spezialkenntnisse erfordert. Die am weitesten verbreitete Form ist das Botnet. Hacker mieten ein Botnet, das dann einen oder zwei Tage lang, vielleicht auch eine Woche oder einen Monat, für DDoS-Angriffe genutzt wird, weil man jemanden erpressen oder Rache nehmen will. Die Hacker, die ein Botnet oder ein Virus verkaufen, verfügen natürlich über die technischen Möglichkeiten, um die Mietdauer zu steuern: Sie programmieren einfach ein, wann die Software ihre Tätigkeit einstellt, und daran können ihre Kunden – meist Kleinkriminelle – nichts ändern.

Aber die Tatsache, dass es im Netz einen Schattenmarkt für »Fertig-Schadsoftware« gibt, ändert nichts an der grundlegenden Tatsache: Hinter jedem Cyberangriff – ob es sich um Kriminalität, Unternehmensspionage oder Kriegsführung handelt – steht ein begabter Hacker. Cyberangriffe, die nicht nur unangenehm sind, sondern echten Schaden anrichten, setzen technische Spezialkenntnisse voraus. Selbst wenn ein Hacker im Auftrag eines Vorgesetzten handelt (ob es nun ein Mafiaboss, ein Vorstandsvorsitzender oder ein militärischer Kommandeur ist), kann er nur dann das richtige Produkt entwickeln, wenn er viel über das vorgesehene Ziel weiß. Welches Hackerteam auch immer beispielsweise Stuxnet entwickelte, es musste nicht nur genau über die iranischen Atomanlagen Bescheid wissen, die als Ziel auserkoren waren, sondern es musste auch Kenntnisse über die speicherprogrammierbare Steuerung von Siemens besitzen, die zur Steuerung der Anlagen diente, und über einen ganz bestimmten Kompressor des finnischen Unternehmens Vachon (der allerdings in China hergestellt wurde) sowie über die Firma aus Taiwan, deren digitales RealTek-Zertifikat so gefälscht war, dass es das Antivirenprogramm des iranischen Systems täuschte. Wer schlau genug war, um mit Stuxnet zu arbeiten, war auch schlau genug, um mit dem vorgesehenen Opfer umzugehen.

So betrachtet, sind Hacker der Schlüssel zur Cybersicherheit, denn sie kennen die Lösung für das Rätsel. Finde die Hacker, und du bist auf dem Weg zur Wahrheit ein großes Stück vorangekommen.

Die Mittel, die von Regierungen heute in die Cybersicherheit gesteckt werden, dienen zu einem großen Teil der Entwicklung »digitaler Lösungen«: Man bekämpft Hilfsmittel mit Hilfsmitteln. Dagegen wendet man nur geringfügige Mittel dafür auf, die Hacker, ihre Kultur, ihre Geisteshaltung, ihre Absichten und Verletzlichkeiten zu verstehen. Aber wie findet man überhaupt einen Hacker? Und woher weiß man, ob ein im Internet gefundener neuer Freund ein Hacker, ein Polizeispitzel, ein Geheimagent, ein Ermittler der Luftwaffe, ein Witzbold, ein Terrorist oder ein Außerirdischer ist?

Alles dreht sich um Vertrauen. Und um Vertrauen aufzubauen, muss man Geduld haben und Beziehungen pflegen. Andererseits ist Zeit in der Welt der Cybersicherheit teuer. Besonders deutlich wurden mir die Schwierigkeiten im Zusammenhang mit Vertrauen und Zeit, als DarkMarket seinen Sitz von seinen Ursprungsländern Großbritannien, Deutschland und den Vereinigten Staaten in ein Land verlagerte, dessen wirtschaftliche und geostrategische Bedeutung im Eiltempo wächst: in die Türkei.

ZWEITES BUCH

Teil I

26 Bilal in Pittsburgh

Pittsburgh, Pennsylvania, Februar 2008
An einem knackig kalten Morgen im Winter 2008 blickte Inspektor Bilal Şen von der türkischen Polizei aus seinem Bürofenster an der Hot Metal Bridge in Pittsburgh. Die Brücke überspannt den Monongahela River knapp nördlich der Stelle, an der er sich mit dem Allegheny zum majestätischen Ohio vereinigt. Früher diente sie dazu, geschmolzenes Metall von dem großen Eliza-Hochofen am Nordufer zu den Walzwerken im Süden zu transportieren.

Heute jedoch hatte Şen keine Zeit, sich mit Gedanken an die schneebedeckte, postindustrielle Ästhetik von Pittsburgh aufzuhalten. Gerade hatte er auf den DarkMarket-Foren etwas Beunruhigendes gelesen. Nach anscheinend zuverlässigen Informationen aus Istanbul war Cha0, der Cyberkriminelle, gegen den Inspektor Şen ermittelte, »einer der schweren Jungs, reich und mächtig«. Für einen Türken war diese Formulierung leicht zu entschlüsseln: Die Zielperson hatte Freunde in höchsten Kreisen – der schlimmste Albtraum für einen türkischen Polizisten.

Inspektor Şen arbeitete bereits seit drei Monaten bei der National Cyber Forensics Training Alliance. An seinem ersten Arbeitstag – er wartete gerade an der Rezeption darauf, dass der Chef der Organisation ihn begrüßte – schlenderte zufällig der Agent J.Keith Mularski herein, strahlend und liebenswürdig wie immer. Er stellte sich vor, und als er erfuhr, dass Bilal aus der Türkei kam, erzählte er ihm sofort alles, was er über Cha0 wusste, den berüchtigten Administrator und Oberverbrecher von DarkMarket. Mularski und Şen verstanden sich auf Anhieb.

Als der türkische Polizist den Bürotrakt in der vierten Etage des Hauses 2000 Technology Drive betrat, war er verblüfft über das äußere Erscheinungsbild der Institution: Sie ähnelte eher einem Versicherungsunternehmen als dem hektischen Hightech-Umfeld, das ihm aus Fernsehsendungen wie *CSI New York* geläufig war. Ein versteckt gelegener Raum war vollgestopft mit den Hilfsmitteln der Computerforensik – Maschinen, die noch die tiefsten Geheimnisse jeder digitalen Gerätschaft offenlegen. Aber dieser Raum für technische Untersuchungen war kaum sichtbar und hermetisch abgeriegelt, damit kein Trojaner oder andere Schadsoftware die untersuchten Gegenstände verunreinigen konnte (wie ihre organische Entsprechung, so werden auch Computerviren manchmal durch die Luft übertragen). Davon abgesehen, ging es in den Büros ruhig, geordnet und unspektakulär zu.

An jenem ersten Vormittag zeigte Keith dem türkischen Kollegen das Whiteboard in seinem Büro: Darauf stand der Name »Cha0« an der Spitze einer Pyramide von Kriminellen, die mit DarkMarket in Verbindung standen. Tief in seinem Inneren empfand Bilal einen Hauch von Schamgefühl. Ein halbes Jahr zuvor hatte das FBI mit Unterstützung britischer und deutscher Kollegen zwei der wichtigsten Administratoren von DarkMarket festgenommen: JiLsi und Matrix. Festnahmen hatte es bereits in Großbritannien, Deutschland, Kanada und Frankreich gegeben, und in den Vereinigten Staaten wurden weitere Zugriffe vorbereitet. Für den Beamten aus Ankara war es deshalb sowohl für seinen Nationalstolz als auch für seinen persönlichen Ruf ein Makel, dass sein türkischer Landsmann jetzt einer der meistgesuchten Cyberkriminellen der Welt war.

Die türkische Polizei und insbesondere ihre Abteilung für organisiertes Verbrechen hatte in den vorangegangenen zehn Jahren große Fortschritte gemacht, und Bilal wollte unter Beweis stellen, dass die junge, in der türkischen Hauptstadt Ankara angesiedelte Einheit für Cyberkriminalität in der Oberliga mitspielen konnte, obwohl ihr viel weniger Mittel zur Verfügung standen als ihren Kollegen in Westeuropa und Amerika.

In den Büros des FBI kamen und gingen ständig Polizeibeamte aus der ganzen Welt. Sie wollten einerseits von ihren amerikanischen Kollegen lernen, andererseits aber auch Netzwerke der gegenseitigen Unterstützung aufbauen. Die Zusammenarbeit zwischen den Polizeikräften verschiedener Länder ächzt gewöhnlich unter dem Gewicht unerträglicher bürokratischer Prozeduren, und der schnellste Weg, um sie zu umgehen, war die persönliche Freundschaft zwischen Polizisten.

Bilal war für drei Monate abgeordnet worden. Als Türke stellte er für die FBI-Beamten eine neue und möglicherweise höchst nützliche Kontaktperson dar. Im Jahr 2003 war er einer der beiden Gründer der winzigen Einheit für Cyberkriminalität innerhalb der türkischen Abteilung für Schmuggel und organisiertes Verbrechen gewesen. Und im Vergleich zu den Tätern verfügte der Inspektor über keinerlei Mittel.

Bilal Şen wollte seinerseits vom FBI lernen. Unerfahren war er nicht. Er war 1989, mit 15 Jahren, zur Polizei gegangen und hatte sich für die mörderische achtjährige Polizistenausbildung angemeldet – die längste der Welt. Eigentlich war das seltsam: Mit seiner zierlichen Statur und seiner nachdenklichen Art ähnelte Inspektor Şen mehr einer türkischen Miss Marple als dem traditionellen Bild des zähen Balkan-Polizisten, der durch ländliche Banditen, städtische Rauschgiftsyndikate und eine brutale Strafjustiz abgehärtet ist.

In der Polizeiausbildung war er durch eine harte Schule gegangen. Am meisten geschmerzt hatten Bilal aber weder die spartanischen Unterkünfte noch die erbarmungslosen Selbstverteidigungskurse, sondern das völlige Fehlen von Computern. Schon in jungen Jahren hatte er jede Gelegenheit genutzt, sich in die Spielsalons seiner Heimatstadt Eskişehir zu schleichen, die im Norden Anatoliens in der Mitte zwischen Istanbul und Ankara liegt. Schon mit sechs Jahren stieß er auf das Spiel River Raid. Er verwendete jede Minute seiner Freizeit darauf, ein zweidimensionales Kampfflugzeug entlang eines Flusses zu steuern, auf winzige Hubschrauber, Schiffe, Panzer und Luftschiffe zu feuern und gleichzeitig Benzin nachzufüllen. Gefesselt von der rätselhaften Verbindung aus Wiederholung und gelegentlicher Belohnung, die so viele Kinder, Jugendliche und junge Erwachsene vor ihren Bildschirmen festhält, war Bilal von Computerspielen ebenso besessen wie viele der werdenden Hacker seiner Zeit. Und er besaß auch die gleiche Entschlossenheit, zu gewinnen.

Vielleicht half diese Hartnäckigkeit dem jungen Rekruten aus einer Dorf-Polizeistation mitten im anatolischen Nirgendwo bei seiner ersten Beförderung. Man schrieb zwar mittlerweile Mitte der 1990er Jahre, aber die einzige Maschine war dort eine altertümliche mechanische Schreibmaschine. Zeugenaussagen zu protokollieren war zwar nach allgemeiner Ansicht unter seiner Würde als Beamter, aber Bilal war so entschlossen, seine Fähigkeit zum Maschineschreiben zu verbessern, dass er stundenlang auf die Tasten einhämmerte. Und wenn er nicht damit beschäftigt war, brachte dieser bemerkenswerte Autodidakt sich selbst Mandarin bei.

Als er sich bei der Eliteeinheit für organisiertes Verbrechen in Ankara bewarb, fragte ihn der dortige Chef, warum er Chinesisch lernte. »Wenn China sich für die Außenwelt öffnet, werden wir in der Abteilung für organisiertes Verbrechen bald Leute brauchen, die Mandarin sprechen«, erwiderte er. Diese Antwort sprach für ihn, und er bekam die Stelle.

In der türkischen Hauptstadt schrieb der junge Polizist sich für einen Master-Studiengang an der Universität ein, den er wiederum auf eigene Faust und in seiner Freizeit in Angriff nahm. Er wählt sich ein Thema, das in der Türkei unbekannt und nicht erforscht war: »Chancen und Risiken der E-Verwaltung«. Darin untersuchte er die Zusammenhänge zwischen Privatsphäre, Bürgerrechten und Cyberkriminalität.

Von nun an beobachtete Bilal Şen die Zunahme der Internetkriminalität in seinem Land. Als einer von wenigen türkischen Polizisten besaß er die notwendige Qualifikation – die einzigen anderen staatlichen Organe, die bereits über die strategische Bedeutung der Cybersicherheit Bescheid wussten, waren die militärischen und zivilen Geheimdienste, aber die stellten natürlich weder ihre Fähigkeiten noch ihre Motive zur Schau.

Zusammen mit einem Kollegen machte Bilal sich an die Herkulesaufgabe, das schwerfällige Innenministerium dazu zu bewegen, dass es einen Teil seiner kostbaren Mittel in den Aufbau einer Einheit zur Bekämpfung von Cyberkriminalität steckte. Dazu waren drei Jahre der Bettelei, Schmeichelei und politischen Winkelzüge erforderlich. Glücklicherweise beherrschte sein Mitstreiter die osmanische Kunst, bei den richtigen Bürokraten im Innenministerium den richtigen Ton anzuschlagen.

Wie alle Einheiten zur Bekämpfung von Cyberkriminalität, die nun bei den Polizeikräften auf der ganzen Welt eingerichtet wurden, so konnte auch die neue türkische Abteilung sich die Tatsache zunutze machen, dass außer ihr praktisch niemand im Ministerium über die Schattenseiten der Computer Bescheid wusste. Nachdem die beiden Männer einmal grünes Licht bekommen hatten, waren sie auf eine seltsame Weise von äußeren Eingriffen befreit: Niemand anderes hatte eine Ahnung, was sie taten, und für den Etat stellten sie kaum eine Belastung dar.

Während die eigene Regierung des Inspektors seine Arbeit also kaum wahrnahm, waren seine Kollegen auf der anderen Seite des Atlantiks sehr schnell auf seine Leistungen aufmerksam geworden. Im Sommer 2007, während die Polizei in Deutschland und Großbritannien die DarkMarket-Administratoren Matrix001 und JiLsi festnahm, hatte das türkische Team zur Bekämpfung von Cyberkriminalität den berüchtigten Cyberkriminellen Maksik hinter Gitter gebracht. Maksim Jastremski aus der Stadt Charkow im Norden der Ukraine, einer der wichtigsten Mitspieler auf DarkMarket (er hatte unter anderem den französischen Hacker Lord Kaisersose in Marseille mit »Dumps« beliefert), hatte angenommen, er sei in der Türkei sicher – dort hatte man nicht nur noch nie einen Cyberkriminellen festgenommen, sondern die Beziehungen zwischen der Ukraine und der Türkei waren insbesondere in der Unterwelt noch nie herzlicher gewesen.

Die Ukrainer liebten das Land auch wegen seiner großartigen Küste – die schönen Strände von Antalya waren zu angesagten Urlaubsorten für Cyberdiebe aus beiden Staaten geworden.

Der US-amerikanische Secret Service war schon seit zwei Jahren hinter Maksik her. Im Jahr 2006 war es gelungen, die Geheimnisse seines Laptops zu stehlen, und dann hatte man Treffen mit einem verdeckten Ermittler des Secret Service in Thailand, Dubai und der Türkei anberaumt. In der Vergangenheit hatte sich die Zusammenarbeit mit der türkischen Polizei als schwierig oder regelrecht unmöglich erwiesen. Mit der Festnahme Maksiks, der sich gerade in der sengenden Sonne von Antalya räkelte, hatte die türkische Polizei signalisiert, dass sie in Sachen Cyberkriminalität kooperieren wollte und auch über das notwendige Know-how verfügte.

Aber auch wenn die JiLsis und Matrixes dieser Welt sich nicht mehr auf den Foren von DarkMarket herumtrieben, war der Rest der Mannschaft nach wie vor aktiv – DarkMarket erlebte sogar wieder einmal eine Welle der kriminellen Aktivität. Ironischerweise lag der Schlüssel zu dieser Wiederbelebung in der Festnahme eines anderen Cyberkriminellen: Iceman.

Im September 2007 hatten US-amerikanische Polizisten Max Vision endlich in seinem versteckten Apartment in der Innenstadt von San Francisco ausfindig gemacht. CardersMarket war mit Icemans Abgang zerfallen; während mazafaka nach wie vor die russische Carding-Szene kontrollierte, war DarkMarket jetzt der unangefochtene Vorreiter für englischsprachige Cyberkriminelle. Die Site erwirtschaftete direkt oder indirekt immer noch jeden Monat viele hunderttausend Euro an illegalen Gewinnen und war bei Cardern und Hackern so beliebt wie eh und je.

Auf DarkMarket gab es jetzt drei Schlüsselfiguren: Cha0, Master Splyntr und Shtirlitz. Wenig später kam der rätselhafte Lord Cyric hinzu. Cyrics Präsenz in der Carding-Szene gab gleichermaßen den Anlass zu Feindseligkeiten und Bewunderung. Diejenigen, die ihn hassten, hielten ihn für den FBI-Spitzel Mularski, es bestand aber auch der Verdacht, dass Master Splyntr und Shtirlitz für die US-Polizei arbeiteten. Nur in einem waren sich alle, Polizisten wie Hacker, einig: Der größte Verbrecher, den es noch in dem Forum gab, war Cha0.

Im Gegensatz zu ihren dicken Akten über andere DarkMarket-Mitglieder wussten Mularski und Şen über Cha0 nur zwei Dinge sicher: Er wohnte in Istanbul, und er betrieb ein florierendes Geschäft mit dem Verkauf sogenannter »Skimmer«, jener unentbehrlichen Hilfsmittel für die Betrüger des Plastikzeitalters. Die Polizisten kannten aber weder den Klarnamen von Cha0 noch seine physische Adresse, seine IP-Adresse oder mögliche Mitarbeiter. Entweder existierte Cha0 überhaupt nicht (was keineswegs unmöglich war), oder er machte niemals Fehler.

Wenn die zweite Möglichkeit zutraf, hatte Cha0 offenbar ein System zur Verschleierung seiner digitalen Spuren so weit perfektioniert, dass die forensischen Spürhunde seinen Aufenthaltsort nicht ausfindig machen konnten. Einen Teil dieser Tarnung lieferte Grendel, der bei DarkMarket (gegen Bezahlung) in seiner Freizeit aushalf. Das Ironische daran: Grendel stellte auch das Abschirmungssystem bereit, das die Position von Mularskis Servern verbarg. Ursprünglich war Grendel, der im realen Leben bei einem deutschen Unternehmen für IT-Sicherheit arbeitete, von JiLsi eingeladen worden, DarkMarket diese Dienstleistungen zur Verfügung zu stellen. Es war ironisch, aber doch auch typisch DarkMarket, dass Grendel auf der Website seine Sicherheitslösungen sowohl für Verbrecher als auch für Polizisten anbot.

Bilal Şen war es trotz intensiver Bemühungen nicht gelungen, den Stil von Cha0 (oder seinen »MO« (Modus Operandi, wie es in Polizeikreisen genannt wird) mit dem irgendeines bekannten Verbrechers aus der Türkei zur Deckung zu bringen. In seinem Charakter flossen offenbar die beiden grundlegenden Aspekte der dunklen Seite des Internet zusammen: Er war ein Computerfreak mit faszinierenden technischen Fähigkeiten, gleichzeitig aber auch ein begabter Verbrecher, der noch den letzten Detaïls Aufmerksamkeit schenkte und nichts dem Zufall überließ. Man konnte sich auch vorstellen, dass Cha0 der Name eines gut organisierten Syndikats war, die linguistische Analyse ließ allerdings stark darauf schließen, dass alle seine Postings und Nachrichten im Internet von derselben Person formuliert wurden.

Als Bilal nun aus Istanbul die Nachricht erhielt, dass Cha0 »einer der schweren Jungs« war, machte er sich nicht nur Sorgen, sondern er wusste, dass er von jetzt an selbst in einem Land, das so schnell modernisiert wurde wie die Türkei, besonders vorsichtig vorgehen musste.

Nach der Jahrtausendwende war die Türkei zunehmend zu einem attraktiven Revier für Hacker, Cracker und Cyberkriminelle geworden. Ende der 1990er Jahre hatte sich ein großer Teil der kriminellen Internetaktivitäten in bestimmten Regionen der sogenannten BRIC-Staaten gehäuft. Diese Abkürzung hatte ein Wirtschaftswissenschaftler der Bank Goldman Sachs für Brasilien, Russland, Indien und China geprägt; er sah darin die führenden Staaten der sogenannten Schwellenmärkte und die zweite Reihe der Mächte nach den G8 (wobei Russland allerdings zu beiden Gruppen gehört).

Die BRIC-Staaten hatten wichtige gesellschaftliche und wirtschaftliche Merkmale gemeinsam. Ihre Wirtschaft wuchs und öffnete sich nach Jahrzehnten der Stagnation. Ihre große Bevölkerung sorgte mit gemeinsamen Anstrengungen für gewaltige Wachstumsraten, und der Übergang zum Status eines dynamischen globalen Akteurs war vom Wiederaufleben eines überschwänglichen und manchmal aggressiven Nationalismus begleitet. Die Bildungssysteme vermittelten eine ausgezeichnete grundlegende Qualifikation. Dies aber führte in Verbindung mit einem extrem ungleichmäßig verteilten Reichtum zur Entstehung einer neuen Klasse junger, armer, arbeitsloser Männer, die im Gegensatz zu früheren Generationen große materielle Ansprüche stellten, weil sie die Aussagen über den Konsum, die ein unverzichtbarer Bestandteil der Globalisierung sind, verinnerlicht hatten. Um diese Ansprüche zu befriedigen, begann eine Minderheit mit der fieberhaften Tätigkeit in Internetcafés, wo sie vor den Polizeibehörden und auch allen anderen sicher waren. Dort fanden sie online unzählige Gelegenheiten, sich in der Kunst des Hackens fortzubilden.

Die Türkei hatte das Zeug zum Ehren-BRIC: Ihre Wirtschaft wirkte beispielsweise im Vergleich zu der Russlands wesentlich dynamischer. Die Bevölkerung des Landes – rund 80 Millionen Menschen – und sein Wirtschaftswachstum nahmen sogar schneller zu als die der eigentlichen BRIC-Staaten. Die strategische Bedeutung der Türkei war allgemein anerkannt: Das Land liegt zwischen Schwarzem Meer und Mittelmeer und hat Grenzen mit Bulgarien, Griechenland, Iran, Irak, Syrien und Armenien. Unter diesen Nachbarn ist kaum einer, der nicht in den letzten zwanzig Jahren größere Umwälzungen oder Kriege erlebt hätte. Unberechenbarkeit war in der türkischen Politik immer gegenwärtig, aber zur Jahrtausendwende machten die wachsende wirtschaftliche Macht des Landes und seine immer höhere Entwicklung deutlich, welche entscheidende Rolle es in mehreren wichtigen geostrategischen Regionen spielt: im Nahen Osten, in Zentralasien, am Schwarzen Meer und auf dem Balkan.

Die Internet-Infrastruktur hatte sich in den 1990er Jahren in der Türkei nur langsam entwickelt, aber in den letzten Jahren hatte sie schnell aufgeholt. Istanbul, der wirtschaftliche Motor des Landes, wurde zur Heimat einer Fülle erfolgreicher Start-up-Unternehmen sowie der Firmen für Design, Medien und Dienstleistungen, die von ihnen profitierten.

Das alles hatte natürlich auch eine Kehrseite: Die Größe des Landes, seine immer bessere Infrastruktur und die umfassendere Bildung einer jugendlichen Mittelschicht boten Gelegenheiten für Cyberkriminalität. Bis 2005, als Bilal Şens Einheit fertig eingerichtet war und ordnungsgemäß arbeitete, hinderte kaum etwas die Cracker und Hacker daran, von der Türkei aus im Netz zu operieren. Eine Entdeckung brauchten sie nicht zu fürchten. Die Einheit für Cyberkriminalität entfaltete nach und nach ihre Wirkung, aber es war ein mühsamer Weg. Wenn es Inspektor Şen gelang, Cha0 dingfest zu machen, wäre das für die Einheit ein wichtiger Erfolg.

Aber unmittelbar bevor der Inspektor Mitte März 2008 von Pittsburgh in die Türkei zurückkehrte, erhielt er eine weitere Warnung, die seine Ermittlungen gegen Cha0 noch komplizierter machte. Dieses Mal lieferten seine Kontaktleute in Istanbul die

Einzelheiten über ein erstaunliches Interview, das ein türkischer Hacker namens Kier der bekannten Nachrichtenagentur Haber7 gegeben hatte. Darin räumte er ein, er sei vor dem Gesetz auf der Flucht.

Der Ruf von Haber7 gründete sich zum Teil darauf, dass die Agentur moralisch-geistige Rückendeckung von der Gülen-Bewegung erhielt, einer großen türkisch-islamistischen Vereinigung. Sie vertrat die Philosophie ihres Führers Fethulla Gülen, der seit Jahren im Exil in den Vereinigten Staaten lebte. Als Nachrichtenagentur der Gemeinschaft war Haber7 der proislamischen, aber auch demokratischen Regierungspartei AKP freundlich gesonnen.

Der junge Hacker Kier hatte sich an die Nachrichtenagentur gewandt und behauptet, er kenne Cha0 nicht nur, sondern – so ließ er durchblicken – die Person oder Personen hinter dem erfolgreichsten und rätselhaftesten DarkMarket-Avatar planten auch die Ausweitung seines/ihres Verbrecherimperiums. Der Artikel enthielt ein Foto, auf dem der Hacker in einem Istanbuler Cafè zu sehen war. Das Bild war von hinten aufgenommen, aber das Profil des Hackers war teilweise zu erkennen.

Was Bilal noch nicht wusste: Bei dem Hacker handelte es sich um einen jungen Mann namens Mert Ortaç. Diese seltsame Gestalt war den Erkenntnissen zufolge der Komplize eines weiteren Cyberkriminellen namens Cryptos, den man im Januar 2008 festgenommen hatte, weil er sich angeblich in die Computersysteme der Akbank gehackt hatte, eines der größten türkischen Geldinstitute. Der Fall Akbank war in mehrfacher Hinsicht eine noch größere Angelegenheit als DarkMarket, denn das Team hatte eine Sicherheitslücke im Betriebssystem ausgenutzt und war so bis in den Hauptrechner der Bank vorgedrungen. Aber weder die Polizei von Istanbul noch die Abteilung zur Bekämpfung des organisierten Verbrechens hatte auch nur die leiseste Ahnung, wo Ortaç sich versteckte. Und dann tauchte er plötzlich auf, um mit einem Journalisten zu sprechen.

Obwohl Ortaç sowohl von der Istanbuler Polizei als auch von einem Aufgebot an Geheimdienstagenten überwacht wurde, erklärte er der Zeitung, er sei ihnen allen im Dezember 2007 entwischt und dann in den Untergrund gegangen. An die Oberfläche sei er nur dieses eine Mal gekommen, um der Zeitung seine eigenartige, bruchstückhafte Geschichte zu erzählen.

Der Polizei von Istanbul trieb sein Kurzauftritt die Schamesröte ins Gesicht. Die Folgerungen aus dem Interview – nämlich dass er der Festnahme so leicht entgangen war – waren beunruhigend. Verstärkt wurde die Blamage der Polizei noch durch eine Warnung des Hackers: Die Festnahmen im Fall Akbank hätten für die Sicherheit der türkischen Banken keinen Nutzen gebracht, weil ein Verbrecher von viel größerem Format gerade im Begriff stehe, ihnen so viel Geld wie möglich abzujagen – und der Name dieses Verbrechers sei Cha0. (Bilal Şen hatte natürlich schon von Cha0 gehört, aber dies war das erste Mal, dass jemand öffentlich über ihn sprach – und dann ein derart rätselhafter Mann.)

Ortaç hatte behauptet, Cha0 werde von Regierungsvertretern geschützt. Für Şen war das Interview zumindest die Bestätigung, dass Cha0 tatsächlich existierte. Aber als der Inspektor es gelesen hatte, war ihm, als blickte er in einen Abgrund. Wer schützte Cha0, und warum?

27 Die Hohe Pforte

Inspektor Şen blickte von seinen Notizen auf, und dabei merkte er, wie seine unguten Gefühle sich allmählich in Angst verwandelten. Wie sich jetzt herausstellte, hatte Cha0 selbst als Antwort auf Ortaçs Interview eine Nachricht an den Nachrichtenkanal Haber7 geschickt. Es war ein außergewöhnlicher Ausbruch, gewürzt mit einer Prise Größenwahn und eisernen Überzeugungen. »Ich bin der oberste Gesetzeshüter auf DarkMarket«, donnerte er. »Ich verhindere die Arbeit von Bullen und Betrügern. Ich mache die Regeln, und alle werden ihnen gehorchen.«

Wenig später deuteten die Kontaktpersonen des Inspektors an, Cha0 stehe möglicherweise tatsächlich über dem Gesetz. Şen unterhielt sich mit seinem ältesten Freund bei der Istanbuler Polizei. Es war beängstigend: Beide Männer machten sich Sorgen, Cha0 könne bei der Polizei einen Maulwurf haben, und der würde seinen Chef natürlich über die Fortschritte der Ermittler in Kenntnis setzen. Wenn sie ihren eigenen Leuten, ihren Helfern und vor allem ihren Vorgesetzten nicht trauen konnten, wie sollten sie dann in dem Fall überhaupt weiter vorankommen?

In dem ersten Interview hatte Mert Ortaç ausführlich über die Geheimpolizei und andere Kräfte, die an dem Fall DarkMarket arbeiteten, gesprochen. In manchen Ländern hätte so etwas vielleicht nach einem Verschwörungswahn gerochen, aber in der Türkei wäre es unklug gewesen, die Äußerungen einfach abzutun. Mert hatte durchblicken lassen, von der Operation DarkMarket könnten Personen ganz an der Spitze der wirtschaftlichen, militärischen oder politischen Macht betroffen sein.

Seit den Wahlen von 2002, als die AKP zur beherrschenden Kraft geworden war, hatte die komplizierte politische Struktur des

Landes eine neue Gestalt angenommen. Angesichts der Tatsache, dass mehr als 90 Prozent der Türken muslimischen Glaubens sind, war es eigentlich nicht verwunderlich, dass eine bekennende islamische Partei einen Erdrutschsieg eingefahren hatte. Die AKP erklärte nachdrücklich, ihr religiöser Glaube sei ihrer Verpflichtung zur Demokratie untergeordnet, ganz ähnlich wie sich viele gemäßigt-konservative Parteien in Europa als *Christliche* Demokraten bezeichnen.

In der Türkei jedoch gab es noch eine andere ungeheuer machtvolle ideologische Tradition: den Kemalismus. Der Name geht auf Kemal Atatürk zurück, den Gründer der modernen Türkei, und sein Leitprinzip sieht die völlige Trennung von Kirche und Staat vor. Die allgegenwärtigen Atatürk-Bilder in Geschäften, Wohnungen, Büros, Kasernen, Krankenhäusern und Gefängnissen spiegeln eine tiefe Verehrung der Türken für Kemals Vermächtnis des Säkularismus (und auch die Angst vor Festnahme bei Ungehorsam) wider.

Es gibt aber verschiedene Spielarten des Kemalismus. Seine beiden eifrigsten Unterstützergruppen stammen aus der säkularen Elite der Mittelschicht: einerseits Intellektuelle, Selbstständige und Beamte, andererseits der sogenannte Tiefe Staat. Beide betrachten sowohl die AKP als auch einander mit Misstrauen.

»Tiefer Staat« ist ein zu Recht düsterer Name für den militärisch-industriellen Komplex, der in der türkischen Politik der Nachkriegszeit als höchster Schiedsrichter fungierte. Als eines von nur zwei NATO-Mitgliedern, die eine unmittelbare Grenze mit der Sowjetunion hatten (das andere war Norwegen), spielte das Land im Kalten Krieg eine Schlüsselrolle, und seine Verbündeten unter Führung der Vereinigten Staaten drückten nur allzu gern ein Auge zu, wenn das Militär sich gegenüber der eigenen Bevölkerung empörende Übergriffe leistete.

Während dieser wiederholten Eingriffe in das politische Leben schlug das Establishment der türkischen Sicherheitskräfte seine Zähne auch tief in die Wirtschaft des Landes, bis man irgendwann kaum noch zwischen Räuber und Beute unterscheiden konnte. Es schützte seine verfilzte, gewinnbringende Mitwirkung, indem es sich auf den Kemalismus berief: Wenn das Militär glaubte, seine geschäftlichen Interessen seien durch die brüchige demokratische Ordnung gefährdet, griff es ein und behauptete, das Erbe Atatürks müsse geschützt werden. Traditionell ließen die Streitkräfte nicht zu, dass irgendetwas oder irgendjemand sich ihnen in den Weg stellte. Oder, um sinngemäß ein altes türkisches Sprichwort zu zitieren: »Gib dem Tiefen Staat die Hand, und er reißt dir den Arm ab.«

Ungefähr seit 15 Jahren jedoch unternahmen aufeinander folgende türkische Regierungen eine Reihe von Reformen. Ein wichtiges Motiv waren dabei die Mitgliedschaftskriterien der Europäischen Union. Trotz aller Befürchtungen, die AKP verfolge insgeheim islamistische Ziele, setzten ihre Politiker in der türkischen Gesellschaft einige beispiellos liberale Veränderungen durch, darunter die Abschaffung der Todesstrafe. Außerdem sorgte die AKP in dem Bemühen, die Herrschaft des Gesetzes zu festigen, für einen größeren Abstand zwischen den regulären Polizeikräften des Landes und dem Militär.

Dieser Prozess führte zu einigen bemerkenswerten, höchst positiven Veränderungen. In vielen Teilen der Verwaltung setzte sich die Erkenntnis durch, dass die wichtigste Aufgabe der Beamten nicht im Bau des eigenen Nestes bestand, sondern darin, Dienstleistungen für gewöhnliche Menschen zu erbringen, und dass ein leistungsfähiger türkischer Staat seinen internationalen Einfluss und sein Ansehen stärkt.

Die allmähliche Geburt der neuen Türkei war allerdings kein schmerzloser Prozess, und das Ergebnis war nie vorherzusehen. Er war von einem politischen Titanenkampf begleitet, in dem wechselnde Bündnisse zwischen undurchsichtigen Kräften sich für jeden als tödlich erweisen konnten, der wissentlich oder unwissentlich zwischen die Fronten geriet.

Der wichtigste Schauplatz dieses Krieges wurde offiziell 2007 eröffnet, als die Ergenekon-Ermittlungen begannen. Ergenekon, eigentlich der Name einer Legende aus der alten türkischen Überlieferung, war in jüngerer Zeit die Bezeichnung für eine angebliche Verschwörung des Tiefen Staates, in der den Behauptungen zufolge führende Personen aus Militär, Geheimdienst und Politik mit dem organisierten Verbrechen, Journalisten, Anwälten und Vertretern anderer Berufsgruppen zusammenarbeiteten. Ihr Ziel bestand angeblich darin, den Einfluss demokratisch gewählter Regierungen und insbesondere der AKP zu begrenzen. Nach Angaben der Ankläger und regierungsfreundlicher Medien ging die Verschwörung aber noch weiter: Danach planten die Mitglieder von Ergenekon im Jahr 2009 einen Militärputsch, um die Macht des Tiefen Staates über die gewählte Regierung wiederherzustellen.

Seit 2007 nahm die Polizei im Rahmen der sogenannten Ergenekon-»Wellen« Hunderte von leitenden Militärs und Geheimdienstvertretern fest. Mit ihnen wurden auch Dutzende von Journalisten und Anwälten herausgegriffen, denen man vorwarf, sie würden aus finanziellen oder ideologischen Gründen mit Ergenekon zusammenarbeiten. Die kleine, aber sehr wortgewandte Gruppe der liberalen Intellektuellen und die größere Mittelschicht warnten, die demokratische Regierung greife hier auf eine Form der Einschüchterung zurück, die man in der Regel mit dem Tiefen Staat in Verbindung brachte. Den heutigen Gepflogenheiten entsprechend beruft sich die Anklage gegen Ergenekon in großem Umfang auf digitale Indizien – auf abgehörte Handygespräche, Instant-Messaging (Kommunikationsmethode, bei der sich zwei oder mehr Teilnehmer per Textnachrichten unterhalten) und Computerdateien. Damit wurde die wachsende Internetkompetenz der Inlandsgeheimdienste unter Beweis gestellt.

Bilal Şen hatte bei alldem keine Rolle gespielt; mit seiner Sorgfalt, seinem Engagement und seiner jugendlichen Energie schien er allerdings eher zur neuen als zur alten Türkei zu passen. Andererseits war er sich wie die meisten Türken genau bewusst, vor welchem heiklen politischen Hintergrund er und alle anderen arbeiteten. Zu einer unschuldigen Schachfigur zu werden, die im Kampf zwischen dem Tiefen Staat und der demokratisch gewählten Regierung zerrieben wurde, war das Letzte, was ein türkischer Polizist sich wünschte. Nahezu alle Türken vermieden es nach Möglichkeit, öffentlich über Ergenekon zu sprechen. Alle wussten aber auch, dass die Ergenekon-Ermittlungen im Hintergrund vieler großer Kriminalfälle eine Rolle spielten, ob diese nun offen politische Auswirkungen hatten oder nicht.

Bilal musste vorsichtig sein, aber aufgeben wollte er die Jagd nicht.

Während seines Aufenthalts in Pittsburgh hatte sich zwischen ihm und Mularski eine tiefe Freundschaft entwickelt, und der FBI-Agent teilte ihm alle Geheimdiensterkenntnisse mit, die er über Cha0 besaß. Gemeinsam fingen sie an, auf ihren spärlichen Unterlagen aufzubauen. Mularski konnte als Schlüsselfigur von DarkMarket auf ein riesiges Archiv zurückgreifen, und Şen konnte die türkischen Texte lesen. Der Inspektor wollte zu einer Einschätzung von Cha0s Charakter gelangen und herausfinden, ob er zu irgendeinem bekannten Cyberkriminellen in der Heimat passte: Deshalb wurden zahlreiche Dokumente eingescannt und zwischen Ankara, Istanbul und Pittsburgh hin und her geschickt.

Als wären die Dinge nicht schon rätselhaft genug, nahmen sie nach der Rückkehr von Inspektor Şen nach Ankara eine noch seltsamere Wendung. Im Web kursierte ein eigenartiges Bild.

Bilal konnte Verärgerung und Frustration kaum unter Kontrolle halten. Der Agent Mularski hatte ihm ein Foto geschickt, das auf der Website von Haber7 und später beim Magazin *Wired* aus San Francisco erschienen war. Darauf saß Kier in der Unterhose auf einem Stuhl und wurde offenbar gezwungen, ein Blatt Papier in die Höhe zu halten, auf dem stand:

1. Ich bin Kier. Mein wirklicher Name ist Mert Ortaç.
2. Ich bin ein Partner der Medien.
3. Ich bin eine Ratte. Ich bin ein Schwein.
4. Ich bin Reporter.
5. Ich werde von Cha0 gefickt.

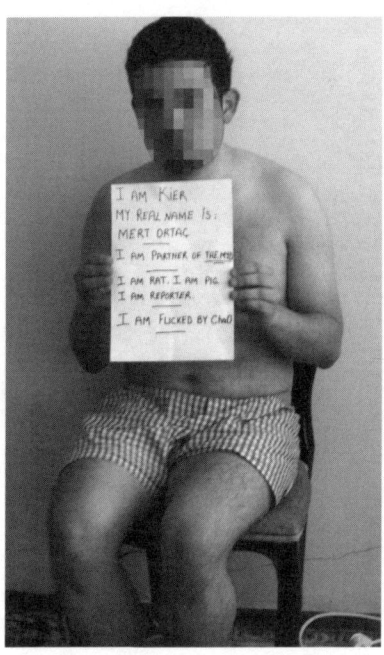

Die Hälfte aller Polizeikräfte von Istanbul suchte vergeblich nach Kier – oder Mert Ortaç, um seinen richtigen Namen zu nennen –, und Cha0 hatte ihn nicht nur ausfindig gemacht, sondern auch entführt und erniedrigt. Es bestand durchaus die Möglichkeit, dass der Mann in Lebensgefahr war. Was um alles in der Welt ging da vor?

Bilal Şen hielt sich an den Grundsatz, dass es unklug war, irgendetwas im Zusammenhang mit dem Web für bare Münze zu nehmen. Als erfahrener Surfer auf kriminellen Foren und Experte für das Internetverhalten der Menschen wusste er, dass im Web ganz selbstverständlich gelogen, betrogen, übertrieben, getäuscht und konspiriert wird. Aber die Geschichte von DarkMarket in Europa und insbesondere in der Türkei ging über diese alltägliche Spiegelfechterei hinaus. Sie entwickelte sich zu einer surrealen Fabel über Hinterlist, Spionage und Verleumdung. Und ein Ende war nicht in Sicht.

Teil II

28 Ciao, Cha0

Nachdem Inspektor Şen zusammen mit Keith Mularski auf Dark-Market recherchiert hatte, wusste er, dass Cha0 eine eigene Website betrieb: *CrimeEnforcers.com* (eine Anspielung auf die Formulierung *Law Enforcers* – Polizeibehörden –, die in der kriminellen Bruderschaft schon seit Langem mit LE abgekürzt wurde, weil sie in Online-Diskussionen so häufig vorkam).

Auf der Homepage von CrimeEnforcers erläuterte Cha0 seine Ziele und Dienstleistungen:

> Wir sind eine private Organisation für Ihre besonderen Entwicklungsbedürfnisse. Im Mittelpunkt unserer Arbeit stehen Elektronik und Computertechnik. Wenn Sie besondere Hardware (insbesondere Hightech) oder Software benötigen, die aus irgendwelchen Gründen wie beispielsweise Gesetze usw. in Ihrem Land nicht hergestellt oder nicht einmal diskutiert werden kann, sind Sie hier an der richtigen Stelle.
>
> Wir bieten absolut anonyme & Offshore-Entwicklung für Ihre Projekte. Wir kümmern uns nicht darum, was Sie mit Hardware oder Software tun, deren Herstellung Sie bei uns in Auftrag geben.
>
> Wie nicht besonders betont zu werden braucht, ist Ihre Privatsphäre für uns sehr wichtig, und wir teilen anderen unabhängig von den Gründen nichts mit. Ihren Namen, Ihre Adresse und so weiter brauchen wir nicht. Uns genügt eine E-Mail-Adresse. Sie bekommen ein Zertifikat und einen Account für den sicheren Zugang zu unserem privaten Forum; dort

können Sie Ihre Entwicklung verfolgen und den
Technikern, die an Ihrem Projekt arbeiten, sogar
Fragen stellen.
Wenn Sie diese Website erreicht haben, kennen Sie
uns bereits. Wir sind keine billigen Entwickler, und
wir können keine Partnerschaft mit Ihnen eingehen.
Wenn Sie wollen, dass Ihre Träume Wirklichkeit
werden, müssen Sie genug Geld haben, das Sie in
Ihre Träume investieren können. Sie müssen sogar
dafür bezahlen, dass wir Ihnen für Ihr Projekt ein
Angebot machen.

Wenn man sich an die ein wenig verschrobene Sprache gewöhnt
hatte, wurde Cha0s Geschäftsplan klar. Er bot logistische Dienstleistungen und Rückversicherungen für alle, die sich für eine
Laufbahn in der Cyberkriminalität interessierten. Statt die Verbrechen selbst zu begehen, machte er es weniger geübten Computernutzern einfacher, die entsprechenden Praktiken anzuwenden.
Die Computerkriminellen begannen, Geschäftsmodelle aus der
realen Welt nachzuäffen.

Auf anderen Seiten von *CrimeEnforcers.com* konnte man sich
einen Überblick über Cha0s Warenangebot verschaffen. Sein
Paradeprodukt war der Skimmer, und es dauerte nicht lange, dann
entwickelte sich Cha0s Versandhandel für Skimmingapparate zu
einem florierenden Geschäft.

CrimeEnforcers bot aber auch tragbare Kreditkarten-Lese-
geräte an, wie man sie in den meisten Restaurants findet. Anfang
2007 zerschlugen Polizisten in mehreren Teilen Englands einen
Ring von Tankwarten, die solche Geräte in großer Zahl gekauft
hatten; die Apparate stammten den Erkenntnissen zufolge entweder von dem kanadischen DarkMarket-Mitglied Dron oder aus
Cha0s Fabrik. Wenn der Kunde dem Tankwart eine Kreditkarte
aushändigte, zog dieser sie schnell unter der Theke durch das illegale Lesegerät, wobei die Daten aufgezeichnet wurden, und erst
anschließend steckte er die Karte in die legale Maschine.

Für Anfänger, die ihre ersten zögernden Schritte auf dem Gebiet der Cyberkriminalität unternahmen, gab CrimeEnforcers eine Fülle hilfreicher Tipps, die das Vorgehen einfacher machten. Für absolute Anfänger zeigte CrimeEnforcers Video-Anleitungen: Darin gab ein animierter Cha0, dessen elektronische Stimme noch die Stimme und den Tonfall des realen Menschen verriet, Tipps und Hinweise zur Auswahl der besten Geldautomaten für alle, die ein Verbrechen planten.

So riet er seinem Publikum beispielsweise davon ab, Skimmer auf Geldautomaten in Gegenden zu installieren, in denen ein hoher Anteil illegaler Einwanderer wohnte (wenig Betrieb an den Geldautomaten, viele neugierige Augen und zu viel kriminelle Konkurrenz). Stattdessen schlug er vor, sie in der Nähe von Nachtklubs anzubringen, »wo reiche Kinder häufig die Kreditkarten ihrer Eltern benutzen«.

Als zuverlässiger Lieferant der kriminellen Industrie konnte Cha0 miterleben, wie sein Name sich im Internet schnell verbreitete; deshalb wurde es äußerst wichtig für ihn, seinen Ruf zu festigen und der Enttarnung zu entgehen.

Ein Grundprinzip war die Verwendung von Globish, einer Ersatzsprache, die eine Verballhornung des Englischen war und im Web zum allgemeinen Verständigungsmittel wurde. Sie diente als Chiffre, durch die Brasilianer mit Koreanern und Bulgaren mit Indonesiern kommunizieren konnten; sogar die Rechtschreibung und der Sprachgebrauch englischer Muttersprachler entwickelten sich im Internet sehr schnell in viele sonderbare Richtungen. Man konnte zwar Mutmaßungen über die Herkunft eines Verfassers von Nachrichten anstellen, aber in der Regel war es nicht möglich, seine Staatsangehörigkeit genau festzustellen.

Für Russen und Chinesen galt das nicht. Wer auf russischsprachigen kriminellen Websites veröffentlichte, streute in die Nachrichten lokalen Slang ein, den manche Sprachwissenschaftler zurückverfolgen konnten; nur die begabtesten unter ihnen konnten jedoch den Slang auch nachahmen, ohne dass man in ihnen die Ausländer erkannte. FBI-Agenten gaben auf englischsprachigen Foren nichts preis, auf russischen dagegen hatten sie es schwer, über den ersten Login hinauszukommen. US-amerikanische Polizeibehörden und Geheimdienste bedienten sich zwar gelegentlich russischer oder chinesischer Muttersprachler, sie verfügten aber mit Sicherheit nie auch nur annähernd über die finanziellen und linguistischen Mittel, um die Kontrolle über eine russische Site auf die gleiche Weise zu übernehmen, wie es ihnen bei DarkMarket teilweise gelang.

Auf englischsprachigen Sites konnte man sich also der wahren Identität eines Teilnehmers viel weniger sicher sein. Das Wesen des Web versetzt Menschen in die Lage und ermutigt sie sogar dazu, ihre Identität zu wechseln. Dieses Prinzip war keineswegs nur auf die Welt der Kriminalität beschränkt. Sites zur Partnersuche waren bereits zum Umfeld für eine der dauerhaftesten und intensivsten Formen der Verlogenheit in der Geschichte geworden. In Chatrooms vermittelten die Menschen gern einen Eindruck von Begabung und Bedeutung, der nur in den seltensten Fällen ihrer realen Lebenswirklichkeit entsprach. Das Web begünstigte solche Entwicklungen, weil die Menschen sich kein echtes Bild von den Verhaltensmerkmalen ihrer virtuellen Partner machen konnten. Allen wurde klar, dass man im Web lügen kann, ohne Angst vor Bloßstellung oder Schmähungen haben zu müssen.

Für Kriminelle galten nicht nur die gleichen Gesetze der Doppelzüngigkeit, sondern sie wandten sie in der Praxis auch besonders geschickt an. Dafür lieferte DarkMarket eine Fülle von Beweisen. Der teuflische Devilman zum Beispiel vermittelte in Chatlogs das Bild eines jungen, lebenslustigen, gut aussehenden Mannes (die meiste Zuneigung wurde ihm allerdings wegen seiner billigen »Dumps« zuteil). Als die Polizei aber an die Tür des Hauses 62 Lime Tree Grove in Doncaster klopfte, der zweistöckigen Doppelhaushälfte, in der Devilmans reales Alter Ego John McHugh wohnte, standen sie einem Mann Anfang sechzig gegenüber, der auf die Mitteilung, er sei festgenommen, als Erstes antwortete: »Macht es Ihnen etwas aus, wenn ich vorher noch mein Gebiss einsetze?« Als es vor Gericht um das Strafmaß ging, führte er als mildernden Umstand unter anderem an, er habe bereits eine künstliche Hüfte und warte auf die zweite, seine Mobilität sei also stark eingeschränkt.

Ernsthafte Cyberkriminelle kamen aber nur dann ins Geschäft, wenn sie Vertrauen aufbauten: Der Ruf war von entscheidender Bedeutung. Auf DarkMarket bekam man den Titel eines Verkäufers nur dann, wenn man sowohl den Administratoren als auch den Käufern zu deren Zufriedenheit bewiesen hatte, dass man den Markt mit tatsächlich funktionierenden gestohlenen Kreditkarten beliefern konnte. Über solche Transaktionen wachten fünf Administratoren (beziehungsweise drei, nachdem JiLsi ausgeschlossen und Matrix festgenommen war): Master Splyntr, Shtirlitz und Cha0 (später spielte auch Lord Cyric noch eine Rolle).

Cha0 kam im Februar 2006 zu DarkMarket, aber mit seinen beträchtlichen Fähigkeiten stieg er in der Hierarchie schnell auf. Nachdem er seine Stellung als Kronprinz von DarkMarket gefestigt hatte, konnte er sich auf seine eigentliche Geschäftsstrategie konzentrieren. Er wollte zum weltweit führenden Verkäufer für Skimmingapparate und illegale Lesegeräte werden. Nach solchen Gerätschaften bestand eine beträchtliche Nachfrage, und wenn es ihm gelang, ein Monopol zu schaffen, konnte er die nächste Phase seines Plans in Angriff nehmen und seine Einnahmen bei möglichst geringen Anstrengungen maximieren.

Der Mann aus Istanbul war auf DarkMarket auch für den lebenswichtigen Treuhandservice verantwortlich, und damit besetzte er die vielleicht entscheidende Position des gesamten Unternehmens. Als ehrlicher Makler sorgte er dafür, dass Käufer und Verkäufer von Kreditkarten und anderen illegalen Daten sich nicht gegenseitig übers Ohr hauen konnten. In diesem Sinn war DarkMarket eine Mafiaorganisation im ursprünglichen Sinn des Wortes. Es fungierte als Polizist oder Schiedsrichter auf einem kriminellen Markt, ganz ähnlich wie die Männer, die seit der zweiten Hälfte des 19. Jahrhunderts die landwirtschaftlichen Märkte Siziliens beaufsichtigten, bevor sie in den Handel mit illegalen Waffen und Baugenehmigungen einstiegen.

Cha0s Ruf als peinlich genauer, ehrlicher Treuhandmakler beruhte auf seinem Erfolg als Großhändler für Skimmingapparate. Alle vertrauten ihm. Er dagegen vertraute niemandem. Er gab nie seine IP-Adresse preis und schickte nie eine Nachricht, die ihn mit Gesetzesverstößen in Verbindung bringen konnte, ohne sie zu verschlüsseln; außerdem war niemand in der Lage ihn digital zu lokalisieren.

Bilal Şen hatte sich irgendwann damit abgefunden, dass Cha0 im Cyberspace ein schwarzes Loch geschaffen hatte, in dem er sicher und für die Polizei unsichtbar war. Deshalb entschloss sich der Beamte, den Verdächtigen mit eher traditionellen Polizeimethoden ausfindig zu machen; der »Trottelfaktor« erwies sich als erstaunlich wichtiger Aspekt für die Arbeit der Cyberpolizei.

29 Langsam, langsam

Istanbul, Türkei, 2008

Obwohl er immer noch fürchtete, Cha0 könne Schutz von höchster Stelle genießen, trieb Bilal Şen seine Ermittlungen weiter voran. Er hatte dem Agenten Mularski in Pittsburgh versprochen, ihren Kontakt auch nach seiner Rückkehr in die Türkei aufrechtzuerhalten. Sie hatten die Frage erörtert, ob sie auf DarkMarket Cha0s Treuhandservice in Anspruch nehmen sollten, um ihn auf diese Weise aus der Reserve zu locken, aber sie waren schnell zu dem Ergebnis gelangt, dass ein solches Vorgehen zu arbeitsaufwendig war und zu wenig Erfolg versprach.

Natürlich wussten sie noch etwas über ihn: Er handelte mit Skimmern. Ihm digital auf die Spur zu kommen, war unmöglich. Aber wenn Cha0 die Skimmer herstellte, so Bilals Überlegung, hatte sein Geschäft zwei Schwachpunkte: die Produktion und den Versand.

Das Skimmen von Geldautomaten entwickelte sich in der Türkei derart zum Volkssport, dass immer mehr Polizeibeamte darin geschult wurden, die montierten Geräte zu erkennen. Sie waren vielfach billig zusammengebaut und wurden von Amateuren angebracht. Bei Durchsicht der Berichte über Festnahmen und Beschlagnahmen war dem Inspektor aber aufgefallen, dass Konstruktion und Aussehen der Geräte sich in manchen Regionen nicht nur verbesserten, sondern dass sie offensichtlich auch in großen Stückzahlen hergestellt wurden. Irgendwo musste eine Fabrik sein. Der Geheimdienst machte Şen darauf aufmerksam, es könne Skimmerfabriken in Rumänien oder Bulgarien geben, also schickte er Amtshilfeersuchen an die dortigen Polizeibehörden. Es bestand aber auch die Möglichkeit, dass Cha0 sein Geschäft als legales Unternehmen tarnte und die Apparate von zugelassenen Herstellern für Kartenlesegeräte in der Türkei bezog.

Nachdem Cha0 in den Besitz der Skimmer gelangt war, musste er sie vertreiben. Mularski und Şen hatten Indizien gesammelt, wonach seine Produkte bis in die Vereinigten Staaten, nach Neuseeland und Südamerika verschickt wurden und dass es auch Großeinkäufe gab. In solchen Fällen würde er wahrscheinlich keine eigenen Kuriere einsetzen. Das wäre angesichts der Stückzahlen, die er jetzt verschob, zu kompliziert geworden. Bilal überlegte, welche Gründe die Produktionszunahme haben konnte, kam damit aber nicht weiter.

Was er nicht wusste: Ein Jahr zuvor, im späten Frühjahr 2007, hatte Cha0 sich mit Dron zerstritten, dem kanadischen Skimmerspezialisten, dessen Festnahme der Secret Service und Detective Spencer Frizzell von der Polizei in Calgary damals vorbereiteten. Cha0 erklärte, Dron sei »ein schwieriger Charakter«, der seine Kunden verunsicherte und damit den guten Ruf von DarkMarket untergraben habe. Die vielen positiven Forumsnachrichten über Drons Service legen allerdings die Vermutung nahe, dass Cha0 in Wirklichkeit andere Motive hatte – in jedem Fall behaupteten zahlreiche Carder in dem Forum, Cha0 habe sich Dron gezielt und aus persönlichen Gründen ausgesucht.

Ungefähr einen Monat bevor der junge kanadische Skimmerexperte und -verkäufer von Detective Frizzell festgenommen wurde, gab Cha0 in seiner Funktion als Administrator bekannt, Dron werde aus DarkMarket ausgeschlossen und dürfe auch nicht mehr zurückkommen. Jetzt konnte Cha0 seinen Plan, den Markt für Skimmer zu beherrschen, in die Tat umsetzen.

DarkMarket war für Drons Waren zur unentbehrlichen Vertriebsplattform geworden: Er hatte seine Geräte in großer Zahl an Carder verkauft, die in dem Forum seine bezahlten Werbeanzeigen gelesen hatten. DarkMarket diente aber auch als wichtigstes Werbemedium für *CrimeEnforcers.com*, über das Cha0 seine Skimmer verkaufte. Cha0 bot Möchtegern-Cyberkriminellen überdies Paketlösungen an, mit Ausbildung, Handbüchern und allen Gerätschaften, die man für den Anfang brauchte.

Nachdem er jedoch Dron aus der Gleichung entfernt hatte, änderte er sein Geschäftsmodell: Den Interessenten stand es jetzt nicht mehr frei, seine Skimmer zu kaufen, sondern sie mussten sie mieten. Cha0 verschickte sie dann, allerdings mit einer kleinen technischen Abwandlung.

Da es Dron nicht mehr gab, war Cha0 in der Lage, den Stückpreis für die Skimmer in die Höhe zu treiben: Hatte der Kaufpreis früher 5000 Dollar betragen, so kostete die Miete nun 7000 Dollar. Dafür erhielten die Kunden zusammen mit dem Skimmer auch eine PIN-Tastatur. Sie installierten den Skimmer am Kartenschlitz eines Geldautomaten und legten die Tastatur über die vorhandene. Wenn die Bankkunden nun ihre Karten einführten und ihre Geheimzahl eingaben, wurden alle Daten von der falschen Tastatur und dem Skimmer gespeichert. Anschließend konnte man die beiden Betrugsapparate wieder abbauen, und Cha0s Kunde lud die Informationen über ein USB-Kabel auf seinen Computer herunter.

Die mit Drons Skimmern gewonnenen Informationen konnte der Kunde dazu nutzen, auf betrügerische Weise an Bargeld zu gelangen. Bei Cha0s Geräten dagegen waren die Daten, die auf dem Computer heruntergeladen wurden, verschlüsselt. Und der Einzige, der den Schlüssel zum Dechiffrieren der Information besaß, war … Cha0. Der junge Kriminelle, der den Skimmer und die PIN-Tastatur so mühevoll am Geldautomaten befestigt hatte, konnte also nicht einfach selbst Kreditkarten klonen, sondern er musste die Informationen nach Istanbul schicken. Cha0 organisierte dann die Bargeldbeschaffung. Sobald er das Geld besaß, schickte er einen Anteil davon an den Kunden, der die eigentliche harte Arbeit erledigt hatte. Eigentlich vermietete er seine Skimmer – eine Strategie, die wesentlich mehr Gewinn einbrachte als Drons einfacher Verkauf.

Es war in der Welt der Cyberkriminalität ein gewagtes Geschäftsmodell. Wenn es Erfolg hatte, konnte Cha0 damit ungeahnte Summen einstreichen und einen großen Prozentsatz aller illegalen Skimmer-Transaktionen auf der ganzen Welt absahnen. Er brauchte nur für Nachschub an Skimmern zu sorgen und sie zu versenden, ohne dabei entdeckt zu werden. Was die Klugheit eines Menschen nicht überstieg. Natürlich konnte irgendwann eine Zeit kommen, in der ein Konkurrent seine Strategie zu untergraben versuchte oder sogar zum altmodischen, einfachen Verkauf von Skimmern zurückkehrte. Bis es aber so weit war, konnte Cha0, der ja auch die Kontrolle über das einflussreichste Forum der englischsprachigen Welt ausübte, sich eines angenehmen Lebens erfreuen. Und er genoss es tatsächlich.

2008 war Istanbul auf dem besten Weg, zur Stadt mit den höchsten Wachstumsraten der ganzen Welt zu werden. Die Bevölkerung stieg schon seit 15 Jahren nahezu unkontrollierbar an, und die Stadt beherbergte jetzt etwa 15 Millionen Menschen. Schätzungsweise 2 Millionen davon waren nicht gemeldete Migranten – nicht nur Ausländer, sondern auch Türken und Kurden aus Anatolien, die in die Stadt beiderseits des gewaltigen Bosporus drängten, jenes großartigen Gewässers zwischen Europa und Asien.

Im Gegensatz zu vielen Großstädten in Ostasien und insbesondere in China erreichte Istanbul dieses phänomenale, dynamische Wachstum nicht auf Kosten seiner glanzvollen Vergangenheit. Nahezu jedes Gebäude hat seine Geschichte. Überall sieht man die reiche Tradition einer mehr als 1000-jährigen byzantinischen Geschichte und der 600-jährigen osmanischen Größe – zwei der zauberhaftesten, gewalttätigsten, erfolgreichsten und bewundernswertesten Staatskonstruktionen aller Zeiten. Im Gegensatz zur allgemein verbreiteten Vorstellung war das Osmanische Reich während des größten Teils seiner Geschichte bekannt für die Toleranz, die seine Herrscher gegenüber den drei »Völkern des Buches« – Juden, Christen und Muslimen – walten ließen. Der Ruf der Gewalttätigkeit hat seinen Ursprung in den blutigen Massakern der entfernten Vergangenheit, die erst während des langsamen Niederganges im 19. und frühen 20. Jahrhundert wieder aufflammten.

In der türkischen Republik, die nach dem Ersten Weltkrieg aus der Asche des Reiches entstand, machte Istanbul schwere Zeiten durch: Zuerst verlor es die Stellung als Hauptstadt an Ankara, eine neureiche anatolische Stadt im Osten; und später, während des Kalten Krieges, bemühte sich das Militär gnadenlos, den Geist der Unabhängigkeit in der Stadt zu unterdrücken. Ihre Infrastruktur verfiel, viele Menschen zogen weg, und die Bevölkerung stagnierte bei ungefähr zwei Millionen. Seit Anfang der 1990er Jahre jedoch begann Istanbul in großen Schritten, seine Stellung in der obersten Liga der dynamischen, faszinierenden Weltstädte wiederzugewinnen.

Beengt, laut und überschwänglich, mit einer wirtschaftlichen Aktivität, die zwischen dem europäischen und dem asiatischen Teil hin- und herpendelt, kann Istanbul sich manchmal anfühlen, als würde man ersticken. Zehntausende von klapprigen Autos und Lastwagen suchen sich ihren Weg über die beiden Brücken zwischen den Kontinenten. Auf der europäischen Seite schleicht der Verkehr im Schneckentempo rund um den Taksim-Platz oder an den Dolmabahçe entlang, den früheren kaiserlichen Gärten mit ihrem Blick nach Asien. Selbst bei kühlem Wetter dringt einem der Staub in die Kehle. Seit ungefähr zehn Jahren jedoch strotzt die Stadt vor neuen künstlerischen, wirtschaftlichen und politischen Möglichkeiten, und es gibt kaum eine größere Freude im Leben, als Europa nach einem harten Arbeitstag mit der Fähre zu verlassen, auf den Bosporus zu blicken und sich auf ein ausgezeichnetes Abendessen in Kadıköy auf der asiatischen Seite zu freuen.

Bei allen Befürchtungen, die Regierungspartei AKP könne eine fünfte Kolonne des islamischen Fundamentalismus darstellen, hat die Jugend von Istanbul seit ihrer Machtübernahme mit beiden Händen nach den wirtschaftlichen Gelegenheiten gegriffen und erfolgreiche Unternehmen für Produktion, Design, Hightech und Dienstleistungen gegründet, die es mit den besten Firmen in Europa, Amerika und Asien aufnehmen können.

Polizeiarbeit ist in der Stadt natürlich ein Albtraum, insbesondere weil nur die wenigsten Einwohner Vertrauen zu einer

Truppe haben, die über viele Jahrzehnte das wichtigste Symbol eines unterdrückerischen Staatsapparats war.

Neue Verbrechen erforderten einen neuen Polizistentyp. Bilal stand in keiner Verbindung zu den alten Traditionen des Tiefen Staates, und er hatte auch noch keine der besonders mächtigen Personen verärgert. Deshalb wurde er in Istanbul willkommen geheißen, als er aus der türkischen Hauptstadt Ankara eintraf und daranging, das Vertriebsnetz von Cha0s Skimmer-Firma aufzudecken.

In einer Stadt wie Istanbul suchte Inspektor Şem damit allerdings nach einer Nadel im Heuhaufen. Legaler, halblegaler und illegaler Export/Import war schon seit Jahrhunderten ein charakteristisches Kennzeichen der Wirtschaft dieser Stadt – Waren wurden hinaus und hinein verschoben. Seit den 1960er Jahren waren riesige Mengen von Haushaltsgeräten aus Deutschland, wohin seit jener Zeit rund zwei Millionen Türken als Gastarbeiter ausgewandert waren, über den Balkan nach Istanbul gelangt. Durch die Decke gegangen war das Volumen dieses Handels aber erst nach dem Zusammenbruch der Sowjetunion: In Russland, der Ukraine, dem Kaukasus und mehreren zentralasiatischen Republiken mit ihren Turksprachen hatten sich neue Märkte eröffnet.

Aber irgendwo musste Bilal anfangen, und so suchte er sich die drei größten Logistikunternehmen der Stadt aus. Zuerst verwendeten er und seine Assistenten einen halben Tag darauf, das Personal der Kurierfirmen zu schulen, damit sie einen Skimmer erkannten. Die Geräte werden häufig als Autoersatzteile oder Maschinenwerkzeuge deklariert. Die Mitarbeiter mussten Skimmer in die Hand nehmen, damit sie sich an ihr Gewicht und ihr Aussehen gewöhnten.

Ein unproduktiver Tag folgte auf den anderen, und irgendwann entschloss sich Inspektor Şem, in das Hauptquartier in Ankara zurückzukehren. Wochen vergingen, und in ihm machte sich eine altvertraute Verzweiflung breit. Aber dann, etwas mehr als einen Monat später, kam aus Istanbul eine gute Nachricht: Ein Mann war zu einem der Transportunternehmen gekommen und hatte ein Päckchen nach Finnland abgegeben. Wie sich herausstellte, enthielt es einen Skimmer. Der Mitarbeiter am Annahmeschalter rief vom Hinterzimmer aus an und berichtete, das Päckchen enthalte auch eine PIN-Tastatur.

»Bingo!«, dachte Bilal. Dem Speditionsmitarbeiter sagte er, er solle den Absender gehen lassen: Die Überwachungskamera hatte sein Bild bereits festgehalten. Nach vielen Monaten war der Inspektor wenigstens auf eine Spur gestoßen. Wie nicht anders zu erwarten, hatte der Mann einen falschen Ausweis vorgelegt, aber dann gelang Bilal ein zweiter Durchbruch. Der Verdächtige hatte bei dem Kurierunternehmen auch drei Telefonnummern angegeben, und eine davon gab es tatsächlich. Sie überprüften den Namen und identifizierten den offiziellen Anschlussinhaber – um einen Kriminellen schien es sich nicht zu handeln. Dann aber überwachten sie die Handynummer, und die wurde von dem Mann mit dem Päckchen tatsächlich benutzt – das Telefon war aktiv.

»Das könnte der Bursche sein, der uns zu Cha0 führt«, dachte Bilal.

Aber jetzt stand er vor einem Dilemma. Ungefähr zur gleichen Zeit veröffentlichte die Nachrichtenagentur Haber7 das erniedrigende Foto des Hackers Mert Ortaç. Nun wuchs der Druck auf die Polizei von Istanbul, Ortaç zu finden, und auf Bilal, dessen wichtigste Zielperson Cha0 war. Bilal musste die Sache beschleunigen, aber er wusste, dass er die Operation andererseits nicht durch Ungeduld gefährden durfte.

Mit Ortaçs Entführung hatte Cha0 zum ersten Mal Angst und Verletzlichkeit erkennen lassen. Aber warum hatten die Enthüllungen des Hackers auf Haber7 ihn so beunruhigt?

Cha0 wusste, dass Ortaç Türke war. Und offenbar war Cha0 auch davon überzeugt, dass es sich bei Ortaç um einen Informanten der Polizei handelte. Außerdem hatte er herausgefunden, dass der Hacker auf der Flucht war und Angst hatte. Wenn die Polizei ihn gefunden hätte, bevor es Cha0 gelang, bestand eine echte Gefahr, dass er auspackte.

Aber wer um alles in der Welt war Mert Ortaç, und wie war er in diese ungewöhnliche Kriminalaffäre verwickelt worden? Alles hatte im Frühjahr zuvor begonnen, als die Verhaftung von Matrix und JiLsi bevorstand – was Ortaç nicht wusste – und damit die Phase I der Operation DarkMarket in die Phase II überging.

Teil III

Orientierung

Innerhalb eines Jahres hatte DarkMarket mich über einen weiten Weg geführt: von der Google-Firmenzentrale zu einem Restaurant in Chihangir, dem angesagten Viertel unterhalb des Taksim-Platzes im europäischen Teil von Istanbul. Mir gegenüber saß Mert Ortaç mit seinem quirligen Lächeln. Ich hatte bereits mehrere Stunden in seiner Gesellschaft verbracht und war dabei zu dem Schluss gelangt, dass das Adjektiv »spitzbübisch« nie auf jemanden so genau gepasst hat wie auf Mert.

Während eines gemütlichen Abendessens in Kadıköy hatten mein Freund Şebnem und ich unsere iPhones auf den Tisch gelegt. Plötzlich machten sie uns gleichzeitig auf neu eingetroffene SMS aufmerksam. Meine SMS war von Şebnems Telefon abgeschickt worden, seine von meinem. Beide lauteten »Schöne Grüße von Mert!« Als wir den Text lasen, brach Mert auf der anderen Seite des Tisches in Gelächter aus, und dann erklärte er, es sei ihm gelungen, sich in das internationale Handynetz zu hacken. Deshalb, so fuhr er fort, könne er eine SMS von jedem Handy auf der Welt an jedes andere schicken – in den falschen Händen (wie denen von Mert) konnte eine solche Fähigkeit das Leben in eine endlose Reihe von Shakespeare'schen Handlungen verwandeln, die auf tragischen und komischen Missverständnissen beruhten.

Ich hatte mit Mert korrespondiert, während er im Gefängnis saß. Von dort hatte er mir Bruchstücke einer Geschichte geschickt, die in ihrem schieren Erfindungsreichtum alle anderen Legenden über DarkMarket in den Schatten stellten. In meinen Gesprächen mit anderen Personen, die mit DarkMarket in Verbindung standen, war mir in den meisten Fällen bewusst gewesen, dass sie etwas verschwiegen. Aus Mert dagegen sprudelten die Informa-

tionen, Anekdoten und schwindelerregenden Geschichten nur so
heraus.

Für Hacker, Cyberkriminelle und Cyberpolizisten ist es von
entscheidender Bedeutung, dass sie ihr unterteiltes Leben stets
vollständig im Griff haben: Sie müssen die Grenzen zwischen
realem und virtuellem Leben kennen, und sie müssen sich lösen
können, wenn sie von dem einen in das andere wechseln. Mert
hatte es völlig versäumt, sich klarzumachen, wann er die Wahrheit
sprach und wann nicht.

Wäre Mert ein ungehemmter Fantast gewesen, der einfach
nur Unsinn redete, das Leben hätte sich unvergleichlich viel einfacher gestaltet. Die Hacker, Mitglieder und Polizisten ausfindig
zu machen, die mit DarkMarket zu tun hatten, kostete mich so
viel Nerven wie kaum ein anderes Vorhaben in meiner Jour-
nalistenlaufbahn. Aber nichts war so anstrengend wie der Versuch, den Wahrheitsgehalt von Merts Geschichte einzuschätzen.
Eigentlich stimmt das nicht ganz: Große Teile seiner Erzählungen
erwiesen sich im Kern als wahr und verifizierbar, aber manchmal
schmückte er sie mit so viel Kinkerlitzchen und Schnickschnack
aus, dass sie sich in etwas ganz anderes verwandelten. Das Bizarre
dabei: Wenn Mert glatte Unwahrheiten erzählte, hatten sie oft mit
den banalsten Themen zu tun, die sich am einfachsten überprüfen
ließen. So erzählte er mir beispielsweise ganz dreist, er sei am 10.
April 1982 geboren. In Wirklichkeit kam er am gleichen Datum,
aber erst vier Jahre später zur Welt.

In den nun folgenden Kapiteln gebe ich Merts Geschichte im
Wesentlichen so wieder, wie er sie mir erzählte. An zwei entscheidenden Stellen jedoch geht sie nicht auf, dort gelang es mir nicht,
seine Behauptungen zu bestätigen; im ersten Fall leugnet einer
der Hauptbeteiligten rundheraus Merts Version der Ereignisse.
Wenn wir zu diesen Stellen kommen, werde ich darauf aufmerksam machen.

Die Nagelprobe für Merts Glaubwürdigkeit war seine Antwort auf eine Frage, die seit der Gründung von DarkMarket viele
Experten für den Cyber-Untergrund umtreibt: Wer ist Lord Cyric?

30   Die Traumwelt des Mert Ortaç

Istanbul, Türkei, Mai 2007
Als man Mert Ortaç den Salon des komfortablen Gästehauses
zeigte, zog er die Luft ein. Der Raum erinnerte ihn an die Sultan-
Suite im Çırağan-Palast, jenem Meisterwerk aus dem 19. Jahrhundert, das auf Geheiß seiner kaiserlichen Hoheit Sultan Abdülaziz
erbaut und in jüngerer Zeit von der Hotelkette Kempinski erworben worden war. Goldene Blätterranken zierten Sofas und Stühle,
und die Tapete mit ihren arabischen Mustern glitzerte, als hätte
sie die Sonne eingefangen.

Tatsächlich war der Çırağan-Palast nur ungefähr 800 Meter von
dem Gästehaus entfernt, das streng abgeschirmt auf einem schwer
bewachten Grundstück stand. Agenten schlichen in der Umgebung herum und bedachten jeden, der die Frechheit besaß, hier
zu parken, mit düsteren Blicken. Das Haus stand ganz am Rand
des Stadtviertels Beşiktaş und blickte vom Gipfel eines Hügels in
Europa über den Bosporus nach Asien. Am erstaunlichsten war,
dass in dem Salon, in den man Mert geführt hatte, kein Porträt
von Kemal Atatürk hing, des verehrten Führers der modernen
Türkei. Kemal-Porträts sind überall in der Türkei die Regel, und
das nicht nur in den Büros von Firmen und Behörden, sondern
oftmals in jedem Zimmer eines Gebäudes. In diesem Raum aber
hing keines, obwohl es sich um das Gästehaus der Istanbuler
Regionalzentrale der Milli İstihbarat Teşkilatı (MİT) handelte, des
türkischen Geheimdienstes.

In Angst einflößenden Situationen reagierte Mert in der Regel
entweder mit einem leisen Kichern hinter seinem ansteckend-
spitzbübischen Lächeln oder mit Weglaufen. In diesem Fall war
keine der beiden Möglichkeiten angemessen. Wie gelähmt stand

Mert vor den eleganten Kellnern, die Tee und Kaffee servierten. Vor allem das Bild der makellos weißen Handschuhe, mit denen sie die Erfrischungen vor ihn auf den Tisch stellten, blieb ihm im Gedächtnis. Er empfand ein surreales Gefühl des Wohlbefindens und der unterdrückten Erregung. Das allerdings dauerte nicht lange.

In seiner Begleitung war ein Kollege vom Senior Sciences Technology Institute, aber die drei anderen, die ihn begrüßten, kannte Mert nicht. Nachdem die Kellner sich lautlos zurückgezogen hatten, wandten diese Männer Mert ihre Aufmerksamkeit zu. »Wir möchten Ihnen ein paar Fragen stellen«, begann einer von ihnen. Dann stellten sie einen Digitalrekorder vor ihm auf dem Tisch.

Wenig später begann Mert unter dem Druck des Verhörs zu schwitzen. Eine verschärfte Befragung war es nicht. Er sollte vielmehr sechseinhalb Stunden lang eine Reihe ungeheuer schwieriger Mathematikaufgaben lösen. Unter normalen Umständen hätte er nicht einmal versucht, die Lösungen ohne Computer zu finden. Seine drei Gastgeber forderten ihn auf, eine Methode anzuwenden, die beim Programmieren beliebt ist: Man teilt dazu die Zahl 52 in ungerade Zahlen auf. Es war höhere Mathematik, und als Hilfsmittel hatte er nur Papier und Bleistift.

Der junge Computerprogrammierer war bereits durch die Aufnahmeprüfung gefallen, die ihn zum Kandidaten für eine Probeanstellung im Geheimdienst gemacht hätte. Den Fremdsprachentest (Englisch) und die Mathematikprüfung bestand er, aber in der türkischen Sprachprüfung versagte er völlig. Dennoch war der Geheimdienst von seinen Computerkenntnissen fasziniert. Seine Fähigkeiten als Programmierer waren wirklich bemerkenswert, und er hatte außergewöhnliche Noten vorzuweisen. Deshalb wurde er als freier Mitarbeiter angenommen.

Gegen Mert war schon 2003 wegen Betrugs ermittelt worden. Er war damals erst 17, hatte aber bereits den Code geknackt, mit dem die Smartcards des türkischen Satelliten-Fernsehsenders Digiturk verschlüsselt waren. Es war eine gewinnbringende Fähigkeit. Digiturk hatte kurz zuvor die Übertragungsrechte der Süper

Lig erworben, der ungeheuer beliebten ersten Fußballliga in der Türkei. Um den Kanal zu entschlüsseln, mussten die Abonnenten von Digiturk eine Smartcard kaufen und in den Satellitenreceiver stecken; erst dann beförderte dieser sie in den Fußballhimmel.

Nachdem Mert herausgefunden hatte, wie man die Karten knacken kann, kopierte er sie, um sie illegal auf den Straßen von Istanbul zu verkaufen. Dies brachte ihm beträchtliche Geldsummen ein. Aber so schnell die türkischen Lira ihm auch in die rechte Tasche flossen, so schnell verschwanden sie aus der linken. Mert gab große Partys für Freunde, die er aus Ankara einlud, und wenn sie in Istanbul waren, bezahlte er ihnen Reise und Unterkunft. Seine Ausgaben hatte er nie unter Kontrolle, auch später nicht, als er mit dem Carding große Summen einnahm.

Merts Freunde waren ihm unter anderem deshalb so wichtig, weil es ihm aus irgendeinem Grund schwerfiel, Zuneigung zu gewinnen. Ob er sich der Tatsache bewusst war oder nicht: Mit dem Digiturk-Geld kaufte er sich Freundschaft – und in Istanbul gab es viele knapp über Zwanzigjährige, die gern Kumpels eines jungen Mannes waren, wenn dieser offensichtlich bereit war, teure Feiern zu finanzieren. Wenn ihm das Geld ausging, waren natürlich auch die meisten dieser Kerle wieder verschwunden.

Er wollte außerdem unbedingt beweisen, dass er etwas Besonderes war (was angesichts seiner Computerbegabung zweifellos stimmte). Deshalb übertrieb er systematisch seine Leistungen. Während sich diese Neigung entwickelte, schwebte auch Merts Bewusstsein zunehmend zwischen Realität und Fantasie. Offenbar hatte er schon in einem frühen Stadium die Fähigkeit verloren, zwischen beiden zu unterscheiden. Die Vermischung war so vollständig, dass ein Lügendetektor wahrscheinlich entweder bis zum Ende der Skala ausgeschlagen oder überhaupt nichts registriert hätte. In gewisser Hinsicht bedeutete das aber natürlich auch, dass er sich ohne Weiteres auf die Kultur des Internets – des Tals der Lügen – einstellen konnte.

Nachdem Mert in den IT-Abteilungen verschiedener Unternehmen gearbeitet hatte, bekam er im Juni 2006 eine Stelle bei der örtlichen Toshiba-Niederlassung; dort merkte die Personalabteilung nicht, dass wegen des Digiturk-Betruges gegen ihn ermittelt wurde. Dennoch dauerte es nicht lange, bis Merts Kollegen bei Toshiba sich über manche seiner Verhaltensweisen sehr wunderten. Misstrauisch waren sie auch wegen eines Zeugnisses, wonach er angeblich an der Universität Cambridge ein Examen in der Wissenschaft der Kryptologie abgelegt hatte. Die Kuratoren, so stand dort zu lesen, »verleihen dieses Diplom als Beweis dafür, abgelegt in der Stadt London in Cambridge am zweiundzwanzigsten Tage des Juni zweitausendvier«.

Vielleicht hatten sie ihm das Diplom ja in dem Pub »Cambridge Arms« in der Londoner City verliehen? Wo die fiktive Zeremonie auch stattgefunden haben mochte, das Zeugnis sah so unbeholfen aus, dass es die Bezeichnung »Fälschung« kaum verdiente.

Einem der Kollegen in der IT-Abteilung bei Toshiba fiel auf, wie oft Mert mit seinen Beziehungen zum Geheimdienst prahlte. Auch der Kollege hatte den Spionen gelegentlich geholfen, insbesondere Ende der 1990er Jahre, als die Behörde noch keine eigene leistungsfähige Abteilung für Cyberkriminalität besaß. Er hängte aber solche Themen nicht an die große Glocke. Merts ständiges Gerede über seine enge Beziehung zum Geheimdienst war wirklich irritierend.

Dennoch behielt Toshiba ihn ein halbes Jahr. Der Grund: Jedes Mal, wenn seine Vorgesetzten ihn um die Lösung eines Problems baten, lieferte er. Sie hielten ihn für klug, aber irgendetwas veranlasste sie, ihn genau im Auge zu behalten.

Eines Abends wurde Mert von seinem Führungsoffizier beim Geheimdienst angerufen; er sollte eine forensische Einschätzung über verschiedene Festplatten und Computer abgeben, die scheinbar aus dem Nichts aufgetaucht waren. Er sollte die Dateien analysieren, wenn möglich die Passwörter knacken und sämtliches belastende Material zusammentragen. Das wichtigste Zuständigkeitsgebiet der Behörde war die innere Sicherheit der Türkei, und sie hatte den Auftrag, das breite Spektrum von Organisationen zu überwachen, die nach Einschätzung der Regierung in terroristische Aktivitäten verwickelt waren.

Gegen Ende 2006 wurde Mert bei Toshiba gefeuert – er hatte nicht die richtige Einstellung, er prahlte ein wenig zu viel mit seinen zweifelhaften Kreditkartengeschäften, und er bat seine Kollegen ständig um Darlehen oder Bonuszahlungen.

Mert behauptete, er habe Toshiba auf Anweisung seiner Vorgesetzten beim Geheimdienst verlassen. Angeblich wollten sie sich bemühen, für ihn zur Tarnung eine andere Stelle zu finden.

Kurz bevor er seine neue Stelle antrat, brachte sein Verbindungsoffizier ihm eine Festplatte, die Teil einer äußerst heiklen Ermittlung war. Der Geheimdienst wollte über jede Datei auf der Festplatte, ob sichtbar oder versteckt, zugänglich oder verschlüsselt, alles wissen. Die Festplatte gehörte einem leitenden Mitglied einer linksgerichteten Untergrundorganisation, die unter der Abkürzung DHKP/C bekannt war.

Die DHKP/C war in den 1990er und frühen 2000er Jahren eine der gewalttätigsten und effektivsten Linksgruppierungen gewesen, die sich in der Türkei dem bewaffneten Kampf verschrieben hatten. Die revolutionäre Volksbefreiungspartei/-front (die Partei war der politische und die Front in der Theorie der militärische Arm) war eine Splittergruppe von Dev Yol, einer größeren Revolutionsbewegung, die in den 1970er und 1980er Jahren die Hauptleidtragende der militärischen Unterdrückung gewesen war.

Diese Gruppe war keine Westentaschenmafia: Sie nahm ihre politischen Ziele und den Terrorismus ernst; ihr wichtigstes Ziel waren Angriffe auf die Zusammenarbeit zwischen dem NATO-Imperialismus, wie er abschätzig genannt wurde, und dem militärischen Establishment in der Türkei. Sie verübte erfolgreich Anschläge auf türkische, amerikanische und britische Staatsbürger, die entweder einflussreiche Geschäftsleute waren oder Verbindungen zum militärischen Establishment hatten. Im Gegensatz zu den meisten anderen linksmilitaristischen Gruppierungen verfügte sie über eine hoch entwickelte Gegenspionage, und damit war sie für den staatlichen Geheimdienst eine der heikelsten Zielgruppen.

Bei einer Razzia hatten die Beamten einen Laptop sichergestellt. Diesen übergaben sie Mert in dem Gästehaus, wo man ihn zum ersten Mal befragt hatte und wo er jetzt immer arbeitete. Sein Kontaktmann erklärte, der Benutzer habe Zugang zu einer Website namens DarkMarket gehabt. Der Kontaktmann war ebenfalls ein Computerfreak und erzählte Mert, sie hätten die Verbindungen von DarkMarket bis zu einem Server in Singapur zurückverfolgt, der für ihn wie ein Proxy aussah. Jenseits davon hätten sie die digitale Spur verloren. Er wusste nicht, wer hinter der Site steckte, die Anhaltspunkte deuteten für ihn allerdings stark darauf hin, dass die DHKP/C sich am Carding beteiligte, um so möglichst hohe Einnahmen zu erzielen, vielleicht aber auch um herauszufinden, wie man Botnets benutzt und wie diese der DHKP/C beim Erreichen ihrer Ziele nützlich sein könnten.

Plötzlich war DarkMarket nicht mehr nur eine kriminelle Website, sondern es trug dazu bei, eine ausgewiesene Terroristenorganisation zu finanzieren.

Der Kontaktmann wollte wissen, ob Mert irgendetwas über diese Site wusste.

Mert wusste nichts. Auch er verfolgte den Server von DarkMarket bis nach Singapur zurück, aber so sehr er sich auch bemühte, weiter kam er nicht. Das war letztlich Grendels fachkundigen Bemühungen zu verdanken. Immerhin konnte Mert seinem Verbindungsmann aber mitteilen, dass er jemanden kenne, der vielleicht mit DarkMarket besser vertraut sei.

Mittlerweile war Mert erschöpft. Der staatliche Geheimdienst erwartete stets, dass er solche Aufträge über Nacht erledigte. Sein neuer Arbeitgeber war der türkische Ableger von Fox TV. Fox Türkei war nicht zu 100 Prozent im Besitz von Rupert Murdochs News International, denn nach den türkischen Gesetzen musste ein Staatsbürger des Landes 51 Prozent der Aktien kontrollieren. Dieser Mehrheitsaktionär war ein früherer Diplomat, der bekanntermaßen Verbindungen zu Polizei und Geheimdienst pflegte. Merts Kollegen bei Fox merkten, dass er ständig abgelenkt war. Außerdem hatte er Schwierigkeiten, selbst einfache Aufgaben abzuschließen – und zwar nicht, weil er nicht dazu in der Lage gewesen wäre, sondern weil er gleichzeitig mit etwas anderem beschäftigt war.

Einer von Merts Kontaktleuten hatte den jungen Mann gebeten, ein Auge auf einen gewissen Sadun Özkaya zu werfen, einen Teenager aus der Mittelschicht, dessen Eltern sich Sorgen machten, er könne auf die schiefe Bahn geraten. Er war gerade aus dem Gefängnis entlassen worden, wo man ihn im Rahmen einer Ermittlung wegen Betruges festgehalten hatte. Der Kontaktmann erteilte Mert den Auftrag, Sadun auf den Pfad der Tugend zurückzuholen – was ungefähr das Gleiche war, als würde man einen Wolf beauftragen, einem anderen Wolf die Vorzüge der veganen Lebensweise zu erläutern, während beide sich über den Resten eines saftigen jungen Lamms die Lippen lecken.

Mert kannte sich mit Kryptografie und Programmierung aus; Sadun wusste über Kreditkarten Bescheid. Es dauerte nicht lange, dann zogen beide an einem Strang. Und zu Merts Verblüffung teilte Sadun ihm mit, er sei Mitglied von DarkMarket. Er besuchte die Website unter den beiden Nicknames Cryptos und PilotM. Wenige Stunden später loggte Mert Ortaç sich mit dem zweiten der beiden Namen ein.

O Wunder!, dachte Mert, als er zum ersten Mal das Innenleben von DarkMarket erblickte:

> Was gibt's für herrliche Geschöpfe hier!
> Wie schön der Mensch ist! Wackre neue Welt,
> Die solche Bürger trägt!

Mert war fasziniert. Er erkundete alle Ecken und Winkel der Website, sah sich in den Foren um, lernte, ihren Jargon zu imitieren, und ging dann daran, die Geheimnisse mit noch undurchsichtigeren Mitteln zu lüften. Bisher hatten sich Merts kriminelle Ambitionen auf die Entschlüsselung von Smartcards und den Verkauf geklonter Karten, deren Codierung er geknackt hatte, beschränkt. Nachdem er sich jetzt auf DarkMarket herumtrieb, schnappte er sehr schnell neue Tipps zum Kreditkartenbetrug auf. Mit der Kombination dieser Fähigkeiten gerieten er und Sadun in sehr trübe, finanziell allerdings nahrhafte Gewässer.

Zuvor jedoch ging er daran, DarkMarket vollständig zu kartie-
ren, als sei es ein Untergrundlabyrinth mit verborgenen Falltüren
und Schätzen. Seine Bosse beim staatlichen Geheimdienst wollten
natürlich alles wissen, was die DHKP/C betraf, die Terroristenorganisation, gegen die sie ermittelten. Mert jedoch interessierte
sich mehr für alles andere, was sich in den Foren abspielte.

Sehr schnell begriff er, dass Cha0, Master Splyntr, Shtirlitz und
Lord Cyric die entscheidenden Mitglieder der Website waren. Als
Mert anfing, sich auf DarkMarket herumzutreiben, hatte man JiLsi
und Matrix001 bereits aus dem Verkehr gezogen.

Er brauchte nur Sekunden, dann wusste er, dass Cha0 Türke
war. Das hatte allerdings nicht mit seinen Fähigkeiten als Hacker
zu tun, sondern war ausschließlich dem Zufall zu verdanken. Als
er die Werbeanzeigen für Cha0s Skimmer musterte, fiel ihm im
Hintergrund ein türkisches Reklameschild für Döner Kebab auf.
Auf einem anderen Foto stand ein Skimmer, der zum Verkauf
angeboten wurde, neben türkischem Waschpulver.

Er gab die Nachricht über den starken türkischen Einfluss auf
der Website an seinen Beamten beim Geheimdienst weiter, der
sich daraufhin noch stärker für DarkMarket interessierte: Auf der
Website waren nicht nur linke Terroristen aktiv, sondern sie wurde
sogar von Türken betrieben! Das konnte wichtig werden, und in
jedem Fall erforderte es weitere Ermittlungen. Mert erhielt die
Befugnis, mit Cha0 und anderen Türken, die sich auf DarkMarket
herumtrieben, Kontakt aufzunehmen. Es dauerte nicht lange, dann
glaubte er, er habe noch einen zweiten identifiziert: Lord Cyric.

Mert stöberte in Archiven aus den frühen 1990er Jahren, als
viele Computerfreaks den sogenannten Bulletin Board Service
oder BBS nutzten, eine Brücke zwischen einem elektronischen
Nachrichtensystem und dem Internet. Als er die Log-Dateien
durchsah, fiel ihm der Unterkiefer herunter: Er stieß auf zwei vertraute Nicknames, die unmittelbar nebeneinanderstanden: Cha0
und Lord Cyric! Demnach, so schloss er, sah es so aus, als würden
diese beiden führenden Köpfe von DarkMarket sich schon sehr
lange kennen.

31 Diener zweier Herren

Der fiktive Lord Cyric wurde bei Gamern und Computerfreaks in den 1980er und frühen 1990er Jahren sehr beliebt. Er war eine selbst ernannte Gottheit und trieb sich in den Forgotten Realms (»Vergessenen Reichen«) herum, einer gottverlassenen, mittelalterlich anmutenden Fantasywelt, in der Krieger nach Schätzen und dunklen Geheimnissen suchten, während sie gleichzeitig Wesen mit magischen Kräften und zerstörerischen Gelüsten vernichteten. Die Realms wurden zum Lieblingsrevier aller Computerspieler, die sich in dem Computerrollenspiel »Dungeons and Dragons« einem Abenteurerteam angeschlossen hatten. Später tauchte das von Tolkien inspirierte Ödland in verschiedenen anderen Computerspielen, darunter auch im höchst beliebten Baldur's Gate.

Die Vergessenen Reiche wurden auch in vielen Romanen beschrieben, die ihre Anregung zu gleichen Teilen aus Dungeons and Dragons und aus der Tolkien-Trilogie *Herr der Ringe* bezogen. Der Gestalt des Lord Cyric kam in der Mythologie der Vergessenen Reiche eine Schlüsselrolle zu – er war nicht nur ein Gott, sondern gleichzeitig auch durch und durch böse. Und was für die Carding-Welt und DarkMarket noch wichtiger war: Cyric trug unter seinesgleichen auch den Namen »Prinz der Lügen«, und zu seinen satanischen Kräften gehörten sowohl eine Meisterschaft im Täuschen und Vorspiegeln als auch die Fähigkeit, Streit und Intrigen Vorschub zu leisten.

Wer auch immer hinter dem Avatar in CardersMarket, DarkMarket und anderswo steckte, er wollte den Begriff des »chaotischen Bösen« vor sich hertragen, wie es unter den Fans von Dungeons and Dragons genannt wird. Das soll heißen: Die Gestalt verstreut die Samen von Chaos und Verzweiflung willkürlich überall da, wo sie sich herumtreibt. Das passte zu Lord Cyric auf DarkMarket sicher ebenso genau wie seine Neigung zu Täuschung, Illusionen, Fehden und Intrigen. Nur die wenigsten Carder säten in der Gemeinschaft so viele Feindseligkeiten wie diese Gestalt. Seine Spezialität war die Verbreitung von Anschuldigungen durch Gerüchte und Anspielungen.

Aus Gründen, die niemand je verstanden hat, suchte Cyric sich ein Ziel wie beispielsweise RedBrigade, der Shadowcrew in New York so gewinnbringend genutzt hatte. Dann ging er daran, den Ruf seines Angriffsziels unter anderen Cardern mit Tausenden von Nadelstichen zu zerstören. Ein kleiner Hinweis hier oder eine kleine Anspielung da, wonach RedBrigade ganz und gar nicht der war, der er zu sein schien, oder verschlüsselte Bemerkungen, die darauf schließen ließen, dass RedBrigade in Wirklichkeit für die Ordnungsbehörden arbeitete. Seine Sprache war bissig und kindisch, gleichzeitig gestaltete er seine Äußerungen aber so, dass sie dem Ziel der Angriffe möglichst große Unannehmlichkeiten bereiteten.

Dennoch hatte auch Cyric seine Fürsprecher, und von denen war keiner so standhaft wie Cha0. Mit seiner Intelligenz und einem Überlegenheitskomplex, der seinesgleichen suchte, erkannte Cha0 nur zwei Computernutzer als ebenbürtig an. Seine Verachtung für die Cyberabteilung des FBI kannte keine Grenzen, aber gleichzeitig wusste er die Hackerfähigkeiten von Max Vision alias Iceman zu schätzen, auch wenn beide sich wegen Icemans Angriffen auf DarkMarket häufig in die Haare geraten waren. Und wenn er über Lord Cyric sprach, ging Cha0 fast so weit, seinem alten Freund im Pantheon der Hacker eine noch höhere Stellung zuzugestehen als sich selbst.

In kurzer Zeit war es Lord Cyric gelungen, auf Foren wie The Grifters, CardersMarket und schließlich DarkMarket die Position eines wichtigen Moderators und Administrators zu erlangen. Was er im Schilde führte oder zu erreichen versuchte, begriff niemand, aber nach den Vermutungen derer, die er unmittelbar attakierte, arbeitete er entweder als Beamter oder als verdeckter Informant für die Ordnungsbehörden.

Der FBI-Agent Keith Mularski in Pittsburgh hatte keine Ahnung. Wie viele andere, so glaubte auch er, die Person hinter Lord Cyric sei im kanadischen Montreal zu Hause, aber seine Anfragen bei der Cyberabteilung der Royal Canadian Mounted Police erbrachten keine erfreulichen Ergebnisse. Man konnte zwar Cyrics IP-Adressen nach Montreal zurückverfolgen, gelegentlich deuteten sie aber auch auf einen Standort in Toronto hin; deshalb hatten manche Ermittler den Verdacht, dass er in Wirklichkeit in dieser Stadt lebte.

Einige Carder griffen das Gerücht auf, Lord Cyric sei in Wirklichkeit Brian Krebs, ein Journalist, der sich mit Cybersicherheit beschäftigte und zu jener Zeit für die *Washington Post* arbeitete. Dafür gab es keine Belege – ganz im Gegenteil: Krebs ist ein ernsthafter Autor, der niemals seinen Ruf dadurch aufs Spiel setzen würde, dass er sich mit den Leuten, über die er recherchiert, einlassen würde. Später folgten einige weitere Gerüchte, aber die Frage, wer Lord Cyric war oder was er vorhatte, konnte niemand wirklich ergründen.

Während Lord Cyric andere dazu anstachelte, allen möglichen zweifelhaften Tätigkeiten nachzugehen, beteiligte er sich selbst nie an kriminellen Transaktionen; dies bestärkte die These, dass er für die Polizei oder einen Geheimdienst arbeitete.

Alle glaubten aber auch, Lord Cyric müsse umfangreiche Kenntnisse über die Gemeinschaft der Carder und ihre Funktionsweise besitzen. Das war der Grund, warum er so begehrt war. Die Carder wollten durch ihn Kontakte zu ihresgleichen knüpfen, für die er bürgen konnte, oder sie wollten in Erfahrung bringen, was er über sie wusste. Die Polizei in den Vereinigten Staaten und Westeuropa suchte nach ihm, weil sie hoffte, sie könne ihn im Rahmen ihres Kreuzzuges gegen die Cyberkriminalität rekrutieren.

Cyric war das Musterbeispiel für eine Gestalt aus dem Cyber-Untergrund: Er tauchte wie aus dem Nichts auf und legte eine grenzenlose, gleichzeitig aber auch abstoßende Arroganz an den

Tag; gleichzeitig blieb es aber ein Rätsel, was ihn dazu motivierte, über endlose Stunden hinweg Nachrichten in die Foren zu stellen, sich an oftmals nutzlosen Diskussionen zu beteiligen und seine Kollegen zu ärgern.

Bevor Mert Ortaç enthüllte, dass zwei der auffälligsten Autoren des Internet-Vorläufers Bulletin Board Service in der Türkei die Nicknames Cha0 und Lord Cyric trugen, hatte niemand alle Fäden zusammengeführt.

Mit seiner charakteristischen Mischung aus Charme und Doppelzüngigkeit stellte Mert – der im Frühjahr 2007 unter dem Spitznamen PilotM postete – sich bei Lord Cyric als eine dritte Person vor, und zwar als gemeinsamer Bekannter. »He, alter Junge!«, schrieb er ihm, »was hast du denn in so einem Forum zu suchen?« Cyric war erpicht darauf, dem Mann, der sich als alter Freund getarnt hatte, genau die gleiche Frage zu stellen! Wenig später chatteten die beiden fröhlich miteinander, wobei es insbesondere um Fragen der Verschlüsselung ging. Mert bemerkte, dass Lord Cyric ein äußerst begabter Computertechniker war, und das bestätigte seine Vermutungen über die wahre Identität dieser Gestalt. Nachdem sie einige Tage oder Wochen lang Ideen und Informationen ausgetauscht hatten, erklärte sich Cyric bereit, eine virtuelle Zusammenkunft zwischen Cha0 und Mert (der immer noch vorgab, jemand anderes zu sein) zu ermöglichen. Über einen verschlüsselten ICQ-Austausch chattete Mert nun (natürlich auf Türkisch) mit Cha0.

»Hör mal«, sagte Cha0 zu Mert, »ich bin nicht oft in der Türkei. Meistens lebe ich im Ausland.« Dann fuhr er fort, er habe für seine Landsleute nicht viel übrig und vermeide wenn irgend möglich den Umgang mit ihnen. »Mein Name ist Şahin«, sagte er, »und Türkisch spreche ich nur, wenn es unbedingt sein muss.« Er sei bereit, sich mit Mert auf Türkisch zu unterhalten, weil Lord Cyric sie miteinander bekannt gemacht habe. »Er und ich sind sehr alte Freunde«, erklärte Cha0.

Im April 2007 hatte Cha0 dafür gesorgt, dass Dron aus Dark-Market ausgeschlossen wurde, und mit ihm ging auch Drons

Fähigkeit verloren, die Mikroprozessoren auf seinen Skimming-Apparaten zu reparieren. Er fragte Mert, ob er dazu in der Lage sei, und Mert bejahte. Er beteiligte sich jetzt ernsthaft an Cha0s kriminellen Geschäften, und das bedeutete, dass er ein besonders wertvolles Gut ansammeln konnte: Vertrauen.

Nur Mert behauptet, zwischen ihm selbst, Cha0 und Cyric habe ein enges Verhältnis bestanden. Die beiden anderen können natürlich nicht mit Sicherheit sagen, ob sie Nachrichten mit Mert ausgetauscht haben, denn dieser gab sich ja als jemand anderes aus. Cha0 stritt ausdrücklich ab, ihn vor jenem Schicksalstag, an dem er ihn entführte und sein Foto über Haber7 ins Internet stellte, jemals getroffen oder mit ihm kommuniziert zu haben.

Und was noch wichtiger war: Niemand, weder in der Türkei noch sonst irgendwo, hat jemals die Existenz des rätselhaften Şahin bestätigt. Von Merts Aussage abgesehen, gibt es keinen Beleg dafür, dass Şahin existiert oder dass die beiden sich irgendwann getroffen haben. In einer wichtigen Hinsicht aber erwies sich Merts Aussage als richtig: Die Freundschaft zwischen Lord Cyric und Cha0 reichte sehr weit zurück.

Mert war natürlich immer noch für den türkischen Geheimdienst tätig. Am Abend, wenn er fast den ganzen Tag scheinbar bei Fox Türkei gearbeitet, sich auf DarkMarket herumgetrieben oder Mikroprozessoren für Cha0s illegale Skimmerproduktion zusammengelötet hatte, berichtete er seinen Führungsbeamten, was er tagsüber herausgefunden hatte. Er erzählte von einem polnischen Spammer namens Master Splyntr, von dem Sicherheitsgenie Grendel, von Lord Cyric und Cha0, von Backup-Servern, die die Administratoren von DarkMarket in mehreren europäischen Ländern betrieben, und von den Aktivitäten der DHKP/C.

Was führte er sonst noch im Schilde? Sein Vorgesetzter bei Fox Türkei war mittlerweile sehr misstrauisch. Ihm fiel auf, dass Mert fast nie die ihm übertragenen Aufgaben abschloss, sondern stattdessen eine Fülle von Ausreden vorbrachte, warum er nicht an seinem Arbeitsplatz saß. Er behauptete, er leide an einer schweren Krankheit, und er versuchte auch mehrfach, sich Geld von seinen

Kollegen zu leihen. Wenn er so erfolgreich war, so fragte sich sein Chef, warum war er dann chronisch knapp bei Kasse?

Eines Tages entdeckte der Vorgesetzte, dass Mert alle seine Kollegen nach ihren Passwörtern gefragt hatte. Angeblich brauchte er sie, um ein größeres System-Upgrade zu installieren. Der Chef konnte die Umsetzung dieses Plans gerade noch rechtzeitig verhindern: Er hatte den Verdacht, dass Mert die Passwörter zu weniger ehrenwerten Zwecken verwenden wollte.

An einem anderen Tag, während er Mert in aller Stille im Auge behielt, fiel ihm ein Stapel Kreditkarten auf dem Tisch des Mitarbeiters auf. Später fand er zwei Personalausweise für Mert, und auf keinem von beiden stand der richtige Name, das richtige Geburtsdatum oder der richtige Geburtsort. Und schließlich bekam er mit, wie Mert eine Website aufrief, auf der detailliert erklärt wurde, wie man einen Geldautomaten knackt. Je länger Mert blieb, desto größer wurde sein Geldbedarf – und es ging um wahrhaft große Summen.

Mert hatte Sanem kennengelernt, eine Traumfrau, in die er völlig vernarrt war. Sanem ist der einzige Mensch auf der Welt, der mit Sicherheit sagen kann, ob Merts ungewöhnliche Geschichte stimmt oder nicht. Aber Sanem redet nicht.

32 Türkische Freuden

Das Sükrü-Saragoğlu-Stadion im belebten asiatischen Viertel Kadıköy war bis zum letzten Platz besetzt. Es war für Fenerbahçe das letzte Heimspiel der Saison. Der Verein hatte den Titel in der Süper Lig bereits gewonnen; das Spiel an einem Sonntag mit Kaiserwetter Ende Mai war also nur noch eine lautstarke Feier für Fußballfans, die zu den fanatischsten der Welt gehören.

In all das stolperte Mert Ortaç hinein. Vielleicht wirklich; vielleicht auch nur in seinem Kopf.

Oben in den VIP-Logen herrschte eine erwartungsfrohe, gesellige Atmosphäre. Şahin und sein zuverlässiger Adlatus Çağatay Evyapan warteten auf den Anstoß um 17 Uhr. Die Fußballfans von Instanbul waren so fanatisch wie kaum sonst irgendwo in Europa, und sie gliederten sich in drei Lager. Zwei davon, Galatasaray und Beşiktaş, waren auf der europäischen Seite der Stadt zu Hause, die gelb-marineblauen Hemden von Fenerbahçe hatten ihre Heimat jenseits des Bosporus in Asien. Şahin und Çağatay waren überzeugte Fenerbahçe-Anhänger, und Şahins Besuche in seiner Heimatstadt fielen gewöhnlich auf Tage, an denen gespielt wurde – er hatte im Stadion sogar eine VIP-Loge.

Unter den Freunden, die er zu dem Spiel eingeladen hatte, war auch Mert. Dieser, so sagte Şahin zu Çağatay, sei einer der neuen Jungs, die in seiner Skimmerfirma arbeiteten. Mert stellte den beiden auch Sanem vor, seine neue Freundin. Sie verdrehte Mert den Kopf, und ihr Kopf wurde durch den offen zur Schau getragenen Reichtum seiner Begleiter verdreht.

Über einige Leute in der VIP-Loge wusste Sanem bereits Bescheid. Mert·Geheimnisse aus der Nase zu ziehen war nicht schwer. Er war nicht nur von Natur aus eine Tratschtante, sondern er wollte seine junge Geliebte, die nach seiner Einschätzung in einer ganz anderen Liga spielte als er, auch unbedingt beeindrucken. Der Anblick mächtiger Männer wie Şahin und seines gut gebauten Handlangers Çağatay, die in der VIP-Loge auf und ab gingen, war für Sanem sicher eine Bestätigung, dass ihr kleiner Mert wirklich eindrucksvolle Bekannte hatte. Das heißt, wenn das Fenerbahçe-Spiel nicht nur eine Episode aus Merts Träumen war.

Das Leben hatte es gut mit Mert gemeint. Zusammen mit Sadun verdiente er mit dem Betrug der Akbank mittlerweile gutes Geld. Als aktiver Informant des staatlichen Geheimdienstes erfreute er sich eines umfassenden Schutzes, und bei Cha0, der Schlüsselgestalt von DarkMarket, war er hoch angesehen. Vor allem aber verbrachte er jeden Tag und jede Nacht mit einer großartigen, wunderschönen jungen Frau, die offenbar ähnlich hingerissen war wie er.

Der Sommer war angebrochen, und Mert entschloss sich, Nutzen aus seinem angenehmen Schicksal zu ziehen: Er wollte in Antalya Urlaub machen, genauer gesagt in dem angesagten Adam & Eve Hotel, in dem es den Designern gelungen war, einen hohen Etat mit einem einzigartig schlechten Geschmack zu verbinden. Pool-Wellen schwappten in einem Innenhof mit ständig wechselnden Lichteffekten, und die Zimmer waren bekannt für ihre unzähligen Spiegel, die zu ausgiebigen Sexspielen einluden. Das alles war nicht billig. Der Zimmerpreis begann bei 400 Dollar pro Nacht, und die Besucher stellten fest, dass man sehr schnell gewaltige Nebenkostenrechnungen anhäufen konnte. Aber für die jungen Schönen oder Reichen in der Türkei war es das Ferienziel der Saison.

Sofort nachdem Mert und Sanem eingecheckt hatten, lief ihnen Çağatay über den Weg, der ebenfalls zum Sommerurlaub in den Süden geflogen war. Einem korpulenten Herrn mit Brille, der sich in seiner Begleitung befand, erklärte Çağatay, Mert habe dem Team von Cha0 in »administrativen Angelegenheiten« geholfen. Der Dicke blinzelte zu Mert hinüber und rief dann: »Warten Sie mal. Den Burschen kenne ich doch, seit er ein kleiner Junge war! Was um Himmels willen« machst du denn in dieser Branche?« Mert reagierte wie immer: Er kicherte und lächelte spitzbübisch.

Als er mit Sanem zu ihrem Zimmer ging, beugte Mert sich zu ihr und sagte: »Der zweite Typ? Das war Lord Cyric.« Nun wollte Sanem wissen, ob Cyric mehr Macht hatte als Cha0. Mert versicherte ihr, das sei nicht der Fall, aber dann fiel ihm wieder ein, dass sie sich vor allem für Macht und erst in zweiter Linie für Geld interessierte.

Mert war verliebt und schwebte im siebten Himmel. Er war ein vermögender Mann, bei Kriminellen und dem Geheimdienst gleichermaßen angesehen, und für die Außenwelt hatte er als Leiter der IT-Abteilung bei Fox Türkei eine beeindruckende Stellung. Außerdem verdümpelte er den Sommer mit seiner neuen Freundin im Adam & Eve Hotel. Besser konnte es nicht werden.

Das wurde es auch nicht. Rückblickend betrachtet, war der August 2007 das kurze goldene Zeitalter von Mert Ortaçs Traumwelt, eine Zeit, in der seine Fantasien plötzlich mit der Realität zusammenfielen. Sobald er nach Istanbul zurückgekehrt war, begannen ihm die Dinge aus dem Ruder zu laufen, und als der Sommer dem Herbst Platz machte, verbreiteten sich düstere Schatten. Sanem und Mert pflegten teure Einkaufstouren an Orte wie die Insel Mykonos im benachbarten Griechenland zu unternehmen. Dann gab das Paar jeden Tag mehrere tausend Euro aus, was selbst Merts gut bestückte Schatulle belastete. Sein Widerwille gegen ihre Verschwendungssucht war ebenso groß wie ihre wachsende Irritation über seine Geheimnisse und Lügen.

Im Rahmen einer solchen verwickelten Episode wurde Mert festgenommen, weil er angeblich einem Freund von Sanems Bruder 5000 Euro gestohlen hatte. Die Festnahme lieferte Fox Türkei den letzten Anlass, ihn zu entlassen. Noch rätselhafter war etwas anderes: Der staatliche Geheimdienst hatte irgendwann entschieden, dass Mert zu einer Belastung geworden war und dass es sich nicht lohnte, ihn noch länger zu schützen. Aus heiterem Himmel fühlte er sich plötzlich bloßgestellt, und außerdem fehlten ihm nun zwei wichtige Einnahmequellen.

Nachdem er eine Vorladung erhalten hatte, verstärkte er zusammen mit Sadun seine Carding-Aktivitäten, was dank anhaltender Sicherheitslücken bei der Akbank weiterhin möglich war. Die Verzweiflung äußerte sich als Nervosität, und verstärkt wurde dieser Zustand noch durch die Entdeckung, dass Sanem eine Affäre hatte. Der nachfolgende Streit war eine stürmische Angelegenheit, in deren Verlauf bittere Vorwürfe hin und her gingen. Mert glaubte, sie habe ihm große Geldsummen gestohlen. Und sie muss geglaubt haben, dass er schlicht geistesgestört war.

Als seine Welt derart zusammenbrach, reiste Mert über Neujahr nach Süden, um über seine nächsten Schachzüge nachzudenken. Unterwegs erreichten ihn weitere schlechte Nachrichten: Man hatte Sadun festgenommen; die Polizei hatte bereits Merts Wohnung durchsucht, und ein Haftbefehl gegen ihn war ausgestellt. Wäre er in Istanbul geblieben, er säße bereits hinter Schloss und Riegel. Wie so oft in schwierigen Situationen entschloss sich Mert, weiter zu graben, bis er sich völlig im Untergrund befand.

Er kehrte unter falschem Namen nach Istanbul zurück und legte sich eine Fluchtstrategie zurecht. Mit einem seiner vielen falschen Personalausweise beantragte er einen neuen Reisepass und erhielt ihn auch; dann bestach er einen Konsularbeamten der französischen Botschaft, der ihm daraufhin ein Visum erteilte. Nun machte er sich auf eine mühsame Reise über das französische Karibikterritorium Martinique und Paris nach Alès, einer schläfrigen Kleinstadt 80 Kilometer nördlich der französischen Mittelmeerküste.

Mert war isoliert. Er verfügte nur noch über begrenzte Mittel, sprach kaum ein Wort Französisch und – noch beunruhigender – er hatte nicht ohne Weiteres Zugang zum Internet. Zumindest konnte er sich mit dem Wissen trösten, dass er in Sicherheit war.

Nach der überstürzten Flucht vor der türkischen Justiz und dem Streit mit seiner ehemaligen Geliebten, wurde Alès für Mert schon bald zu einer willkommenen Zuflucht. Zum ersten Mal seit Monaten oder sogar Jahren kam er ohne Halbwahrheiten, Täuschung, Diebstähle und Ausflüchte aus. Er konnte mit der extremen Abgrenzung Schluss machen, die seine Online- und Offline-Mehrfachpersönlichkeiten verlangten, und nach seinem wahren Wesen suchen – natürlich immer vorausgesetzt, er besaß ein erkennbares Wesen überhaupt noch. Vielleicht war die Zeit gekommen, ehrlich zu werden, eine ehrliche Arbeit zu finden und mit einer anständigen Frau sesshaft zu werden. Wenn er seine Karten klug ausspielte, lag das alles für ihn in Reichweite.

Dann, eines Morgens gegen acht Uhr, klopfte es an seiner Tür.

Mert lag im Bett und nippte an einem Kaffee. Er hatte hier in Alès noch nie Besuch gehabt und erwartete auch niemanden. Also warf er sich seinen Morgenmantel über, schlurfte zur Tür und öffnete. Draußen standen zwei Männer mit Rucksäcken. »Hallo Mert! Wie geht es dir?«, fragte der erste auf Türkisch. Darauf murmelte Mert schwach: *»Je ne comprends pas…«* »Ach komm, Mert«, sagte der zweite Mann auf Englisch, »wir wissen, wer du bist. Es wäre in deinem Interesse, wenn du uns hereinlässt.«

Als sie mit Kaffeebechern um den Küchentisch saßen, zog einer der Männer einen Ordner heraus und legte ihn auf den Tisch. Den ersten Mann hielt Mert für einen türkischstämmigen Amerikaner der zweiten Generation, denn er sprach türkische Umgangssprache, allerdings mit Akzent und gelegentlichen grammatikalischen Fehlern. Der zweite, der das Gespräch zum größten Teil führte, war Amerikaner.

Mert wurde vor die Alternative gestellt: »Entweder du hilfst uns ohne Wenn und Aber, oder wir geben diesen Ordner der Sécurité.« Mert warf einen Blick auf die Seiten mit französischen Kreditkarteninformationen, die er und Sadun geskimmt hatten, nachdem sie in das Computersystem der Akbank eingedrungen waren. Die beiden Männer erinnerten ihn daran, dass er hier in Frankreich schon für einen einzigen Kreditkartenbetrug bis zu acht Jahren Haft bekommen konnte.

Es hieß also »Vogel, friss oder stirb«, aber bevor Mert sich einverstanden erklärte, wollte er wissen, wen die beiden Männer vertraten. »Die amerikanische Polizei«, lautete die Antwort. »Und was wollt ihr von mir?«, fuhr Mert fort.

»Ach komm, Mert, rate mal!«

Irritiert und verängstigt schüttelte Mert den Kopf.

»Du sollst uns Cha0 liefern.«

33 Rückkehr in die Unterwelt

Als die drei Männer sich über Cha0 und seinen möglichen Aufenthaltsort unterhielten, konnte Mert aus den Fragen und Kommentaren seiner Gäste entnehmen, dass sie weder Cha0s Identitäten noch die von Lord Cyric kannten. Die beiden Agenten erklärten Mert, er müsse in die Türkei zurückkehren, wieder auf DarkMarket heimisch werden und dann Cha0 und seine Kollegen aufstöbern. Noch mehr überraschten sie ihn mit der Mitteilung, einer ihrer Leute habe die Kontrolle über den Server von DarkMarket, und deshalb könnten sie ihm helfen, wieder in dem Forum zugelassen zu werden.

Soweit Mert feststellen konnte, wollte das FBI jetzt aller noch verbliebenen zentralen Gestalten von DarkMarket habhaft werden: Cha0, Lord Cyric, Master Splyntr, Shtirlitz und Grendel. Wie sie das machen wollten, hatten sie ihm nicht genau erklärt, aber offensichtlich sollte er bei alledem eine entscheidende Rolle spielen. Für ihn war das keine angenehme Aussicht, aber ebenso unangenehm war eine Haftstrafe in einem der französischen Gefängnisse, die Gerüchten zufolge zu den gnadenlosesten in Westeuropa gehörten.

Die amerikanischen Agenten machten Mert ein paar unbestimmte Versprechungen und rüsteten ihn mit einer Telefonnummer sowie einer E-Mail-Adresse von Lucy Hoover aus, der Assistentin des Rechtsattachés an der US-Botschaft in Istanbul. Ebenso erhielt er selbst einen E-Mail-Account namens *sadinsider@gmail. com* (den Namen hatte Mert sich ausgesucht), über den er ihr Nachrichten schicken konnte.

Merts Ausflug ins Languedoc ist die zweite Episode aus seiner Traumwelt, die sich nicht verifizieren lässt. Er nahm aber tatsächlich Kontakt mit Lucy Hoover vom FBI auf, die sich zu jener Zeit in der Türkei aufhielt.

Als Mert am 2. März 2008 zurückkehrte, war er zwei Monate weg gewesen. Als Erstes musste er einen Plan für das weitere Vorgehen entwickeln. Er entschloss sich, Kontakt mit der Nachrichtenagentur und Fernsehstation Haber7 aufzunehmen: Er bot ein Interview an und versprach, darin die Geheimnisse aus der Welt von Carding und DarkMarket zu enthüllen. Damit verfolgte er ein vielleicht unkluges Ziel: Er wollte Cha0 einschüchtern; dieser sollte wissen, dass Informationen über sein Geschäft nach außen drangen und dass die Polizei möglicherweise gegen ihn ermittelte.

In seiner Arglosigkeit – die trotz allem immer noch ein zentraler Bestandteil seines Charakters war – glaubte Mert, Cha0 werde nicht herausfinden, wer dieser geheimnisvolle Hacker, der den Medien Interviews gab, in Wirklichkeit war. Aber Mert hatte nicht damit gerechnet, dass Haber7 ihn in der McDonald's-Filiale in Kadıköy, dem Ort des Treffens, heimlich fotografiert hatte. Nachdem das Foto veröffentlicht war, wusste Cha0, wer da geplaudert hatte. Jetzt hatte der große Boss Mert fest im Blick.

Nachdem auf seine Ergreifung eine Belohnung ausgesetzt war und Sadun hinter Schloss und Riegel saß, mussten Cha0, Lord Cyric und die anderen wissen, dass Mert von den Behörden unter Druck gesetzt werden konnte. Das Interview bestärkte diesen Verdacht. Deshalb kehrte Mert nicht sofort zu DarkMarket zurück, sondern er nahm Kontakt zu dem jungen Mustafa auf, einem befreundeten Hacker, den Cha0 ebenfalls kannte. Mustafa war allen Berichten zufolge erpicht darauf, seine Fähigkeiten in der Kultur des schnellen Geldes mit Carding und Cyberkriminalität weiterzuentwickeln.

Mustafas Familie stammte aus Antalya; deshalb hatte auch Mert eine Ausrede, aus Istanbul zu verschwinden, wo er sich nicht sicher fühlte. Er blieb über einen Monat im Süden, in dem Teil des Landes, der ihm am liebsten war.

Auf DarkMarket war Mustafa unter dem Nickname MYD tätig, und er entwickelte eine gute Arbeitsbeziehung zu Cha0. Eines aber wusste Mert nicht: Mustafa hatte Cha0 gewarnt, Mert sei offenbar hinter ihm her.

Mustafa arrangierte ein Treffen mit Cha0 in Istanbul und machte sich dann zusammen mit Mert nach Norden auf den Weg. Mert hatte Lucy Hoover über alle seine Reisen informiert und machte sie jetzt darauf aufmerksam, dass er sich auf eine Begegnung mit Cha0 vorbereitete. Die Amerikaner mussten Cha0 zu Gesicht bekommen und sowohl seinen Aufenthaltsort als auch seine Kommunikationsinfradstruktur ermitteln. Mert hielt dieses Mal sein Versprechen und führte die Amerikaner zu ihrer Zielperson. Cha0 hatte Mustafa die Anweisung gegeben, seine Leute vor einer Burger-King-Filiale nicht weit von der S-Bahn-Station Göztepe auf der asiatischen Seite der Stadt zu erwarten.

Als Mert und Mustafa nach Göztepe kamen, trafen sie dort auf Hakan Öztan, einen großen, bulligen Mann, der als Çağatays Leibwächter tätig gewesen war, als die beiden zusammen im Gefängnis saßen, und jetzt die gleichen Dienste auch Şahin anbot. Der Bodyguard brachte sie zu einem Haus namens Sözdener Apartments in dem rund drei Kilometer entfernten, wohlhabenden Mittelschicht-Stadtteil Suadiye. Die Zimmer waren sparsam möbliert und nicht besonders einladend. Hakan sagte den beiden Männern, sie sollten hierbleiben, dann werde jemand mit ihnen Kontakt aufnehmen.

Nachdem sie jetzt nicht mehr den Schutz des öffentlichen Raumes und noch weniger den des nationalen Geheimdienstes genossen, machte Mert sich Sorgen, Çağatay könne unterwegs sein, um ihn aus dem Weg zu räumen. Was er nicht wusste: Mustafa hatte auf Cha0s Anweisung einen Trojaner auf Merts Laptop installiert, und über diesen Kanal wusste Cha0 jetzt über Merts sämtliche Geheimnisse Bescheid. Es war ein dichter Dschungel der Doppelzüngigkeit. Cha0 war nicht nur ein meisterhafter Verbrecher, er war auch unnachsichtig. Jetzt hatte er handfeste Beweise, dass Mert für die Polizei arbeitete. Mert nahm an (und hoffte sicher auch), dass Lucy Hoover irgendwie eine Überwachung des Apartments organisiert hatte, aber er erkannte keine Anzeichen dafür. Wenn Çağatay, Şahin und Haktan hier auftauchten, steckte er in ernsthaften Schwierigkeiten.

Am Sonntag, dem 18. Mai 2008, war Mert vormittags allein, als es an der Tür des Sözdener Apartments klingelte. Als er öffnete, stand Haktan vor ihm. Der Besucher sagte kein Wort, sondern drängte sich grob an Mert vorbei und schloss die Tür hinter sich. Mert erklärte fröhlich, er habe ihn schon erwartet. Haktan starrte ihn an. »Moment«, sagte er. Dann öffnete er die Tür, und Çağatay kam herein. Merts Gesichtsfarbe wechselte von Rot über Violett zu Weiß.

Çağatay stieß Mert in einen Sessel und ging langsam vor ihm auf und ab, wobei er monoton »Mert... Namert... Mert... Namert« intonierte – ein türkisches Wortspiel mit den gegensätzlichen Begriffen *mert* (mutig) und *namert* (feige).

Dann fand Mert sich auf dem Fußboden liegend wieder und wurde in Bauch, Brust und Beine getreten. Zwei weitere schwere Burschen kamen herein, warfen ihm eine Decke über den Kopf, so dass er sie nicht erkennen konnte, und schlugen ebenfalls auf ihn ein. Hin und wieder erhaschte Mert einen Blick auf eine Pistole, die auf seinen Kopf gerichtet war.

Er wurde ohnmächtig. Als er wieder zu sich kam, lag er immer noch auf dem Fußboden, aber er bemerkte eine Videokamera, die alles filmte. Mit dem Trojaner, den Cha0 auf Merts Laptop geschleust hatte, hatte er sich nicht nur Informationen über die Beziehung zu Lucy Hoover verschafft, sondern er hatte auch entdeckt, dass Mert (wenn auch nur mit begrenztem Erfolg) vom staatlichen Geheimdienst geführt wurde.

»Na gut«, sagte Çağatay, der als Zeremonienmeister fungierte, und drückte auf den Aufnahmeknopf. »Du wirst uns jetzt die ganze Geschichte von Anfang bis Ende erzählen.« Also ging Mert seine ganze Traumgeschichte noch einmal durch. Gegen drei Uhr morgens war er fertig. Sie wollten alles wissen – über die Spione, den Kartenbetrug mit Sadun, die Erkundung von DarkMarket, die Freundin. Kein Detail wurde ausgelassen.

Schließlich gingen die Gangster schlafen; nur einer war immer wach und sorgte dafür, dass Mert jedes Mal, wenn er einnickte, mit Tritten und Schlägen wieder geweckt wurde.

Am Montagmittag rief Şahin an, und Çağatay stellte das Telefon laut. Merts Wille war mittlerweile gebrochen. Er ging davon aus, dass man ihn töten würde. Deshalb wunderte es ihn auch nicht, dass Şahin sagte, er solle alles, was er bereits erzählt hatte, noch einmal wiederholen. Alles wurde gefilmt. Am Ende ergriff Şahin das Wort. »So, jetzt ist es Zeit für deine Strafe«, sagte er ohne Ironie. »Ich will, dass du alles machst, was Çağatay dir sagt, und dann werde ich das Ergebnis beurteilen.«

Çağatay befahl Mert, aufzustehen und sich zu entkleiden. Aus Angst, jetzt werde eine Massenvergewaltigung folgen, begehrte Mert auf. »In Gottes Namen, schießt mir doch einfach eine Kugel in den Kopf«, betete er. »Was um alles in der Welt habt ihr mit mir vor?«

»Halt die Klappe«, gab Çağatay zurück. »Du brauchst keine Angst zu haben. Wir sind keine Bande von Sittenstrolchen. Behalte die Unterhose an und nimm deine Strafe auf dich!« Während Şahin immer noch am Telefon war, kritzelte Çağatay den berüchtigten Zettel, der Kier oder Mert Ortaç als Verräter und Spitzel brandmarkte. So entstand der Mythos von Kier. Der Journalist von Haber7 hatte Merts Namen auf einer Website zusammen mit dem Nickname »Kier« gefunden. In Wirklichkeit hatte Mert diesen Namen nie benutzt und würde ihn auch in Zukunft nicht benutzen – sein wirklicher Nickname lautete SLayraCkEr. Aber nachdem Çağatay das Foto gemacht hatte, bezeichneten Journalisten, Polizisten und Carder auf der ganzen Welt Mert Ortaç als Kier, obwohl man ihn zuvor in seinem ganzen Leben noch nie so genannt hatte.

Nachdem sie ihn fotografiert hatten, wurde Mert wieder zu Boden gestoßen, und man warf ihm die Decke über den Kopf. »Du bleibst jetzt noch eine halbe Stunde hier, dann kannst du gehen«, sagte Çağatay. »Wir lassen dir deine Kleider hier, und dein Geld rühren wir nicht an. Du kannst auch einen Personalausweis haben. Von jetzt an und für den Rest deines Lebens solltest du nie mehr daran denken, den Namen Cha0 zu schreiben. Wenn du das tust, hast du meine Hände am Hals, bevor du noch einmal Luft holen kannst.« Schließlich konnte Çağatay nicht der Versuchung widerstehen, noch eine persönliche Bemerkung hinzuzufügen: »Wenn es nach mir ginge, hätte ich dich hier und jetzt umgebracht. Aber der Mann mag dich. Sei dankbar und halt den Mund.« (In Wirklichkeit hielt Çağatay den Gedanken, jemanden wie Mert – der in seinen Augen ein kleiner Wurm war – umzubringen, für lächerlich.)

Eine halbe Stunde später stolperte der geprügelte Mert Ortaç mit nur noch 50 Dollar in der Tasche aus dem Apartment und machte sich auf den Weg zum Busbahnhof. Er fuhr in die Stadt Izmir. Dort leckte er seine Wunden und fragte sich, was um Himmels willen er als Nächstes tun sollte. Die Antwort lag auf der Hand: Er musste in den Untergrund gehen. Mert verschwand ein letztes Mal – bis er viele Monate später, im November 2008, festgenommen wurde, als er wiederum unter einem anderen Namen einen Reisepass beantragte.

In Merts Traumwelt spielen noch weitere seltsame Geschichten, die weder Realität noch Fantasie sind. In unserem Zusammenhang jedoch sind sie hier zu Ende.

34 Die Razzia

Bevor Mert endgültig festgenommen wurde, hatte Inspektor Bilal Şen keine Ahnung, ob der Hacker auf der Flucht war, noch im Gefängnis saß oder überhaupt noch lebte. Er wusste aber, dass die Zeit nicht für ihn arbeitete. Dem Beamten blieb nur eine Möglichkeit: Er musste sich weiterhin so effizient und geduldig wie möglich darum bemühen, Cha0 ausfindig zu machen. Wenigstens hatte er jetzt ein Foto und eine Telefonnummer des Mannes, der den Skimmer verschickt hatte, und er war überzeugt, dass dieser ihn am Ende zu Cha0 führen würde. Der Handlanger, der den Skimmer aufgegeben hatte, benutzte eine der Telefonnummern, die er bei dem Logistikunternehmen angegeben hatte; damit konnte die Polizei den Verdächtigen »triangulieren« – oder mit anderen Worten: Sie konnte feststellen, über welche Mobilfunkmasten das Handy sich einloggte. Wenig später hatte man konkrete Vorstellungen von seinen Aufenthaltsorten und seinem Bewegungsmuster.

Es dauerte nicht lange, dann wurde er ein zweites Mal gesehen, und man konnte sich an seine Fersen heften. Innerhalb weniger Tage führte der Mann sie zu einer Villa in Tuzla, einem weit entfernten Vorort von Istanbul, der rund 25 Kilometer südlich der Stadt an der asiatischen Küste liegt. Die Region, in der sich einer der größten türkischen Marinestützpunkte befindet, war früher für seine Fischerei berühmt und gehört zu den wenigen Teilen der Stadt, die nicht vollständig von neuen Gebäuden beherrscht werden. Mit seinen geräumigen und äußerlich sehr farbenfrohen Häusern war es ein begehrtes Wohnviertel, das vorwiegend von wohlhabenden Familien bevölkert wurde.

Der Verdächtige führte sie zu einer Luxusvilla mit Außenschwimmbad. Nach tagelanger Observation war sich das Überwachungsteam sicher, dass in dem Haus mehrere Männer lebten. Aber Bilal brauchte nicht lange, um herauszufinden, wer in dem Team die Befehle erteilte. Nach einer kurzen Recherche in den Unterlagen der Polizei identifizierte er ihn als einen gewissen Çağatay Evyapan.

An der Universität war Çağatay ein begabter Student des Elektroingenieurwesens gewesen, jetzt aber war er ein Verbrecher von Format. Zum ersten Mal hatte man ihn 1998 wegen Betrugsvorwürfen festgenommen. Zwei Jahre später folgte seine größte Fehleinschätzung: Er und seine Komplizen wurden auf frischer Tat ertappt, als sie am Hafen von Izmir mit geklonten weißen Plastik-Kreditkarten Bargeld aus Automaten zogen. Nachdem er fünf Jahre einer 27-jährigen Gefängnisstrafe abgesessen hatte, war er durch die Aussicht auf weitere Haft überfordert. Eines Tages im Mai 2005 stieg Çağatay daher über die Gefängnismauern und verschwand vom Bildschirm. Er war weniger ein flüchtiger Häftling als vielmehr ein Gespenst.

Für seine Festnahme im Jahr 2000 machte er die Männer verantwortlich, mit denen er zusammengearbeitet hatte – und so etwas sollte ihm nicht noch einmal geschehen. Wenn man will, dass etwas anständig erledigt wird, so Çağatays einfache Philosophie, muss man es selbst machen.

Natürlich wusste er, dass die Cyberwelt während der fünf Jahre, in denen er im Gefängnis war, beträchtliche Veränderungen durchgemacht hatte. Er kannte das Moore-Gesetz, wonach sich die Zahl der Transistoren, die man mit geringen Kosten in einem integrierten Schaltkreis unterbringen kann, bis ungefähr 2015 alle zwei Jahre verdoppeln wird. Auf das wahre Leben übertragen bedeutet dieses Gesetz, dass die Geräte jedes Jahr raffinierter, Computerprogramme komplizierter, Hackerwerkzeuge undurchsichtiger und die Belohnungen entsprechend üppiger werden. Also ging er daran, sich auf die neuen Verhältnisse einzustellen.

Als Erstes brauchte er eine neue Cyberidentität. Çağatay verschwand für nahezu vier Jahre; in seinem Pass stand statt seines Namens der eines Untergebenen, nämlich des Leibwächters

Hakan Öztan, und im Äther war er nun Cha0 (ausgesprochen wie der italienische Gruß). Die erste Silbe seines Namens und die Ziffer Null hatte er bereits verwendet, als er Anfang der 1990er Jahre erstmals die BBS-Foren besuchte. Damals hatten Cha0s außergewöhnlich gute Sicherheitsmaßnahmen dafür gesorgt, dass niemand ihn identifizieren konnte. In öffentlichen Foren wie Crime-Enforcers und DarkMarket trat Cha0 als Verkäufer von Skimmern auf. Privat verkaufte er uneinnehmbare Sicherheitssysteme für Computerbenutzer, die ihre Identität unter keinen Umständen preisgeben wollten.

Und jetzt hatte Bilal ihn gefunden. Aber Cha0s Aufenthaltsort ausfindig zu machen, war etwas ganz anderes als die Sammlung ausreichender Beweise, auf deren Grundlage man Anklage erheben konnte. Türkische Richter und Staatsanwälte sind mit dem Internet weniger vertraut als ihre Kollegen in Westeuropa oder Amerika, und in der Stadt gab es bereits mehrere hochkarätige, teure Strafverteidiger, die sehr schnell lernten, wie sie dieses Unwissen zum Wohle ihrer Mandanten und der eigenen Bankkonten ausnutzen konnten.

Çağatay genoss den Sommer – er war ein geselliger Mensch, der gern mit Freunden ausging. Häufig war er in Begleitung schöner Frauen, darunter Gerüchten zufolge ein besonders wagemutiges Mitglied der saudischen Königsfamilie. Er liebte teure Drinks, gutes Essen und Partys auf Jachten; im Laufe der Jahre hatte er ein wenig zugenommen. Geld schien für seinen flotten Lebensstil keine Rolle zu spielen.

Bilal heftete sich an die Fersen von Çağatays verschiedenen Mitarbeitern – immer mehr Indizien deuteten darauf hin, dass Cha0 nicht nur Çağatay Evyapan war, sondern ein gut organisiertes Verbrechersyndikat. Das hier waren keine Scriptkiddies, die sich zum ersten Mal in einen Server hackten; hier ging es um organisiertes Verbrechen. Damit war es ein Beleg für einen weltweit wachsenden Trend. Die traditionellen Syndikate des organisierten Verbrechens hatten Internetbetrug lange als Schmalspurverbrechen betrachtet, das ihrer Aufmerksamkeit kaum wert war. Dies änderte sich allmählich. Als die Cyber-Kriminalität aus ihrem ursprünglichen Brutkasten, wo sich übermütige bis böswillige Computerfreaks tummelten, ausbrach und in den Bereich der realen, erwachsenen Mafiastrukturen hineinwuchs, wurde sie immer systematischer, effizienter und sicherheitsbewusster. Entsprechend verfügten Bilals Zielpersonen über immer größere Mittel, und wenn der Inspektor vor Gericht nicht straucheln wollte, musste er die Beweise der Anklage mit großer Sorgfalt und Aufmerksamkeit zusammentragen.

Die Polizisten sammelten pflichtschuldigst ihre Indizien, und natürlich waren Keith Mularski und Cha0 auf DarkMarket nach wie vor Administratorenkollegen. Die Operation dauerte volle fünf Monate, in denen Bilal Tag für Tag winzige Beweisstücke speicherte. Er fand heraus, dass der Kreis von Çağatays engsten Vertrauten relativ klein war und dass er seine Sicherheit mit militärischer Präzision organisiert hatte. Aber neben diesen Bruchstücken, die Çağatay mit jedem beliebigen Verbrechen in Verbindung bringen konnten, hatte Bilal noch einen zweiten Plan: Er wollte nach wie vor herausfinden, ob Çağatay einen Vertrauten innerhalb der Behörden hatte – wobei er gleichzeitig betete, dies möge nicht der Fall sein.

Ende August verschwand Çağatay. Bei dem Team, das ihn verfolgt hatte, machte sich Panik breit. Der Haber7-Journalist bekam aber immer noch Nachrichten, allerdings nicht von Cha0, sondern von einem gewissen Yarris, der offenbar Insiderkenntnisse über Cha0s Aktivitäten besaß. Zu Bilals Glück tauchte Cha0 in Istanbul ebenso unvermittelt wieder auf, wie er verschwunden war. Dennoch war es eine Warnung: Die Lage war heikel, und Bilal entschloss sich, Anfang September zuzugreifen.

In Tuzla hatten die Überwacher herausgefunden, dass alle paar Tage ein Bewohner der Villa ausging, um Lebensmittel einzukaufen. Am 8. September verließ er wieder das Haus. Bilal Şen saß in Ankara wie auf heißen Kohlen, während das Sondereinsatzkommando, das das Haus umstellt hatte, ihm von Minute zu Minute telefonisch den Ablauf schilderte. Als der Einkäufer zurückkam, schlugen sie zu – sie stürmten in die Villa und hielten vier weitere Männer auf dem Fußboden fest. Um sie herum standen und lagen unzählige Computer sowie Dutzende und Aberdutzende von Skimmern, Pressformen, PIN-Tastaturen, Kartenlesegeräten und jede Menge Bargeld. Die Razzia war ein Triumph – niemand wurde verletzt, und alle Verdächtigen wurden festgenommen.

Seltsamerweise war die Festnahme von Cha0 einige Tage zuvor in den Diskussionsforen des Magazins *Wired* vorausgesagt worden, nachdem ein Autor der Zeitschrift auf deren Website einen Bericht über DarkMarket veröffentlicht hatte. Einer der Kommentare unter dem Artikel stammte von jemandem, der sich als Lord Cyric ausgab, der DM-Administrator. Er behauptete, er habe unmittelbaren Kontakt zu Cha0, und fügte die rätselhafte Behauptung an, einer von Cha0s Untergebenen werde möglicherweise ins Gefängnis wandern, Cha0 selbst aber nie.

Auf Wiedersehen, Cha0?

35 Das Ende von DarkMarket

Wer Cha0 auch in Wirklichkeit sein mochte, die unerwartete Festnahme von Çağatay Evyapan löste bei seinen Administratorenkollegen auf DarkMarket offenbar Panik aus. Am 16. September 2008, eine knappe Woche nach der Razzia in Istanbul, gab Master Splyntr auf der DarkMarket-Website bekannt, die Erfolge der Polizei kosteten ihn und die anderen Administratoren zu viel Nerven. Es sei eine Last, die sie nicht länger schultern könnten:

> Es ist offensichtlich, dass dieses Forum ... zu viel Aufmerksamkeit von zahlreichen Dienststellen der ganzen Welt (Agenten von FBI, Secret Service und Interpol) auf sich zieht. Nach meiner Vermutung war es nur eine Frage der Zeit, bis es so weit kam. Dass wir uns jetzt in einer solchen Situation befinden, ist sehr misslich, denn ... wir haben DM als wichtigstes englischsprachiges Forum zur Abwicklung von Geschäften durchgesetzt. Aber so ist das Leben. Wenn du an der Spitze stehst, versuchen die Leute, dich zu erledigen.

Eine Woche später war die wichtigste kriminelle Website der englischsprachigen Welt tot. Ihre Anhänger waren bekümmert. »DarkMarket war unsere Brücke zum Geschäft, und wenn diese Brücke abgebrochen wird ...«, klagte ein Mitglied namens Iceburg in einem Posting auf der Website des Magazins *Wired*. »Lang lebe Cashing und Carding. Ein kurzes Leben für all die Ratten und FBI und all die dummen Geheimdienste, die nicht nur unser Leben und unsere Familien zugrunde richten, sondern auch alles zerstören, was wir hinterlassen.«

Es schien, als hätte die Cyberpolizei gewonnen. Aber es ging um DarkMarket, und da war die Geschichte nicht so einfach.

Teil IV

36 Doppeltes Risiko

Stuttgart, September 2007
Kommissar Dietmar Lingel hatte Spaß an seiner Arbeit. Eine
Woche zuvor hatte sein Vorgesetzter ihm die Logs des kanadischen Webmail-Providers Hushmail übergeben. Dieses E-Mail-
System war angeblich wasserdicht – wenn man Hushmail verwendete, konnte niemand die Korrespondenz lesen. Im Großen
und Ganzen stimmte das, aber 2007 hatte das Unternehmen sich
dem Druck der kanadischen Polizei gebeugt und den Polizisten
Zugang zu den Logdateien gewährt. An ihnen kann ein Ermittler
ablesen, welche IP-Adresse sich in einem bestimmten E-Mail-
Account eingeloggt hat. Und die Royal Canadian Mounted Police
hatte die Logs für die beiden Accounts *auto432221@hushmail.com*
und *auto496064@hushmail.com* an den FBI-Agenten Mularski
weitergegeben.

Bereits im Mai 2007 hatte Matrix001 an Mularski die über-
arbeitete Version einer anonymen E-Mail geschickt, die er erhalten hatte; darin wurde er gewarnt, er stehe unter der Beobachtung
der deutschen Polizei. Mularski hatte daraufhin zunächst die Vermutung, seine Kollegen beim US-amerikanischen Secret Service
seien für die undichte Stelle verantwortlich. FBI und Secret Service
führten zu jener Zeit konkurrierende Ermittlungen gegen Dark-
Market durch, und damit vervielfachten sich die Möglichkeiten,
dass es aus Unfähigkeit oder Boshaftigkeit zu Sicherheitslücken
kam. Aber auch mindestens drei Polizeibehörden in anderen Ländern wussten über Matrix Bescheid: die Briten, die Franzosen und
natürlich die Deutschen.

Bei der Polizei unterschätzte niemand die Bedeutung der
E-Mails. Zu der Möglichkeit, dass es einen Maulwurf gab, kam der

ebenso beunruhigende Gedanke hinzu, dass jemand sich in die Computer einer der Ermittlungsbehörden gehackt hatte. Die Operation DarkMarket hatte bereits ernsthaft begonnen, aber die Festnahme von Matrix001 und JiLsi war nur der Anfang – geplant war, die Ermittlungen über mehrere Jahre weiterzuführen. Die E-Mails gefährdeten die gesamte, in zweijähriger, mühsamer Kleinarbeit aufgebaute Strategie. Die undichte Stelle musste gestopft werden. Die Quelle zu finden wurde für die internationalen Ermittlungen zur obersten Priorität.

Als die Hushmail-Logs auf Lingels Schreibtisch lagen, konnte die detaillierte Überprüfung der Indizien beginnen. Als technischer Spezialist des Teams, das gegen Matrix001 ermittelt hatte, musste Lingel herausfinden, wer auf diese Accounts ungefähr zu der Zeit, als die Mails bei Matrix eintrafen, zugegriffen hatte.

Lingel fand heraus, dass eine IP-Adresse, die versucht hatte, sich in den anonymen Hushmail-Accounts einzuloggen, aus der Region Stuttgart stammte. Er konnte sie jedoch sofort ausschließen – es war seine eigene. Nachdem Keith Mularski die Ermittler in Stuttgart zum ersten Mal auf die E-Mails aufmerksam gemacht hatte, hatte Lingel versucht, sich in den Hushmail-Account einzuloggen. Dazu hatte er zunächst einige Standard-Passwörter wie *admin* oder *password* ausprobiert, und dann hatte er es mit den Passwörtern prominenter DarkMarket-Mitglieder versucht, die den Behörden bereits bekannt waren. Die anderen Login-Versuche kamen von IP-Adressen in Berlin und anderen Orten in Deutschland. Am Morgen des 10. September erklärte Lingel in einer Besprechung mit seinem Abteilungsleiter Gert Wolf, man habe zwar bisher noch keinen Verdächtigen, aber es sei gelungen, die Möglichkeiten erheblich einzugrenzen.

Nach dem Mittagessen steckte Wolf den Kopf durch Lingels Tür und erklärte, sie müssten den Referatsleiter aufsuchen. Als Lingel in den Besprechungsraum kam, wurde er dort von einer ganzen Reihe leitender Polizeibeamter erwartet, darunter ein Vertreter des gefürchteten Dezernats 3.5, das in Stuttgart für polizeiinterne Ermittlungen zuständig war. Lingel war verblüfft und ziemlich nervös. Plötzlich verkündete der Beamte: »Herr Lingel, wir ermitteln gegen Sie wegen des Verdachts, einen Verdächtigen darüber informiert zu haben, dass er unter Beobachtung stand.«

Lingel war sprachlos. Allmählich machte der Schock dem Ärger Platz. »Da arbeite ich nun die ganze Woche mit meinem Chef zusammen, um das Durcheinander zu ordnen«, dachte er, »und dann steckt er eines Tages nach dem Mittagessen den Kopf durch die Tür und rammt mir das Messer direkt in den Rücken.«

»Sehen Sie, Herr Lingel«, fuhr der Beamte fort, »Sie haben zwei Möglichkeiten. Entweder Sie kooperieren in dieser Ermittlung mit uns, oder wir nehmen Sie sofort in Untersuchungshaft.«

Lingel erklärte sich bereit, zu kooperieren. Sein Chef sagte, er müsse nun seinen gesamten Resturlaub nehmen, und danach sei er bis auf Weiteres suspendiert.

Lingel war Mitte vierzig und hatte eine ungewöhnliche Vergangenheit. Geboren war er in Windhoek, der Hauptstadt Namibias, das als Deutsch-Südwestafrika in der Kolonialzeit einer der wenigen Außenposten des kaiserlichen Deutschland gewesen war. Als Fünfjähriger war er dann mit seinen Eltern nach Kapstadt gezogen und zweisprachig mit Englisch und Deutsch aufgewachsen. Zu einem Besuch war er eines Tages in die Heimat seiner Eltern gereist und danach dort geblieben. Schließlich hatte er sich entschlossen, in den Polizeidienst zu gehen. Dort hatte er bei der Autobahnpolizei Karriere gemacht, aber die Arbeit hatte ihn nie sonderlich gefordert.

Als Amateur-Computerfreak hatte er 2001 die Chance ergriffen, sich um eine Stelle bei der Polizei von Baden-Württemberg zu bewerben. Das Polizeipräsidium in Stuttgart brauchte jemanden, der Erfahrung mit dem Open-Source-Betriebssystem Linux hatte und für die Netzwerksicherheit sorgen konnte. Fünf Jahre später suchten Frank Eißmann und seine Vorgesetzten nach einem IT-Fachmann, der ihre Arbeitsgruppe bei der Verbrechensbekämpfung unterstützen sollte. Sie forderten Lingel an.

Matrix001 war nicht der einzige Deutsche, den Keith Mularski als aktives Mitglied von DarkMarket identifiziert hatte. Es gab noch zwei weitere: Soulfly, wirklicher Name Bilge Ü., und Fake, wirklicher Name Michael A. Anfangs bemühte sich die Staatsanwaltschaft, Matrix001 wegen der Bildung einer kriminellen Vereinigung anzuklagen, aber dazu musste bewiesen werden, dass er mit den beiden anderen unter einer Decke steckte.

Die Ermittlungen gegen Soulfly und Fake waren zwar abgeschlossen, aber als die Sache vor Gericht kam, verlief sie im Sand. Soulfly wurde wegen eines Betruges, der nichts mit DarkMarket zu tun hatte, zu einer milden Strafe verurteilt, und das Verfahren gegen Fake wurde eingestellt. Dieses Versagen war einer der Gründe, warum ein Richter den Staatsanwalt im Oktober 2007 zwang, den Vorwurf der Bildung einer kriminellen Vereinigung zugunsten der weniger schweren Beschuldigung des Kreditkartenbetrugs fallenzulassen. Wenig später wurde das Vertrauen in die Fähigkeit der deutschen Landes- und Bundesbehörden, mit einem derart komplexen Fall zurechtzukommen, noch weiter untergraben: Frank Eißmann ließ vor Gericht die Bombe platzen, dass man die Akten über Fake vernichtet hatte. Der Grund: Sie seien nicht mehr erforderlich gewesen, nachdem das Verfahren gegen ihn eingestellt worden war.

Für das baden-württembergische Landeskriminalamt in Stuttgart stand mit den Ermittlungen gegen Matrix001 viel auf dem Spiel. In internationalen Fällen wie diesem läuft in der Regel die gesamte Kommunikation über das Bundeskriminalamt in Wiesbaden, aber Frank Eißmann, der Chefermittler, hatte seine Vorgesetzten davon überzeugt, dass er sich besser selbst mit Keith Mularski, der Schlüsselperson beim FBI, in Verbindung setzen sollte.

Als Mularski dann von Matrix001 hörte, der deutsche Hacker sei mit einer Nachricht von einem anonymen Hushmail-Account gewarnt worden, dass seine Festnahme bevorstand, setzte das große Zittern ein. Polizisten in London, Pittsburgh und Stuttgart beteten, dass die Quelle sich nicht allzu sehr in ihrer Nähe befand.

Nach Lingels Festnahme machte sich unter den Ermittlern Erleichterung breit: Es sah so aus, als hätten sie ihren Mann gefunden. Aber im Dezember 2007 teilte das Dezernat 3.5 Lingel in einem Brief mit, es gebe keine weiteren Indizien für eine Verbindung zwischen ihm und der Weitergabe der E-Mails, und er könne im folgenden Monat, also Anfang 2008, wieder arbeiten. Er kehrte aber nicht in die Abteilung IV zurück, die mit den Ermittlungen gegen Matrix001 befasst war. Lingel empfand eine starke Verbitterung gegenüber seinem unmittelbaren Vorgesetzten Frank Eißmann, der offenbar zum Teil dafür verantwortlich war, dass man mit den Fingern auf seinen Untergebenen gezeigt hatte.

Im späten Frühjahr, als der Prozess gegen Matrix näher rückte, herrschte im Stuttgarter Polizeipräsidium eine düstere, von Zwietracht geprägte Atmosphäre. Da die Staatsanwaltschaft den Vorwurf der kriminellen Vereinigung gegen Matrix nicht aufrechterhalten konnte, wusste sie, dass man ihn wahrscheinlich nicht zu einer Gefängnisstrafe würde verurteilen können. Außerdem stand sie in der Frage, wo die undichte Stelle war, wieder ganz am Anfang.

Lingel war zwar wegen des Erlebten verbittert, seine Versetzung in die Abteilung I erwies sich aber als Glücksgriff, und die neuen Kollegen verhielten sich ihm gegenüber vorbildlich. Für ihn war es eine Erleichterung und eine willkommene Abwechslung, nachdem man ihm vorher monatelang mit Misstrauen begegnet war.

Dann, im Mai 2008, wurde Lingel erneut festgenommen. Dieses Mal warf man ihm jedoch nicht vor, er habe die E-Mails an Matrix geschrieben. Stattdessen verdächtigte man ihn, er habe die verdeckte Identität des FBI-Agenten J. Keith Mularski gefährdet.

37   Zorro wird demaskiert

Im Juni 2008, als Matrix gerade vor Gericht stand, blätterte der Rundfunkreporter Kai Laufen die *Technology Review* des Massachusetts Institute of Technology durch und stieß dabei auf einen Artikel über Cyberkriminalität. Der Enthüllungsjournalist aus Karlsruhe hatte bis zu diesem Augenblick keine Ahnung gehabt, um was für ein großes Problem es sich dabei handelte. Er war fasziniert und wollte nun herausfinden, in welchem Ausmaß Deutschland von Cyberkriminalität betroffen war.

Der vorsichtige, aber auch gründliche Laufen begann seine Recherchen bei den Paragrafen des deutschen Strafgesetzbuches, die auf Computerkriminalität anzuwenden sind. Nachdem er sie gefunden hatte, schrieb er E-Mails an ungefähr fünfzig Land- und Amtsgerichte im ganzen Land und erkundigte sich, ob man dort mit solchen Fällen zu tun gehabt habe.

Er erhielt nur wenige Antworten, aber eine davon bezog sich auf einen Fall von Kreditkartenbetrug, der vor dem Amtsgericht Göppingen anhängig war, einer Kleinstadt in Baden-Württemberg ganz in der Nähe von Laufens Wohnort. Dort wartete ein junger Mann namens Detlef Hartmann auf seinen Prozess; die Anklage: Er habe in 13 Fällen geklonte Kreditkarten verwendet.

Die Geschichte hörte sich nicht sonderlich interessant an, aber Laufen entschloss sich dennoch, Kontakt mit dem Landeskriminalamt in Stuttgart aufzunehmen. Wenig später erklärte Inspektor Frank Eißmann ihm die Grundlagen der Cyberkriminalität. Nebenher erwähnte er, das FBI habe seiner Abteilung IV bei den Ermittlungen gegen Hartmann geholfen.

Am nächsten Tag erhielt Detlef eine 19-monatige Bewährungsstrafe, und am 2. Juli fragte Kai Laufen bei ihm wegen eines Interviews an – altmodischerweise nicht per E-Mail, sondern mit der Post. Detlef und seine Eltern lehnten die ersten Annäherungsversuche des Journalisten ab, aber nach drei Monaten gaben sie nach. Anfang Oktober schließlich saß Kai Laufen dem jungen Mann in seinem Büro bei einer Tasse Kaffee gegenüber.

Der Journalist war kein Anfänger. Er war in Norddeutschland geboren, zum Teil in Brasilien aufgewachsen und sprach fließend Portugiesisch, Spanisch und Englisch. Er hatte in vielen Ländern Südamerikas gearbeitet und wusste das eine oder andere über organisiertes Verbrechen und Gangster. Dennoch traute er jetzt seinen Ohren kaum: Detlef erfreute ihn mit der Geschichte von Matrix001 und seinen Abenteuern in einer virtuellen Welt, in der sich alle mit sonderbaren Namen hervortaten und in einem Mischmasch-Englisch – zum Teil Gangstersprache, zum Teil Anarchistenjargon und zum Teil Tolkien – kommunizierten, während sie gestohlene finanzielle Informationen kauften und verkauften.

Welche Folgerungen sich aus dieser neuen Form von Gesetzesverstößen ergaben, begriff Kai Laufen nur mühsam. Mithilfe des Internets konnten die Täter viele tausend Kilometer entfernt Verbrechen an einer Vielzahl unbekannter Opfer begehen, die vielleicht merkten, dass ihre Privatsphäre verletzt und ihr Geld oder ihre Identität gestohlen wurde, vielleicht aber auch nicht.

Aber wenn das alles so idiotensicher war, so fragte der Journalist, wie kam es dann, dass man Detlef festgenommen hatte? »Ganz einfach«, erwiderte der, »einer meiner Administratorenkollegen, mit dem ich über viele Monate zusammengearbeitet habe, war ein FBI-Agent. Er hat mich ausfindig gemacht und dann die deutsche Polizei alarmiert.« Kai Laufen glaubte, der junge Mann würde seine eigene Bedeutung vielleicht übertreiben, und deshalb fragte er ihn, ob er seine Behauptungen mit Dokumenten belegen könne. »Ja«, sagte Detlef, »ich schicke sie Ihnen.«

Einige Tage später schickte Detlef Hartmann dem Journalisten ein Schreiben, in dem sein Anwalt die Anschuldigungen der Staatsanwaltschaft gegen den jungen Mann erklärte:

Bei diesem Administrator, welcher daher letztend-
lich die vollständige Kontrolle über alle Vorgänge,
zumindest ab Juni 2006 hatte, handelt es sich ausweislich der Ermittlungsakten um den FBI-Beamten
Keith Mularski, welcher wohl den Server zur Verfügung stellte, um hierdurch bessere Informationen
über im Internet tätige Käufer und Verkäufer zu
erhalten. Ausweislich der Ermittlungsakten Blatt 148,
Aktenordner 1 teilt Herr Keith Mularski dies dem
ermittelnden LKA-Beamten, Frank Eismann [sic],
wie folgt mit: »*Master Splynter* [sic] *is me.*« Dass der
User »Master Splynter« [sic] den Server stellte, ergibt
sich auch aus Blatt 190, Email Keith Mularski vom
09. 03. 2007: »*He paid me for the Server.*«

Kai Laufen war verblüfft. Er las noch einmal den entscheidenden Satz: *Master Splynster is me* – Master Splyntr bin ich. Detlef
Hartmann hatte nicht nur recht gehabt, dass das FBI sich an seine
Cyberfersen geheftet hatte, sondern die Staatsanwaltschaft hatte
überdies sowohl den Namen des Agenten als auch seinen Aliasnamen genannt. Das Spiel war aus, und er, Kai Laufen, hatte die
Wahrheit über einen der prominentesten Cyberpolizisten der Welt
herausgefunden. Drei Monate zuvor hatte er von Cyberkriminalität noch kaum etwas gehört.

Als der deutsche Journalist bei der National Cyber Training
Alliance in Pittsburgh anrief, wurde er sofort mit Keith Mularski
verbunden, und der war wie immer höchst zuvorkommend. Als
Laufen ihm aber den Satz aus der E-Mail – *Master Splynster is me* –
vorlas, herrschte am anderen Ende der Leitung langes Schweigen.
Keith Mularski wusste, dass man ihn erwischt hatte. Das Gute
dabei war, dass ein Radiojournalist aus Südwestdeutschland ihn
erwischt hatte; deshalb bestand selbst im Internetzeitalter noch
eine geringfügige Chance, dass die Nachricht nicht über die Grenzen Baden-Württembergs hinausdringen würde. Im Innersten
wusste er aber, dass diese Chance wirklich sehr gering war.

War es wieder das berühmte Leck?

Kai Laufen wusste nicht, dass der Polizeipräsident in Stuttgart zum zweiten Mal die Suspendierung von Dietmar Lingel angeordnet hatte. Dieses Mal bestand der Verdacht, dass der Beamte dem Staatsanwalt absichtlich Mularskis Namen und Alias genannt hatte, damit sie in der Anklageschrift auftauchten. Damit, so die Behauptung, wollte Lingel Mularskis Identität öffentlich machen und so das FBI diskreditieren. Das Motiv, so die Behauptung der Ermittler, sei Lingels Unzufriedenheit mit einigen polizeilichen Methoden, die man in den Ermittlungen gegen Hartmann angewandt hatte.

Die Anschuldigungen gegen Lingel werfen ein Schlaglicht auf einige Unterschiede in den Grundsätzen der Polizeiarbeit in Europa und den Vereinigten Staaten. Europäer lehnen verdeckte Ermittlungen häufig ab, weil sie einerseits riskant, andererseits aber auch moralisch und juristisch fragwürdig sind. In Amerika dagegen werden sie häufig angewandt. In den Vereinigten Staaten gibt es hitzige Debatten um die Frage, wo eine verdeckte Ermittlung endet und das Provozieren strafbarer Handlungen beginnt. Die Operation gegen DarkMarket bewegte sich nach Ansicht mancher europäischer Polizeibeamter an der Grenze zur Provokation, insbesondere als der Secret Service anscheinend Mitglieder im Rahmen der Ermittlungen zu kriminellen Taten (im Falle Dron) ermutigte. Das FBI und Keith Mularski verteidigten ihre Vorgehensweise energisch und wiesen darauf hin, dass die Präsenz von Mularski und seinen Mitarbeitern auf DarkMarket das Sammeln geheimdienstlicher Informationen ermöglicht habe, insbesondere über die beabsichtigte Expansion des US-Geschäfts von Cha0; dies, so behauptete Mularski, habe mögliche Verluste in Höhe von 70 Millionen Dollar verhindert.

Gerade als Kai Laufen seinem Radiofeature über diese seltsame, aber wichtige Geschichte den letzten Schliff geben wollte, erlitt er einen Bandscheibenvorfall. Der Journalist konnte sich nahezu überhaupt nicht bewegen und war gezwungen, zwei Wochen das Bett zu hüten. Dabei gelangte er zu dem Schluss, in Deutschland werde es niemanden interessieren, dass das FBI einen deutschen Carder dingfest gemacht hatte und dass er, Kai Laufen, die Identität des Agenten enthüllt hatte. Andererseits hatte die Geschichte von DarkMarket aber in der US-Fachpresse bereits beträchtliche Aufmerksamkeit erregt. Angeführt von dem Magazin *Wired* aus San Francisco, war bereits eine ganze Menge zu dem Thema veröffentlicht worden, insbesondere nach der dramatischen Entführung von Mert Ortaç im April des gleichen Jahres und der Festnahme von Cha0 im September.

Laufen glaubte, er solle unbedingt den Beweis verbreiten, dass DarkMarket zum Teil eine verdeckte Operation des FBI war. Aber beiderseits des Atlantiks herrschen nicht nur in der Polizeiarbeit unterschiedliche Gepflogenheiten, sondern auch in den ethischen Standards der Journalisten. (Die britische Polizei ähnelt der europäischen stärker als der amerikanischen, britische Nachrichtenjäger haben aber noch weniger Skrupel als amerikanische.)

In Deutschland ist es verpönt, die vollständigen Namen mutmaßlicher Verbrecher zu veröffentlichen, solange das Verfahren noch läuft; in vielen Fällen sehen die deutschen Medien davon sogar dann ab, wenn die Kriminellen später schuldig gesprochen werden. Das Gleiche gilt für verdeckte Polizeiermittler. Für jeden, der mit der angelsächsischen Presse vertraut ist, sind solche Vorstellungen natürlich sehr fremd.

Als Kai Laufen Anfang Oktober 2008 mit Kevin Poulsen telefonierte, dem Redakteur für Sicherheitsfragen bei *Wired*, versprach er Poulsen, Unterlagen zu schicken und damit zu beweisen, dass die Polizei DarkMarket unterwandert hatte. Er übermittelte auch Keith Mularskis Geständnis, dass er Master Splyntr war, aber nur unter der strikten Bedingung, dass Poulsen Mularskis Namen nicht veröffentlichte. Um dies noch einmal zu unterstreichen, schloss Laufen seine E-Mail, die auch gescannte Dokumente enthielt, mit der Ermahnung: »Nach dem Lesen verbrennen!«

Poulsen hat die Angelegenheit anders in Erinnerung: Er habe nur zugesagt, den Namen von Matrix in dem Artikel wegzulassen. Er und seine Mitarbeiter hatten in den vorangegangenen

Jahren zu zahlreichen Themen der Cyberkriminalität einschließlich DarkMarket beeindruckende Recherchen angestellt. Poulsen brachte in seinem Beruf den gleichen erbarmungslosen Eifer mit wie in seiner früheren Tätigkeit als Hacker – eine Karriere, die schließlich mit einer strafrechtlichen Verurteilung geendet hatte. Deshalb verbrannte Poulsen nach dem Lesen überhaupt nichts. Am Montag, dem 13. Oktober, veröffentlichte er seine Geschichte. Master Splyntr war tot.

Keith Mularski war wütend, als *Wired* seinen Namen publizierte – das Vertrauen, das er zu vielen Cardern aufgebaut hatte, war zerstört. Ein paar Wochen zuvor hatte er das DarkMarket-Forum geschlossen, weil JiLsis Registrierung des Domainnamens auslief. Hätte Master Splyntr versucht, ihn erneut zu registrieren, ein neugieriger Hacker hätte die Gelegenheit nutzen können, um seine Identität offenzulegen.

Die Operation DarkMarket war die erste Phase in einem langfristigen Plan der Polizeibehörden, die Welt der Cyberkriminalität zu unterwandern. In den 15 Monaten bevor Mularskis Name in *Wired* veröffentlicht wurde, hatten das FBI, die SOCA und andere Polizeibehörden sorgfältig hier und da einzelne Personen herausgegriffen. Im Gegensatz zu der Taktik, die der Secret Service 2004 bei Shadowcrew angewandt hatte, war man diesmal zu der Entscheidung gelangt, nicht in einer groß angelegten Aktion gegen alle Mitglieder von DarkMarket vorzugehen. Master Splyntr hatte die Absicht gehabt, ausgerüstet mit seiner großen Datenbank der Carder und ihrer Aktivitäten und mit einer noch größeren Reputation zurückzukehren. Dieser Plan war jetzt wie ein Kartenhaus zusammengebrochen.

Mularskis Bemühungen waren nicht vergeblich gewesen – in einem bemerkenswerten Fall grenzüberschreitender Kooperation zwischen ganz unterschiedlichen Polizeikräften war ihnen Cha0 ins Netz gegangen, einer der größten Fische in der Welt der Carder. Dutzende andere hatte man festgenommen, manche von ihnen waren bereits verurteilt, und die meisten warteten auf ihren Prozess.

Aber weder Agent Mularski noch irgendein anderer konnte Dietmar Lingel einen Vorwurf machen. Im Gegensatz zu den Behauptungen des Beamten aus dem Dezernat 3.5 hatte er nicht dafür gesorgt, dass die Identität von Master Splyntr in den Gerichtsunterlagen offengelegt wurde.

Dieses zweifelhafte Verdienst ging auf das Konto des Kommissars Frank Eißmann, Lingels Vorgesetzten. Dieser räumte später ein, er habe »einen großen Fehler gemacht«, als er das Dokument als Teil der polizeilichen Ermittlungsergebnisse gegen Matrix an den Staatsanwalt weitergegeben hatte. Eißmanns Fehler hatte dazu geführt, dass Kai Laufen Mularski identifizieren konnte, und das wiederum löste den Zusammenbruch der langfristigen Operation gegen die Carder aus.

Dietmar Lingel blieb dennoch suspendiert und hörte von seinen Arbeitgebern nichts mehr, bis das Dezernat 3.5 ihn im September 2010 über die Anklageerhebung in Kenntnis setzte. Die nicht belegte Behauptung, Lingel habe Mularskis Namen absichtlich ausgeplaudert, hatte die Staatsanwaltschaft fallengelassen. Stattdessen wurde wieder der ursprüngliche Vorwurf erhoben: Er habe einem Verdächtigen, der unter seiner Überwachung stand, einen Tipp gegeben.

Lingel bestritt die Vorwürfe, und im weiteren Verlauf des gleichen Monats begann in Stuttgart der längste Prozess, der jemals im Zusammenhang mit DarkMarket geführt wurde. Paradoxerweise war daran kein echter Cyberkrimineller beteiligt (abgesehen davon, dass Matrix001 und Fake als Zeugen aussagten), sondern er wurde von der baden-württembergischen Polizei gegen einen ihrer eigenen Leute geführt. Das faszinierende Ereignis fand vor einer Handvoll Zuhörer in einem sauberen, kleinen, anonymen Gerichtssaal in Stuttgarts Stadtteil Bad Cannstatt statt. Fast ein Dutzend Mitspieler in dem Drama machten erstaunliche Aussagen: Sie offenbarten, wie viele Irrtümer und unglückliche Zufälle die Polizeioperation sowohl in Europa als auch in den Vereinigten Staaten belastet hatten.

38 Wer bist du?

Istanbul, Oktober 2008

Çağatay Evyapan wirkte im Gefängnis völlig entspannt. Hier und da tuschelte jemand von der Istanbuler Polizei, ein Oberpolizist werde aus Ankara einfliegen und das wichtigste Verhör von Çağatay leiten. In der Türkei darf jemand, der im Verdacht der organisierten Kriminalität steht, höchstens vier Tage festgehalten werden. Der Gefangene war gespannt, ob das hohe Tier aus der Hauptstadt tatsächlich auftauchen würde.

Schließlich traf Inspektor Şen ein. Er wollte nur eines wissen.

»Wer ist das kleine Vögelchen? Mit wem reden Sie da drinnen? Mehr will ich gar nicht von Ihnen wissen.«

Der Häftling zögerte und blickte verzweifelt drein.

»Da ist niemand.«

39 Auf der Straße nach Nirgendwo

Inspektor Şens Arbeit war abgeschlossen. Wie es die türkischen Gesetze vorsehen, wurde der Fall nach der Festnahme an die Staatsanwaltschaft übergeben. Aber wenn Çağatay Evyapan tatsächlich Cha0 war, wer war dann dieser Şahin, von dem Mert Ortaç steif und fest behauptete, er sei der wahre Cha0? War Şahin nur ein Produkt von Merts Fantasie? Immerhin war Mert ja für seine Fantastereien und Ausschmückungen bekannt.

Aber so gern Mert auch Lügengeschichten erfand, in ihren grundlegenden Aspekten entsprach seine Geschichte der Wahrheit. Er hatte tatsächlich für verschiedene Behörden gearbeitet, unter anderem für den staatlichen Geheimdienst; er war ein sehr begabter Programmierer und verfügte insbesondere über die Fähigkeit, Smartcards zu entschlüsseln; er verdiente große Summen mit dem Verkauf gefälschter Digiturk-Karten, und deswegen wurde später gegen ihn ermittelt; er vergeudete Geld und Zeit für Menschen, die er beeindrucken wollte; er trieb sich mit Saduns Nicknames Cryptos und PilotM in den DarkMarket-Foren herum; er machte mit seiner Freundin Urlaub im Adam & Eve Hotel in Antalya; und er wurde eindeutig von Çağatay Evyapan entführt und gedemütigt.

Aber für seine zentrale Behauptung, die wahre Identität von Cha0 sei der geheimnisvolle Şahin, blieb er jeden Beweis schuldig. Mert ließ aber detaillierte Kenntnisse über das Innenleben von DarkMarket erkennen; wenn er also log, musste irgendjemand oder irgendeine Organisation ihm alle diese Einzelheiten mitgeteilt haben. Die Frage, die bis heute hartnäckig im Dunkeln bleibt, lautet: warum? Und wer wollte wen hereinlegen oder diskreditieren, indem er den ungewöhnlichen Herrn Ortaç in die Sache verwickelte? Doch sicher nicht Çağatay Evyapan, der nach Merts Geschichte nur ein Kleinkrimineller war? Die Polizei? Oder vielleicht der Mann, den Mert als Lord Cyric benannte, ein prominentes Mitglied der türkischen und globalen Internetszene?

Dennoch ist Merts Wahrheit nach wie vor nicht weniger plausibel als die von Inspektor Şen. Der Schlüssel liegt nicht in der Identität von Şahin oder Çağatay, sondern er verbirgt sich in der Gestalt des Cha0. Dass es sich bei dem Mann, der sich die Skimmer-Fabrik ausdachte und als Administrator von DarkMarket tätig war, um Çağatay Evyapan handelte, steht außer Zweifel. Es stellt sich aber die Frage, ob Evyapan das ganze Unternehmen lenkte oder im Namen eines größeren Verbrechersyndikats handelte.

Insgesamt nahm die türkische Polizei rund zwei Dutzend Personen fest, die den Indizien zufolge entweder zum inneren Kern von Cha0s Imperium gehörten oder lose damit assoziiert waren. Der virtuelle Verbrecher war genau das: keine echte Person, sondern eine Mischung aus Menschen mit unterschiedlichen Fähigkeiten, die als Einheit auftraten. Nach dem gleichen Prinzip hatte auch Script, der ukrainische Gründer von CarderPlanet, Jahre zuvor bereits erkannt, dass sich hinter dem Gattungsbegriff »Carder« in Wirklichkeit eine Vielzahl von Charakteren mit unterschiedlichen Fähigkeiten verbirgt: Manche waren echte Hacker, manche waren Grafikdesigner, manche waren Elektronikingenieure, die Skimmer bauten; manche brachten die Skimmer an Geldautomaten an, manche holten das Bargeld, manche sorgten für Sicherheit, manche sammelten Informationen – manchmal im Auftrag der Verbrecher, manchmal auch im Auftrag der Polizei.

Beide Männer, Cha0 und Script, hatten also vorausgesehen, wie die Welt der Cyberkriminalität sich in der Zeit nach DarkMarket entwickeln würde: weg von einer locker verbundenen Gemeinschaft einzelner Personen, die sich an opportunistischen kriminellen Aktivitäten beteiligen, und hin zu einer viel stärker systematisch gegliederten kriminellen Organisation, deren Mitglieder jeweils Spezialaufgaben erfüllen: Spamming, Virusprogrammierung, Geldwäsche, Betrieb von Botnets und andere kriminelle Tätigkeiten in der virtuellen Welt.

Vielleicht war »Cha0« also in Wirklichkeit eine solche Organisation – die ganze Bande in einem. Cha0 war der Name eines Kollektivs, das zuallererst versuchte, durch Skimming zumindest ein Teilmonopol in der neuen Branche des Kreditkartenbetruges zu erlangen. Es war ein kühner Plan, und er wäre beinahe aufgegangen, wären da nicht die gemeinsamen Bemühungen von Keith Mularski und Bilal Şen sowie die Rückendeckung anderer Polizeibehörden und gewisser Einzelpersonen gewesen.

Die Tatsache, dass das Gebilde Cha0 so gut organisiert war, gibt einen nachdrücklichen Hinweis auf etwas anderes. Die traditionellen Verbrecherorganisationen »neigten bis vor Kurzem dazu, Cyberkriminelle als Bürger zweiter Klasse zu betrachten«, wie ein führender Beamter der SOCA es formulierte. Seit es jedoch DarkMarket gab, beobachten Polizeikräfte auf der ganzen Welt, wie die traditionellen Gruppen des organisierten Verbrechens auch bei Ermittlungen wegen Cyberkriminalität immer wieder überraschend auf der Bildfläche erscheinen.

Innerhalb von DarkMarket selbst gab es drei gut abgegrenzte Personenkreise, die an dem Projekt beteiligt waren. Der erste waren die Administratoren, Moderatoren und andere, die auf der Site leitende, »bürokratische« Positionen innehatten. Dabei handelte es sich meist um Männer mit fortgeschrittenen Hackerfähigkeiten und sicheren, umfassenden Computerkenntnissen. Außerdem verdienten sie mit Ausnahme von Cha0 entweder nicht viel Geld, oder sie arbeiteten unmittelbar als Polizeiagenten oder verdeckte Informanten.

Außerhalb davon bestand der zweite Kreis aus hoch qualifizierten, erfahrenen Verbrechern, die wie Freddybb und RedBrigade weitgehend allein arbeiteten. Sie verfügten über unterschiedlich gut entwickelte Computerkenntnisse, und wenn sie selbst ein typisches Problem nicht lösen konnten, kannten sie immer jemanden, der dazu in der Lage war. Diese Personen waren in Foren wie DarkMarket weniger sichtbar als die Administratoren und ihre Mitarbeiter. Sie verfolgten das Ziel, möglichst viel Geld zu verdienen und dabei möglichst wenig aufzufallen, aber auch sie beteiligten sich gelegentlich am Geplänkel und Klatsch über die Gemeinschaft der Carder als Ganzes.

Der dritte Kreis schließlich umfasste hoch professionelle Verbrecher, die praktisch unsichtbar blieben – der Polizei wie auch ihren Carderkollegen waren sie höchstens durch Mythen und ihren Ruf bekannt. Diese Personen standen sogar noch über den wichtigen Kreditkarten- und Schadsoftware-Großhändlern wie dem Ukrainer Maksik, den die türkische Cyberpolizei 2007 in Antalya festnahm. Der berühmteste (der vermutlich auch Maksik mit einem großen Teil seines Materials belieferte) ist ein Russe, der einfach unter dem Namen Sim bekannt ist – dahinter versteckt sich nach den Vermutungen der Polizei in Wirklichkeit ein anderes sehr leistungsfähiges Syndikat. Diese Personen treten nie aus dem Schatten heraus.

Cha0 war faszinierend und wichtig, weil sich hier eine Organisation, die dem traditionellen organisierten Verbrechen ähnelte, zum ersten Mal in großem Umfang im Internet betätigte und sich darum bemühte, die Funktion einer Website wie DarkMarket zu beeinflussen. Es war der erste stichhaltige Beweis, dass die Cyberkriminalität nicht mehr nur die Domäne von Bürgern zweiter Klasse war – sie lockte jetzt auch Gestalten mit mehr Format an.

Das organisierte Verbrechen spielt in der Türkei traditionell eine gewaltige Rolle. Türkische Banden beherrschen beispielsweise in Verbindung mit Kurden und einigen Gruppen vom Balkan den Heroin-Großhandel in ganz Westeuropa.

Ende 1996 war ein gepanzerter Mercedes in der Kleinstadt Susurluk in einen spektakulären Verkehrsunfall verwickelt. Unter den Toten waren der Chef der Polizeiakademie und der Anführer der rechtsgerichteten Terrorgruppierung »Graue Wölfe«, der nebenbei auch als einer der größten europäischen Heroinschmuggler und Mörder ganz oben auf der Fahndungsliste von Interpol stand. Der Einzige, der den Unfall überlebte, war ein Abgeordneter der damaligen Regierungspartei.

Aufgrund dieses Ereignisses konnten Journalisten und Oppositionspolitiker jenes Netz der gewalttätigen Täuschung entwirren, das den Tiefen Staat der Türkei mit den einflussreichsten Mitgliedern krimineller Organisationen verband. Über Jahre hinweg hatten sie sich gegenseitig ihrer Freundschaft, ihrer Gastfreundschaft und ihres Schutzes erfreut. Die Berichte schockierten nicht nur die normalen Türken, sondern wurden auch zum Ansporn für die aufstrebenden Kräfte in der türkischen Politik, darunter jene Organisation, die später zur AKP werden sollte und den Kampf gegen Verbrechen und Korruption zu einem zentralen Bestandteil ihrer politischen Ziele machte.

Seit jener Zeit hat sich in der Türkei einiges geändert. Aber wenn die Wurzeln von Korruption und organisiertem Verbrechen so tief reichen wie in der Türkei der 1980er und 1990er Jahre, müssen mehrere Jahrzehnte vergehen, bevor man sie im Staatswesen ausrotten kann. Das erklärt, warum Bilal Şen solche Angst hatte, als er zum ersten Mal erfuhr, Cha0 stehe möglicherweise unter den schützenden Fittichen mächtiger Personen aus dem Establishment. Glaubwürdig ist auch, wovon einige von Bilals Polizistenkollegen außerhalb der Türkei überzeugt sind: Danach gehörte der Cha0, der auf DarkMarket zu Hause war, zu einer viel größeren Organisation. Die Verbrecherbanden decken in der Türkei verschiedene Bereiche ab: Neben dem Heroinschmuggel fungiert das Land auch als wichtige Drehscheibe des Menschenhandels – ebenfalls wegen der Nähe zur Europäischen Union. Und in den letzten beiden Jahrzehnten wuchs überdies eine große Geldwäschebranche heran.

Demnach, so die Theorie, war Çağatay Evyapan in Wirklichkeit nur ein Handlanger des eigentlichen Vorstandsvorsitzenden der kriminellen Cha0-Holding. Çağatay war dann der Vizepräsident der Abteilung für Cyberkriminalität und fand sich mit seiner Rückkehr ins Gefängnis ab, weil er im übertragenen Sinn »die Kugel vom Chef fernhielt«. Vielleicht ist Şahin ja der Boss des ganzen Unternehmens. Wenn es so ist, muss es Merts »Şahin« tatsächlich geben, aber auch dann hätte Inspektor Şen den Richtigen festgenommen.

DarkMarket wurde im Oktober 2008 geschlossen, aber niemand bei der Polizei oder unter den Verbrechern selbst hat eine Ahnung von der wahren Geschichte und Bedeutung der Website. Drei Jahre sind seither vergangen, und nur ein winziger Bruchteil der fast 100 Personen, die man rund um die Welt festgenommen hat, wurde bisher vor Gericht gestellt.

Die Justiz hat im Umgang mit den sehr technischen Beweisen und Indizien in der Cyberkriminalität große Schwierigkeiten. Außerdem schafft das Prinzip, Verbrechen meist in Drittländern zu begehen, ungeheuer hohe Hürden für Aufdeckung und Verfolgung. Bei allen Versuchen, die Mittel und Wege der Cyberkriminalität aufzuklären, spielten Zweideutigkeiten, Zweifel, Illusionen und Heuchelei immer eine wichtige Rolle. Und das Internet vervielfacht ihre Wirkung.

40 Mittagsexpress

Tekirdağ-Gefängnis, Westtürkei, März 2011
Der gut aussehende Mann im schwarzen Anzug mit schwarzer
Krawatte mustert mich genau, als er den kleinen, länglichen Raum
betritt. Die schwarzen Augen unter dem leicht zurückweichen-
den Haaransatz betonen seinen hypnotischen Blick, und für einen
Augenblick verschlägt es mir die Sprache. Hier steht er vor mir:
der Mann, über den ich seit fast zwei Jahren gelesen, gesprochen
und nachgedacht habe. Und jetzt, wo ich ihn endlich kennenlerne,
weiß ich plötzlich nicht mehr, was ich sagen soll.

Er schmort jetzt schon seit zweieinhalb Jahren im Gefängnis, aber er hat weder seine Gelassenheit noch seine vorsichtige
Selbstbeherrschung verloren. Während unseres dreistündigen
Gesprächs bin ich mir nur allzu bewusst, dass er mich genauso
ausfragt wie ich ihn.

Zum ersten Mal war ich bereits 1976 kurz in Tekirdağ, kurz
bevor das Buch *Midnight Express* erschien, das später von Alan
Parker erfolgreich verfilmt wurde. Es erzählt die Geschichte des
jungen Amerikaners Billy Hayes, der dabei erwischt wird, wie er
Drogen aus der Türkei herausschmuggeln will. Das Martyrium,
das er dann in den Händen eines sadistischen Gefängniswärters
erlebt, schockierte das Publikum in ganz Europa und den Vereinigten Staaten. Die Türkei stand zu jener Zeit in dem Ruf, ein
brutaler, unnachsichtiger Staat zu sein; auch als ich damals dort
war und in einem Zelt übernachtete, wurde ich von einer Gruppe
Rowdys angegriffen, die forderten, alle Ausländer sollten nach
Hause gehen.

Und jetzt, 35 Jahre später, bin ich wieder im Tekirdağ-Gefängnis.
Wie die Haftanstalt, in der Hayes saß, ist es eine Hochsicherheits-

einrichtung. Sie liegt am oberen Ende eines rund eineinhalb Kilometer langen, sanften Abhanges, und rundherum sind öde Felder, so weit das Auge reicht. Im dichten Schneetreiben erkenne ich die hohen, blassbeigen Gefängnismauern und die Wachtürme, die von Silhouetten mit Maschinengewehren besetzt sind. Mein erster Eindruck sagt mir, dass sich seit Parkers Film nichts verändert hat.

Drinnen jedoch erfahre ich zu meiner Erleichterung, dass sich die Haftbedingungen zumindest in diesem Teil des Landes deutlich verbessert haben. Alle Häftlinge haben einen Fernseher, eine Dusche und eine Toilette in der Zelle. Das Essen ist ein wenig spartanisch, aber zweifellos nährstoffreich und einigermaßen schmackhaft, und die Wachen verhalten sich nicht nur mir gegenüber höflich, sondern auch gegenüber den Gefangenen. Die Bedingungen sind hier in mehrfacher Hinsicht denen in vielen britischen Gefängnissen vorzuziehen.

In Tekirdağ sitzen einige berüchtigte Verbrecher, unter anderem der Anstifter des Mordes an Hrant Dink, einem Schriftsteller armenischer Volkszugehörigkeit, der von Extremisten ermordet wurde, weil er – nun ja – ein Schriftsteller armenischer Volkszugehörigkeit war. Ebenfalls ist es nicht verwunderlich, dass hier einige der schlimmsten türkischen Drogenbarone einsitzen.

Zwischen den Terroristen und Mafiabossen findet sich ein Vertreter der modernsten Form von Gesetzesübertretungen: ein Cyberkrimineller. Mehr als ein Jahr hat es gedauert, bis ich einen Gesprächstermin mit Çağatay Evyapan bekommen habe: Ich musste dazu sowohl die türkischen Behörden als auch ihn selbst überzeugen. Monatelang schien das völlig unmöglich zu sein. Dann, an einem Montag im März 2011, erhielt ich zu meinem großen Erstaunen eine Nachricht der Gefängnisverwaltung in Ankara, in der man mir mitteilte, wenn Çağatay selbst dazu bereit sei, dürfe ich am Mittwoch dieser Woche mit ihm zusammentreffen. Danach, so wurde mir erklärt, werde Çağatay verlegt, und damit wäre meine Gelegenheit vorüber.

Was die türkischen Behörden nicht wussten und was sie auch nicht interessiert hätte: Mein Pass befand sich tief in den Eingeweiden der Konsularabteilung der chinesischen Botschaft in London, bei der ich ein Visum beantragt hatte. Meine Versuche, den Pass zurückzubekommen, um am Dienstag in die Türkei zu fliegen, wurden von den chinesischen Beamten bürokratisch abgeschmettert. Stattdessen wandte ich mich unmittelbar an das Tekirdağ-Gefängnis und bat darum, das Gespräch um einen Tag zu verschieben. Die Antwort, die ich daraufhin erhielt, lautete: Wenn sie vor Donnerstag die Anweisung erhielten, Cha0 zu verlegen, dürfe ich mich nicht mit ihm treffen, ganz gleich, ob ich bis dahin angereist sei. Dann wäre die Jagd vorüber.

Entsprechend war ich höchst aufgeregt, als ich mir am Donnerstagmorgen, einen Tag zu spät, meinen Weg durch den Schneesturm von Istanbul nach Tekirdağ bahnte. Es war durchaus möglich, dass man mir bei meiner Ankunft sagen würde, ich hätte die Chance verpasst, Cha0 persönlich zu treffen. Nach langem Warten wurde ich durch die drei Stahldrehtüren geschleust, in deren Mechanismus ein biometrischer Abdruck meiner Hand gespeichert wurde, und man stellte mich dem Gefängnisdirektor vor. Er war keineswegs der Unhold, mit dem man vielleicht gerechnet hatte, sondern charmant und liebenswürdig. Er erklärte, er habe noch keine Anweisungen aus Ankara erhalten, und nach dem Mittagessen in der Kantine könne ich mit Herrn Evyapan sprechen.

Schließlich führt man mich in den kleinen, länglichen Raum. Çağatay Evyapan ist vorsichtig, aber auch selbstbewusst. Genau wie Bilal Şen es prophezeit hatte, würde sein Instinkt sofort anschlagen, wenn ich versuchen würde, ihm irgendwelche Informationsbruchstücke auf hinterhältige Weise zu entlocken. Er erinnert mich an Julian Assange, den führenden Kopf von WikiLeaks: ungeheuer klug, aber auch mit einem felsenfesten Glauben an die eigene intellektuelle Überlegenheit, der manchmal wie extremer Narzissmus wirkt.

Als ich ihm gegenüber die Vermutung äußere, Lord Cyric sei Tony – der rundliche, bebrillte Geschäftsmann, den Mert Ortaç erwähnt hat –, stößt er ein zutiefst verächtliches Schnauben aus. »Sie haben mit dem türkischen Geheimdienst gesprochen, stimmt's?«, sagt er scharf. In gewisser Weise hat Cha0 recht: Wenn Mert lügt (was eine realistische Möglichkeit ist), muss der bebrillte Mann vom türkischen Geheimdienst MIT in seine Geschichte eingebaut worden sein.

Im weiteren Gespräch bestätigt Çağatay jedoch einige wichtige Aspekte aus Merts Geschichte, darunter die Lage der Wohnung, in der Mert nach seiner Entführung festgehalten wurde, und den Informationsaustausch zwischen Mert und Lucy Hoover von der örtlichen US-Botschaft. Außerdem räumt er ein, dass seine Festnahme wieder einmal auf einen Fehler in der realen Welt zurückzuführen ist.

Bei aller selbstbewussten Intelligenz lässt Cha0 erkennen, dass er in einem Punkt große Angst hat – ironischerweise ist es die gleiche unausgesprochene Sorge, die auch seinen ständigen Verfolger von der türkischen Polizei umtreibt. Er behauptet, während des Verhörs habe einer der Ermittler ihm die Möglichkeit angeboten, an einem Zeugenschutzprogramm teilzunehmen. Im Gegenzug sollte er in der Ergenekon-Ermittlung aussagen. Sie verlangten, er solle gestehen, dass er für die Verschwörung des Tiefen Staates bei Militär, Geheimdiensten und Medien ein geheimes Cybernetzwerk aufgebaut habe. Die Polizei bestreitet ein solches Angebot rundheraus.

Cha0 lehnte ab. Es ging ihm wie Inspektor Şen: In dem Streit zwischen Tiefem Staat und Regierung unter die Räder zu kommen war das Letzte, was er wollte. Im Cyberspace laufen die Dinge anders.

Während unserer Unterhaltung lässt Çağatay immer wieder durchblicken, er und eine kleine Gruppe von Hackern wüssten weit besser, was auf der dunklen Seite des Web vorgeht, als irgendjemand bei den Behörden. Er deutet an, er habe nur beweisen wollen, wie hoffnungslos alle Anstrengungen der Ordnungskräfte seien, das Internet zu überwachen – nach seiner Auffassung wird es immer Menschen wie ihn geben, die den anderen einen Schritt voraus sind.

Interessanterweise scheint ihn seine Haftstrafe ebenso wenig zu stören wie die Tatsache, dass er noch 22 Jahre aufgrund seiner Verurteilung aus dem Jahr 2000 absitzen muss, ganz zu schweigen von weiteren Anklagen, die vielleicht aufgrund seiner Tätigkeit auf DarkMarket noch gegen ihn erhoben werden.

Als wir auf das Thema FBI und Keith Mularski zu sprechen kommen, macht sich auf seinem Gesicht langsam ein müder Ausdruck breit. »Das FBI hat nichts gegen mich in der Hand. Wenn sie etwas hätten, warum hat dann Master Splyntr keine Informationen weitergegeben, mit deren Hilfe die türkische Polizei Anklage gegen mich erheben könnte?«, fragt er. »Stattdessen fällt ihnen nichts Besseres ein, als diesen kleinen Niemand Ortaç zu benutzen, um mich in die Falle zu locken.« Dann behauptet Çağatay, er habe Mularskis Datenbank gehackt und sämtliche Informationen herausgeholt, die das FBI über alle Mitglieder von DarkMarket einschließlich seiner selbst gesammelt hatte.

Da Çağatay im Gefängnis sitzt, kann er seine Behauptungen natürlich nicht belegen. Angeblich wusste er von Anfang an, dass das FBI hinter Splyntr steckte. (Allerdings kam Çağatay erst im Februar 2006, als Master Splyntr in dem Forum bereits gut etabliert war, auf JiLsis Einladung zu DarkMarket.) Es sei seine Strategie gewesen, »meine Freunde in meiner Nähe und meine Feinde noch näher zu halten« – daher auch seine Bereitschaft, mit Splyntr als Administrator zusammenzuarbeiten.

Es ist für den Abschluss ein geeignetes Thema. Letztlich geht es in der Geschichte von DarkMarket um zwei Männer – Çağatay Evyapan und Keith Mularski –, die beide durch fähige Mitarbeiter und Kontaktleute unterstützt wurden. Cha0 war kein gewöhnlicher Verbrecher. Geld zu machen war zwar der Hauptzweck des Unternehmens, Çağatay maß aber dem Kampf zwischen ihm selbst und den Polizeibehörden anscheinend eine tiefere Bedeutung bei; es war fast, als wollte er seine überlegenen Fähigkeiten und damit unausgesprochen auch die Nutzlosigkeit aller polizeilichen Versuche, den Cyberspace zu überwachen, unter Beweis stellen. Darin liegt ein starkes Element des ursprünglichen Anarchismus der Computerfreak-Kultur – wenn wir vom Realen zum Virtuellen übergehen, ändern sich Verhaltensmuster und Moralkodex. Es herrschen neue, andere Spielregeln.

Am Ende blieb der FBI-Agent Sieger, aber es war ein knapper und keineswegs vollständiger Sieg. Drei Jahre nach der Schließung von DarkMarket hallt das Echo dieses außergewöhnlichen verbrecherischen Unternehmens in den Gefängnissen und Gerichtssälen in mehreren Regionen der Welt immer noch wider. Und natürlich sind viele Mitglieder von DarkMarket nach wie vor im Cyberspace unterwegs.

Das Internet ist eine metaphysische Erfindung, die in jeden Teil unseres Lebens und jedes Zimmer unserer Wohnungen eingedrungen ist. Aber Vorsicht – Lord Cyric lauert vielleicht immer noch irgendwo in einem virtuellen Schrank.

Epilog

Auf den ersten Blick sah es so aus, als habe das Verbrechen im Internet mit dem Verschwinden von DarkMarket einen schweren Schlag erlitten. Aber das war nicht der Fall. Die Arbeit einiger wichtiger Carder-Netzwerke geriet allerdings vorübergehend ins Stocken, darunter das Geschäft von Cha0 in der Türkei, von Maksik in der Ukraine und von Freddybb in England. Andere Cyber-Schwerkriminelle jedoch zogen aus der ganzen Affäre eine einfache Lehre: Sich an Carder-Foren wie Shadowcrew und Dark-Market und insbesondere an solchen englischsprachigen Sites mit hoher Mitgliederzahl zu beteiligen, stellte jetzt ein unannehmbar hohes Risiko dar.

Manches deutete darauf hin, dass Mitglieder, denen es vor allem nicht um ihren Ruf, sondern um das große Geld ging, auf DarkMarket weniger präsent waren als zuvor auf Shadowcrew. Die Zahl der Postings von Personen wie Freddybb nahm beim Übergang von der einen zur anderen Site stark ab. Auf Shadowcrew hatte er 50 öffentliche und 200 private Nachrichten gepostet. Auf DarkMarket lagen die entsprechenden Zahlen bei 15 und 12. Als der US-amerikanische Secret Service für die Schließung von Shadowcrew sorgte, war eindeutig bewiesen, wie verletzlich solche Sites sind. Freddybb hatte seine Lektion gelernt: Werde weniger sichtbar.

Aber abgesehen von der Gefahr der Enttarnung hatten die Carderforen ohnehin ihre nützliche Phase hinter sich. Über diese Websites hatten die Kriminellen in den nahezu zehn Jahren ihrer Aktivität globale Netzwerke von Personen aufgebaut, denen sie vertrauen konnten. Ob als Käufer oder Verkäufer illegal erworbener Daten und Dokumente – sie hatten ihren Markt gefunden.

Nachdem aber enthüllt war, dass es sich bei Master Splyntr um Keith Mularski handelte und dass DarkMarket zum Teil ein Spitzelunternehmen der Behörden war, beschleunigte sich zweifellos das Verschwinden der Carder-Foren. Damit wurde auch die langfristige Strategie des FBI und seiner westeuropäischen Partnerbehörden zerstört. Man hatte geplant, Master Splyntr als ehrlichen Carder, der die Übernahmeversuche des FBI zunichtegemacht hatte, wiederauferstehen zu lassen, damit er dann in der Bruderschaft der Carder noch größeres Vertrauen verdiente.

Stattdessen vergruben sich Hacker, Cracker und Cyberkriminelle nach der DarkMarket-Affäre noch tiefer im digitalen Untergrund. Außerdem findet in der Branche eine zunehmende Spezialisierung statt. Hacker und Schadsoftware-Programmierer entwickeln Designerprogramme, die auf ganz bestimmte Systeme zielen oder bestimmte Informationen beschaffen. Diese Programme verkaufen sie dann an eine Gruppe, die den eigentlichen Einbruch in ein Geldinstitut oder die Rechner seiner Kunden vollzieht. Haben diese dann Zugang zu dem Geld, nehmen sie Kontakt zu einem »Maultierhirten« auf, einer Person oder einer Gruppe, die »Geld-Maultiere« auf der ganzen Welt beschäftigt. Unzählige Werbeanzeigen auf Websites bieten Tätigkeiten an, die man zu Hause am Computer erledigen kann. Eine ganze Reihe davon wird von Maultierhirten geschaltet. Der Hirte bittet die potenziellen Maultiere, ihm ihre Bankkonten zur Verfügung zu stellen, und als Gegenleistung erhalten sie einen gewissen Prozentsatz der Summen, die über die Konten fließen.

Wegen der Aufteilung der kriminellen Aktivitäten auf diese verschiedenen Gruppen können die Behörden jetzt nur noch schwer nachvollziehen, was sich tatsächlich abspielt und wer mit wem kooperiert. Auch die Verbreitung mobiler Geräte und Apps verschafft Cyberkriminellen gewaltige neue Möglichkeiten.

Ein weiteres großes Problem ist die schnelle Zunahme der Zahl der Internetnutzer. Nach den Feststellungen westeuropäischer Polizeibehörden wächst die Gemeinschaft der kriminellen Hacker in China derzeit außerordentlich schnell. Bis vor kurzer Zeit war der 419-Scam oder Vorschussbetrug die Domäne westafrikanischer und insbesondere nigerianischer Verbrechergruppen. Die stolzen Urheber dieser bizarren E-Mails drängen den Empfänger, ihnen beim Transfer der Dollarmillionen eines verstorbenen Diktators zu helfen.

Der 419-Betrug – die Zahl spielt auf den betreffenden Paragrafen im nigerianischen Strafgesetzbuch an – ist ein sehr alter Trick. Er bildete bereits das Kernstück der Komödie *The Alchemist*, die der Bühnenautor Ben Jonson in elisabethanischer Zeit schrieb. Im Kern überredet der Betrüger sein Opfer, ihm eine kleine Geldsumme zur Verfügung zu stellen, indem er verspricht, das Opfer werde daraufhin später eine viel größere Summe erhalten. Später zapft er das Opfer immer wieder um weitere Beträge an, oder er verschwindet einfach mit der ersten Rate. In elisabethanischer Zeit war so etwas zwar möglich, es war aber ein mühsames Geschäft. Äußerst lukrativ wurde es jedoch durch das Internet: Mit Spam-E-Mails erreicht der Verbrecher ein Publikum von Zigmillionen Menschen. Damit steigt die Wahrscheinlichkeit, einen Dummen zu finden, stark an.

Den 419-Betrug gibt es in vielen Spielarten. Manchmal beginnt er mit dem Appell an reiche Bürger westlicher Staaten, einem armen afrikanischen Kind zu helfen. Insbesondere Amerikaner werden mit Briefen, Faxen und E-Mails um Geld gebeten, mit dem eine neue Kirche errichtet oder eine Gemeinde unterstützt werden soll – in solchen Fällen haben die Opfer wohlmeinende, karitative Absichten. Eine weitere lukrative Beute der 419-Betrüger sind unglücklich verliebte Menschen, insbesondere Witwen und geschiedene Frauen mittleren Alters: Sie bauen eine virtuelle Beziehung zu westafrikanischen Strichjungen auf, die ihnen dann als Vorschuss auf ein sexuelles Abenteuer, das in Wirklichkeit niemals stattfindet, ihre Ersparnisse abknöpfen.

Heute gehen 419-Betrügereien sowohl in chinesischer als auch in englischer Sprache von China aus. Sie bilden die Ergänzung zu einer zweiten Spezialität chinesischer Hacker, dem Diebstahl von Gegenständen aus MMORPG; diese seltsame Abkürzung steht für die ebenso seltsam benannten *Massively Multiple Online Role-Playing Games* (Massen-Mehrspieler-Online-Rollenspiele) wie World of Warcraft oder »Real-Life-Spiele« wie Second Life oder Habbo Hotel. In all diesen Spielen gibt es eine digitale Währung, die man in echtes Geld eintauschen kann. Das wiederum stattet virtuelle Waren und Dienstleistungen mit einem Wert aus, die der Spieler kaufen kann, wodurch sich sein Spielvergnügen steigert. Chinesische Hacker – und nicht nur sie – haben gelernt, diese digitalen Gegenstände oder Geldbeträge zu »stehlen«, um sie anschließend in Geld aus der realen Welt einzutauschen. Die ungeheure Computerkapazität Chinas ist derzeit noch weitgehend unberührt, sie steht aber den Einschätzungen zufolge in den meisten Bereichen, die mit der zivilen und militärischen Computersicherheit zu tun haben, in der globalen Rangordnung bereits an zweiter Stelle hinter den Vereinigten Staaten. Wenn China beginnt, dieses Potenzial einzusetzen, wird sich das Wesen des gesamten Internet verändern.

Zur Bekämpfung der wachsenden Gefahren investieren Regierungen und Industrie mittlerweile Hunderte von Milliarden in die Cybersicherheit, sei es bei der Polizei, beim Schutz geistigen Eigentums oder im militärischen Bereich. Nahezu die gesamten Mittel fließen in technische Maßnahmen; dahinter steht der Gedanke, dies werde ausreichen, um das Internet vor allen Schadprogrammen, Malware und Viren zu schützen, die sich im Cyberspace herumtreiben und nach ungeschützten Computernetzwerken suchen, um sie anzugreifen.

Dagegen wird nahezu nichts in die Untersuchung der Frage investiert, wer hackt und warum. Niemand differenziert zwischen den Hackern von WikiLeaks, dem amerikanischen oder chinesischen Militär, kriminellen Syndikaten und denen, die einfach nur neugierig sind.

Aber Hacker sind eine seltene, ganz besondere Spezies. Insgesamt betrachtet, unterscheiden sie sich in ihrem psychologischen und sozialen Profil von traditionellen Verbrechern. Das gilt vor allem für jene, die erpicht darauf sind, im Web kriminelle Geschäftsgelegenheiten zu erschließen, ohne sich selbst aber sonderlich für Geld zu interessieren – mit anderen Worten: die Computerfreaks. Zu verstehen, über welche Fähigkeiten sie verfügen und aus welchen Motiven sie sich mit ganz bestimmten kriminellen oder anderen Tätigkeiten beschäftigen, wäre für eine Sicherheitsbranche, die übermäßig von technischen Lösungen abhängig ist, von enormem Nutzen. In den seltenen Fällen, in denen Behörden oder Privatwirtschaft die Hacker ausfindig machen – was zu ihrer Strafverfolgung und Verurteilung führt –, wird kaum etwas dafür getan, um die Übeltäter zu verstehen. Die Strafjustiz Europas und der Vereinigten Staaten bemüht sich vielmehr darum, sie zu langjährigen Gefängnisstrafen zu verurteilen und danach ihren Zugang zu Computern einzuschränken.

Angesichts ihres ganz besonderen psychologisch-soziologischen Profils ist das ein großer Fehler. Zunächst einmal sollte man das Alter in Betracht ziehen: Die meisten Hacker nehmen in sehr jungen Jahren eine Tätigkeit auf, die man wohl am besten als juristisch fragwürdig bezeichnen kann. Wie Detlef Hartmann lassen sie sich unter Umständen zu illegalen Aktivitäten verführen, bevor ihr moralischer Kompass ausreichend entwickelt ist und bevor sie die Folgen ihres Handelns in vollem Umfang begreifen.

Im realen Leben sind Hacker oftmals seelisch verletzlich. Sie zusammen mit echten Kriminellen wegzuschließen, kann sich wie im Fall von Max Vision als äußerst kontraproduktiv erweisen. Vision hat zwar einen unberechenbaren Charakter, aber alle Fachleute sind sich einig, dass er über eine ungeheure Intelligenz und beispiellose Kenntnisse über Computersicherheit verfügt. In einer Welt, in der es an Spezialisten für Computersicherheit mangelt, während die Bedrohungen sich gleichzeitig vermehren, scheint es unklug zu sein, einen solchen phänomenalen Aktivposten zu inhaftieren. Damit soll nicht gesagt sein, dass Hacker, die kriminellen Tätigkeiten nachgegangen sind, einer Bestrafung entgehen sollen, aber die Notwendigkeit einer Wiedereingliederung ist für den Staat nicht nur moralisch geboten, sondern potenziell auch von beträchtlichem praktischem Nutzen.

Raoul Chiesa, ein früherer Hacker, leitet ein kleines Forschungszentrum namens Hacker Profiling Unit. Es hat seinen Sitz in Turin und wird von den Vereinten Nationen finanziert. Grundlage seiner Arbeit sind detaillierte Kenntnisse über die Gemeinschaft der Hacker und ihre Antworten auf umfangreiche Fragebögen, die er ihnen schickt. Erste Ergebnisse seiner Tätigkeit liefern wichtige Anhaltspunkte für das Profil von Hackern.

Am verblüffendsten ist das Ungleichgewicht der Geschlechter, das sich nicht nur durch die illegalen Bereiche des Cyberspace zieht, sondern auch durch die Organisation und den Betrieb des Internets als Ganzes. Auf das Thema wird in diesem Buch nur beiläufig angespielt, es verdient aber eine genauere Untersuchung. Männer dominieren zwar auch insgesamt in Politik und Wirtschaft, wenn es aber um neue Technologien geht, nimmt diese Vorherrschaft extreme Ausmaße an. Natürlich engagieren sich auch viele dynamische Frauen in neuen Technologien und neuen Medien, aber statistisch machen sie nur einen winzigen Anteil aus: Er liegt nach Chiesas Angaben bei fünf Prozent. Hacker sind fast ausschließlich Männer.

Ein zweiter Befund aus Chiesas Studie lautet: Der durchschnittliche Hacker ist entweder schlau oder sehr schlau. Außerdem findet man bei Hackern mit sehr großer Häufigkeit – nahezu 100 Prozent – eine höhere wissenschaftliche Ausbildung in Physik, Mathematik oder Chemie. Dies verbindet sich mit relativ geringen Kenntnissen in den Geisteswissenschaften.

Und schließlich stellt sich die kritische Frage nach den Beziehungen der Hacker. Den meisten von ihnen – aber nicht allen – fällt der Aufbau von Beziehungen in der unpersönlichen Umgebung des Internets viel leichter als im wirklichen Leben. Die interessante Frage lautet: warum?

In der Regel nehmen Hacker ihre Beschäftigung als Jugendliche auf, also gerade zu einer Zeit, in der die große Mehrheit von ihnen Schwierigkeiten hat, Beziehungen insbesondere zum anderen Geschlecht einzugehen. Zum Teil sind ihre Probleme in diesem Bereich also etwas ganz und gar Natürliches. Chiesa konnte aber auch nachweisen, dass eine anormal große Zahl von Hackern über Probleme in der Kommunikation mit Angehörigen berichtet, allen voran den eigenen Eltern.

Nachdem ich Chiesas Forschungsbericht gelesen und viel Zeit in Gespräche mit unterschiedlichen Typen von Hackern investiert hatte, fielen mir die Arbeiten von Simon Baron-Cohen wieder ein, eines Professors für Entwicklungs-Psychopathologie an der Universität Cambridge. Seine Pionierarbeiten über Autismus führten zu vertieften Kenntnissen über das Spektrum der Verhaltensmuster von Männern und Frauen. Im Wesentlichen zeigen typische Männer eine verstärkte Fähigkeit, die Außenwelt zu »systematisieren«, während typische Frauen eher in der Lage sind, Mitgefühl zu empfinden. Damit ist nicht gesagt, dass alle Frauen schlecht Landkarten lesen können und alle Männer nie zuhören, aber die Tendenz geht bei Männern stärker zum »Systematisieren« und bei Frauen stärker zum »Empathisieren«.

Im Laufe seiner weiteren Forschungsarbeiten entdeckte Baron-Cohen eine Verbindung zwischen dem extrem männlichen Geist, den man unter bestimmten Umständen als »autistisch« bezeichnen kann, und einem hohen Testosteronspiegel, dem ein Fetus unter Umständen während der Schwangerschaft ausgesetzt ist. Diese These ist umstritten, aber in vielerlei Hinsicht überzeugend und ohne Frage nützlich, wenn man Hacker und ihre Verhaltensmuster betrachtet. Natürlich sind nicht alle Hacker Autisten; in Wirklichkeit lässt sich diese Bezeichnung nur auf wenige von ihnen anwenden; dennoch scheinen aber viele klinische Beobachtungen auf Hacker zuzutreffen. (Bei einigen berühmten Vertretern, so bei Gary McKinnon, der in den Vereinigten Staaten wegen seiner Hackerangriffe auf das Pentagon gesucht wird, hat man das Asperger-Syndrom diagnostiziert).

Es ist nicht auszuschließen, dass man mit weiteren Forschungsarbeiten schon bei Schulkindern den Persönlichkeitstyp des Hackers in Zukunft wird identifizieren können. Dann könnten Gleichaltrige und Lehrer die Begabung solcher Kinder fördern und gleichzeitig ethische Richtlinien erarbeiten, mit denen ihre

Fähigkeiten in eine positive Richtung gelenkt werden. Das Wort »Hacker« hat meist einen leicht verächtlichen Unterton. In Wirklichkeit ist die Fähigkeit zum Hacken aber ein persönlicher und gesellschaftlicher Aktivposten. Computer und Netzwerke werden niemals sicher sein, wenn sie nicht von hoch qualifizierten Hackern geschützt werden. Manche von ihnen arbeiten schon heute in solchen Bereichen. Nach meiner Erfahrung wünschen sich 90 Prozent der Hacker, die in kriminelle Handlungen verwickelt sind, innerhalb der legalen Sicherheitsbranche zu arbeiten – und dort sollte man ihnen selbst dann, wenn sie als Kriminelle verurteilt sind, eine Chance geben.

Adewale Taiwo alias Freddybb

Adewale Taiwo wurde am 1. Januar 2009 von einem Gericht in Hull wegen bandenmäßigen Betruges zwischen Juni 2004 und Februar 2008 zu vier Jahren Gefängnis verurteilt. Er hatte sich im November zuvor in einem Anklagepunkt für schuldig erklärt und bereits gestanden, sich auf betrügerische Weise insgesamt 600 000 britische Pfund von Bankkonten auf der ganzen Welt beschafft zu haben. Der Richter sprach die Empfehlung aus, ihn nach Verbüßung seiner Haftstrafe nach Nigeria abzuschieben.

Nachdem ihm ein Teil der Strafe wegen guter Führung erlassen worden war, sollte Taiwo am 29. August 2010 entlassen werden. Zwei Wochen zuvor hatte er in Grimsby, gegenüber von Hull auf der anderen Seite der Humbermündung, vor Gericht gestanden. Die Verhandlung fand aufgrund des britischen Proceeds of Crime Act statt, einer der wenigen sinnvollen Ergänzungen, die Tony Blair dem Strafgesetzbuch hinzugefügt hat. Das Gesetz ermächtigt den Staat, Vermögenswerte von Kriminellen sicherzustellen. Es war die Farce am Ende eines ernsthaften Dramas. Der Ankläger hatte eine wichtige Akte verlegt, was bei dem bärtigen Richter Graham Robinson, dessen anfänglicher Humor schnell der Verärgerung wich, zu einer unerwarteten Reaktion führte. Er kündigte an, er werde keine neue Verhandlung ansetzen, und beide Seiten sollten sich mehr oder weniger sofort auf einen Vergleich einigen. Damit war Adewale Taiwo in einer starken Position. Der Richter erklärte sich schließlich mit einer Zahl von knapp über 53 000 Pfund einverstanden, die nach den Verhandlungen von der anfänglichen Summe von 353 067 Pfund übrig geblieben war. Nun kündigte Taiwo an, er werde nicht zahlen, und das bedeutete, dass er ein weiteres Jahr im Gefängnis bleiben musste. Am 7. April 2011 wurde er dann tatsächlich nach Nigeria abgeschoben. Als einer der intelligentesten Gestalten, die sich in den Carder-Foren herumgetrieben hatten, war es ihm beinahe gelungen, sein Doppelleben als begabter Chemieingenieur und Cyberkrimineller aufrechtzuerhalten.

Detective Sergeant Chris Dawson

DS Chris Dawson hatte mit außergewöhnlich großer Sorgfalt an dem Fall Freddybb gearbeitet und viele Stunden seiner Freizeit geopfert, damit das Durcheinander der Zahlen, Daten und technischen Einzelheiten vor Gericht für jeden Laien verständlich wurde. Während der Verhandlung nach dem Proceeds of Crime Act glaubte er während einer Verhandlungspause zu hören, wie Taiwo sagte: »Verdammt noch mal, ich zahle nicht.« Als der Richter den Gerichtssaal verließ, stürmte der Detective voller Wut über die Unfähigkeit der englischen Strafjustiz hinaus.

Er arbeitet noch heute als leitender Mordermittler in Hull.

Dimitri Golubow

Nach seiner Festnahme in Odessa verbrachte der Hacker Dimitri Golubow fünfeinhalb Monate im Gefängnis. In dieser Zeit wurde er von amerikanischen Ermittlungsbeamten verhört, unter anderem von Greg Crabb vom US Postal Inspection Service. Nachdem sich jedoch zwei ukrainische Parlamentsabgeordnete für ihn eingesetzt hatten, wurde er freigelassen und 2009 in Kiew von allen Vorwürfen freigesprochen.

Der 1,85 Meter große Golubow mit seinem charismatischen, blauäugigen Blick streitet jede Beziehung zu Script ab. In seiner Darstellung der Ereignisse gibt es jedoch Widersprüche, und die digitalen Indizien, über die amerikanische Behörden verfügen (darunter Daten von Roman Vegas Computer, die belegen, dass Script mit Golubow identisch war), erzählen eine ganz andere Geschichte.

Nach seiner Freilassung verschwand Script von der Bildfläche. Golubow tauchte jedoch wieder auf und zeigte mit der Gründung der ukrainischen Internetpartei ein neues Engagement für sozialen Wandel und Unternehmertum. Er ist nach wie vor in Odessa ansässig und hat ein politisches Programm entwickelt, das den Kampf gegen Korruption, Pornografie und Drogenhandel im Internet beinhaltet. Golubow ist zuversichtlich, dass er innerhalb der nächsten zehn Jahre entweder zum Premierminister oder zum Präsidenten der Ukraine gewählt wird. Derzeit hört sich das nach einer weltfremden Prophezeiung an, aber man sollte seine Energie und seinen Ehrgeiz nicht unterschätzen. Die Internetpartei hat bei den Kommunalwahlen in Odessa bereits Dutzende von Kandidaten aufgestellt, und auch wenn sie bisher nur einen einzigen Sitz errungen hat, besteht kein Zweifel, dass die Bewegung im ganzen Land wächst.

Seltsamerweise jedoch hat Golubow trotz des strengen moralischen Standpunkts seiner Organisation in bestimmten strafrechtlichen Fragen wie Kinderpornografie eine Kampagne initiiert, die zur Freilassung des berüchtigten, in der Türkei zu 30 Jahren Gefängnis verurteilten Carders Maksik führen soll.

Roman Vega

Roman Vega sitzt seit Februar 2003, als er in Nikosia festgenommen wurde, in Haft. Im Juni 2004 wurde er auf Ersuchen der Vereinigten Staaten nach Kalifornien ausgeliefert, und dort befindet er sich seither in Gewahrsam, ohne dass aber Anklage erhoben wurde. Zu der Zeit, da diese Zeilen geschrieben werden, sitzt er im Metropolitan Detention Center in Brooklyn, einer düsteren Haftanstalt nicht weit von der Gowanus Bay. Während dieser ganzen Zeit hatte Vega keinen Besuch außer von seinen Rechtsvertretern.

Im August 2007 wurde im Northern District in Kalifornien eine Verhandlung vor dem Richter Charles R. Breyer angesetzt. Anklage und Verteidigung waren bereit, einen Vergleich zu schließen, der zu Vegas Freilassung geführt hätte – die 46 Monate, auf die sich die Anwälte geeinigt hatten, war er bereits in Haft gewesen. Am Nachmittag vor seiner Freilassung jedoch erhob ein Staatsanwalt aus dem Eastern District in New York eine ganze Reihe neuer Vorwürfe und verlangte Vegas Verlegung nach Brooklyn. Die Anklagepunkte waren im Wesentlichen mit denen aus Kalifornien identisch. Die New Yorker Staatsanwaltschaft erhob die Anklage aber aufgrund eines anderen Gesetzes, um so eine Doppelbestrafung zu vermeiden.

Die Protokolle machen deutlich, dass der Richter Breyer, ein Bruder des Richters Stephen Breyer vom Obersten Gerichtshof, wegen der Taktik des Eastern District in New York peinlich berührt und verärgert war. Die neue Anklage stützte sich auf Informationen, die Agenten des Secret Service geliefert hatten.

Nachdem Vega in Brooklyn eingetroffen war, machte der Secret Service ihm ein Angebot: Wenn er gegen Dimitri Golubow und andere Angehörige des ukrainischen Establishments (nicht gegen Hacker, sondern gegen leitende Politiker) aussagen würde, werde man die Anklage fallenlassen. Weigerte er sich jedoch, würden in verschiedenen Bundesstaaten weitere Anklagen gegen ihn erhoben. Dies werde man so lange fortsetzen, bis er kooperiere.

Ganz gleich, was Vega getan oder nicht getan hat: Schon jetzt hat er dreimal so lange im Gefängnis gesessen wie andere, die man wegen ihrer Aktivitäten auf Shadowcrew verurteilt hat; zwei weitere Verfahren sind in der Schwebe, und mit weiteren wurde ihm gedroht. Vega leidet seit Jahren an fortgeschrittener Karies und hat ständig Schmerzen, so dass er oftmals nicht richtig essen kann. Angebote des Bureau of Prisons und des US Marshall Service, sich medizinisch behandeln zu lassen, hat er abgelehnt.

Es besteht keine Aussicht, dass Vega in absehbarer Zukunft freigelassen wird.

Maxim Kowaltschuk alias Blade

Kowaltschuk wurde im Mai 2003 in Thailand festgenommen und an die Vereinigten Staaten ausgeliefert, wo er vier Jahre im Gefängnis saß. Das FBI erklärte sich mit einem Vergleich einverstanden, und Ende 2007 wurde er freigelassen; danach kehrte er in die Ukraine und in die Anonymität zurück. Die Entscheidung des FBI, ihn freizulassen, steht in krassem Gegensatz zur Taktik des Secret Service, Roman Vega weiterhin festzuhalten.

Renukanth Subramaniam alias JiLsi

Am 26. Februar 2010 bekannte Subramaniam sich in einer Anklage wegen Kreditkartenbetruges und vier Anklagen des Hypothekenbetruges für schuldig. Der Richter am Crown Court von Blackfriars in London verurteilte ihn deshalb zu vier Jahren Haft. Zu der Zeit, da diese Zeilen geschrieben werden, sitzt er im Gefängnis von Wormwood Scrubs im Westen Londons, zu dessen berühmten früheren Insassen auch der Komponist Sir Michael Tippett und Keith Richards, der Gitarrist der Rolling Stones, gehörten.

Da ihm wegen guter Führung vermutlich ein Teil der Strafe erlassen wird, ist schon Ende Juli 2012 mit der Freilassung von Subramaniam zu rechnen. Seine Verurteilung erfolgte zum größten Teil nicht wegen DarkMarket, sondern wegen Betruges mit Hypothekenkrediten. Die Staatsanwaltschaft nahm fünf solche Fälle in die Anklage auf (drei davon wurden allerdings von den Geldinstituten zurückgezogen). Hypothekenbetrug ist zwar auch selbst ein Verbrechen, die Staatsanwaltschaft vermutete aber einen Zusammenhang zwischen Subramaniams Einnahmen aus DarkMarket und seiner Fähigkeit, die Kreditraten zu bezahlen. Subramaniam selbst gibt an, er sei für die Ratenzahlungen nicht verantwortlich gewesen, denn er habe die Kredite im Namen von Freunden beantragt, die sie selbst nicht bekommen hätten. Außerdem wartet Subramaniam noch auf die Verhandlung nach dem Proceeds of Crime Act, bei der festgestellt wird, ob er für weitere Vermögensverluste zur Rechenschaft gezogen wird. Seine Bewährungsauflagen sehen vor, dass er nach seiner Entlassung aus dem Gefängnis noch fünf Jahre keinen unbeaufsichtigten Zugang zu Computern haben darf.

Detlef Hartmann alias Matrix001

Am 9. Oktober 2007 entschied das Oberlandesgericht in Stuttgart, Hartmann wegen 13 Fällen von Kreditkartenbetrug anzuklagen. Dasselbe Gericht lehnte es aber auch ab, ihm den Vorwurf der Bildung einer kriminellen Vereinigung zu machen. Nachdem man die schwerere Anklage fallengelassen hatte, wurde Hartmann aus dem Gefängnis in Stammheim entlassen, in dem er die vorangegangenen vier Monate verbracht hatte. Mit seiner Entscheidung, die Bildung einer kriminellen Vereinigung zu verneinen, stützte sich das Gericht auf das deutsche Grundgesetz, wonach ein Mitglied einer kriminellen Vereinigung sich als Teil einer »einheitlichen Gruppe« fühlen muss, in der »der Einzelne sich dem Willen der Gruppe unterwirft«. Der Richter vertrat die Ansicht, diese Kriterien seien im Internet und durch die Mitgliederstruktur von DarkMarket mit ihren ständigen Fluktuationen nicht erfüllt – ein Urteil, aus dem sich in Deutschland natürlich wichtige Folgerungen für die weitere Entwicklung der Gesetzgebung im Zusammenhang mit der Internetkriminalität ergeben.

Im Juli 2008 wurde Hartmann wegen der Betrugsfälle zu einer Bewährungsstrafe von 21 Monaten verurteilt. Seit jener Zeit hat er sein Studium als Grafikdesigner wieder aufgenommen und alle Verbindungen zum Untergrund abgebrochen.

RedBrigade

Er ist im Wesentlichen sauber geblieben und hält sich derzeit in Europa auf.

Max Vision alias Max Butler alias Iceman

Max Vision wurde am 10. Februar 2010 von einem Gericht in Pittsburgh zu 13 Jahren hinter Gittern verurteilt, die längste Gefängnisstrafe, die ein amerikanisches Gericht jemals wegen

Hackens verhängte. Nach den Berechnungen der Anklage verursachte er mit seinen Hackeraktivitäten einen Kreditkartenschaden von mehr als 85 Millionen Dollar. Er sitzt heute in der Federal Correctional Institution Lompoc, einem Gefängnis mit niedriger Sicherheitsstufe im Süden Kaliforniens. Dort hat er keinerlei Zugang zu irgendwelchen Computern.

Visions Hackerfähigkeiten haben nicht ihresgleichen – er ist ohne Frage einer der klügsten Männer, die in den Vereinigten Staaten im Gefängnis sitzen. Auf einer geschlossenen Konferenz diskutierte ich seinen Fall im Herbst 2010 mit einem leitenden Beamten, der im Heimatschutzministerium mit Fragen der Cybersicherheit befasst ist. Er stimmte mir darin zu, dass es vermutlich eine Vergeudung von amerikanischem Humankapital ist, einen Computernutzer mit Visions Fähigkeiten im Gefängnis schmoren zu lassen; er wies aber auch darauf hin, dass Visions Selbstüberschätzung – die fast ebenso groß ist wie seine Intelligenz – in der Angelegenheit eine nicht unwesentliche Rolle spielte.

Nicholas Joehle alias Dron

Joehle wurde aus dem Gefängnis entlassen, nachdem er seine Strafe wegen Kreditkartenbetrug und der illegalen Herstellung von Skimmerapparaten verbüßt hatte.

Hakim B alias Lord Kaisersose

Lord Kaisersose befindet sich in Marseille und wartet immer noch auf seinen Prozess, ist aber gegen Kaution auf freiem Fuß. Auch Frankreich gehört zu den Ländern, in denen die Räder der Justiz ein wenig Öl gebrauchen könnten.

Cha0

Cha0 betreibt entweder in Slowenien seine Geschäfte oder sitzt im Gefängnis, je nachdem, ob es sich bei dem wahren Cha0 um Şahin oder Çağatay Evyapan handelt. Letzterer befindet sich in Tekirdağ in einem der am strengsten bewachten türkischen Hochsicherheitsgefängnisse. Sein Prozess soll noch im Jahr 2012 beginnen, aber die Staatsanwaltschaft hat die schwerwiegenden Vorwürfe im Zusammenhang mit organisiertem Verbrechen fallengelassen.

Mert Ortaç alias SLayraCkEr

Mert saß in Istanbul in Untersuchungshaft wegen Vorwürfen, die mit dem Fall Akbank zu tun hatten, wurde jedoch im März 2010 wegen eines Verfahrensfehlers freigelassen. Im November 2010 wurde er erneut festgenommen, und zu der Zeit, da diese Zeilen geschrieben werden, befindet er sich immer noch in Untersuchungshaft. Unter allen Beteiligten von DarkMarket war Mert einer der Begabtesten, gleichzeitig aber auch ein launischer, unberechenbarer Charakter.

J. Keith Mularski und Bilal Şen

Beide patrouillieren wieder auf den Hauptstraßen des Cyberspace.

Lord Cyric

Wer ist er? Die Jagd geht weiter …

Anmerkungen zu den Quellen

Die Informationen dieses Buches stammen zum größten Teil aus rund 200 Stunden Interviews, die ich zwischen 2009 und 2011 geführt habe. Einige Interviewstunden wurden auch von Leonida Krushelnycky beigesteuert.

Zusätzlich habe ich mich auf zwei wichtige Quellen gestützt: auf Gerichtsdokumente aus mehreren Verfahren im Zusammenhang mit den Websites CarderPlanet, Shadowcrew und DarkMarket sowie auf frei verfügbare Internetarchive. Leider ist das Archiv von DarkMarket weniger gut zugänglich. Ich kenne nur eine Kopie, und die befindet sich im Besitz des FBI, wo man sie aus ermittlungstaktischen Gründen nicht zur Verfügung stellt.

Über die Themen der Cyberkriminalität, Cyber-Industriespionage und Cyber-Kriegführung gibt es eine recht umfangreiche Literatur, die zu großen Teilen im Internet zu finden ist. Was die Gründlichkeit angeht, möchte ich auf die Arbeiten von Kevin Poulsen und seinem Team hinweisen, deren Blog Threat Level sowohl gut geschrieben als auch ordentlich recherchiert ist. Außerdem empfehle ich zwei Bücher, die sich gezielt mit Cyberkriminalität beschäftigen: *Kingpin* von Kevin Poulsen und *Fatal System Error* von Joseph Menn. Eine breiter angelegte Einführung in einige der Schwierigkeiten, die aus der Internettechnologie erwachsen, ist *The Future of the Internet: And How to Stop It* von Jonathan Zittrain.

Als weitere nützliche Hilfsmittel haben sich der Blog *Krebsonsecurity* von Brian Krebs erwiesen, der Newsletter *Crypto-gram* von Bruce Schneier, der Blog des finnischen Computer-Sicherheitsunternehmens F-Secure sowie der Blog *Zero Day* von Dancho Danchev und Ryan Naraine auf Znet.

Dank

Beim Verfassen dieses Buches stand ich vor vielen Herausforderungen, die ich niemals gemeistert hätte, wenn mir nicht von zahlreichen Freunden und Kollegen aus der ganzen Welt großzügige Unterstützung zuteilgeworden wäre.

In Großbritannien spielten zwei Personen eine zentrale Rolle. Leonida Krushelnycky erwies sich mit ihren Recherchen als unermüdlich. Oft entdeckte sie wichtiges Material, nachdem ich die Suche längst aufgegeben hatte. Ohne ihre Bemühungen wäre das Buch bedeutend schlechter geworden. Und Vesna Vucenovic sorgte dafür, dass das Projekt so reibungslos organisiert wurde, wie man es sich nur wünschen kann.

Auf meinen Reisen hatte ich das Glück, die Bekanntschaft zweier Journalisten zu machen, deren Geduld und Heiterkeit ebenso groß waren wie ihre professionelle Einstellung und ihre Fähigkeiten. Kai Laufen half mir, die Besonderheiten der deutschen Justiz zu verstehen. Noch größer wurde sein Beitrag durch seine Bemühungen, für mich Kontakte herzustellen, und durch seine Gastfreundschaft. In Istanbul und der Türkei hätte ich ohne Şebnem Arsu auf völlig verlorenem Posten gestanden. Mit ihrer Hartnäckigkeit und Höflichkeit fand sie auch dann noch eine Lösung, wenn schon alles verloren schien; ich verdanke ihr viel.

Unter den vielen Polizeibeamten aus der ganzen Welt, mit denen ich über DarkMarket sprach, muss ich drei besonders erwähnen: Agent J. Keith Mularski vom FBI, Inspektor Bilal Şen von der Abteilung zur Bekämpfung von Schmuggel und organisiertem Verbrechen bei der türkischen Polizei und Detective Sergeant Chris Dawson von der Polizei in Humberside. Alle drei opferten viel von ihrer kostbaren Zeit, um mit mir höchst aufschlussreiche Gespräche zu führen, und erklärten mir mit Vergnügen alles, was ich noch nicht begriffen hatte. Ebenso danke ich den Beamten von der Serious Organised Crime Agency in London und Christian Aghroum, früher bei der OCLCTIC in Paris.

Aus einem ganz anderen Blickwinkel war RioRita in der Ukraine eine wertvolle Quelle für Informationen über CarderPlanet und darüber hinaus – ihm gilt mein besonderer Dank. Von Red-Brigade lernte ich nicht nur eine Menge über die Haken und Ösen der Cyberkriminalität, sondern ich danke ihm auch sehr für seine Freundlichkeit und seine geduldigen Antworten auf meine unzähligen Bitten um Informationen und Analysen.

Matrix001 und JiLsi waren stets bereit, mir ihre Kenntnisse über DarkMarket und ihre Einschätzung bestimmter Ereignisse mitzuteilen. In Pittsburgh erwies sich Max Vision als hochintelligenter, hilfsbereiter Gesprächspartner. Allen dreien gilt mein aufrichtiger Dank.

Çağatay Evyapan und Mert Ortaç gehörten zu den interessantesten Persönlichkeiten, die ich in den letzten drei Jahren kennengelernt habe, auch wenn sie sich nicht von Angesicht zu Angesicht sehen können. Ich möchte beiden trotz ihrer derzeit schwierigen Situation meinen Dank aussprechen.

In Estland war Madis Tüür ein vorbildlicher Gastgeber, der mich mit der Politik und Geschichte des Landes vertraut machte.

Ebenso danke ich Brooks Decillia vom CBC in Calgary für seine uneigennützigen Recherchen. In Stockholm waren Daniel Goldberg und Linus Larsson mir auf die gleiche Weise behilflich.

Zwei Personen haben mich im Hintergrund bei technischen Fragen unterstützt. Mikko Hyppönen, der Forschungsleiter von F-Secure in Helsinki, und Vicente Diaz von Kaspersky Labs in Barcelona standen immer bereit und halfen mir, Klarheit über Dinge zu gewinnen, die ich einfach nicht verstand. Viele kluge Ratschläge im Zusammenhang mit Fragen der Cybersicherheit kamen auch von Rex Hughes vom Wolfson College in Cambridge.

Darüber hinaus danke ich folgenden Personen, die mich auf unterschiedliche Weise unterstützt haben: Allison Culliford, Luke

Dank

Dembosky, Sophie Devonshire, Joris Evers, Detective Spencer Frizzell, Tamara Glenny, Camino Kavanagh, Suat Kınıklıoğlu, Dirk Kolberg, Darryl Leaning, Melissa Llewelyn-Davies, Jane McClellan Q. C., Mark Medish, Steve Milner, Jaan Prisaalu, Colin Robinson, Anya Stiglitz und Eneken Tikk.

Meine Agenten und Verleger ließen mit ihrer Unterstützung nie nach. Clare Conville in London ist die beste Agentin, die man sich vorstellen kann, und hinter ihr steht eine großartige Mannschaft. Einen ebenso dynamischen Service bietet Michael Carlisle in New York. Großes Glück hatte ich mit dem Lektorentrio: Will Sulkin bei The Bodley Head, Dan Frank bei Knopf und Sarah MacLachlan bei Anansi Press. Alle drei erleichterten mir das Schreiben und trugen viel zur Qualität des fertigen Buches bei. Sollten sich Fehler eingeschlichen haben, trage ich dafür natürlich die alleinige Verantwortung. Weiterhin danke ich zwei anderen, die ebenfalls erheblichen Einfluss auf das Buch hatten: Kay Peddle bei The Bodley Head und Janie Yoon bei Anansi.

Meine drei Kinder, denen ich das Buch widme, hatten immer ein reges Interesse an meiner Arbeit. Ich habe sie nie anders als gut gelaunt und hilfsbereit erlebt.

Und schließlich gelten mein Dank und meine Liebe meiner Frau Kirsty Lang. Sie kommentierte, kritisierte, schmeichelte und hielt mich stets aufrecht. Nicht zum ersten Mal hätte ich es ohne sie nicht geschafft.

Juni 2011

Register

Im Verlauf des Buches ständig wiederkehrende Personen beziehungsweise ihre Aliasnamen, die auch im Epilog aufgeführt sind, wurden für das Register nicht berücksichtig.